초판 발행일 | 2025년 1월 20일
지은이 | 창의콘텐츠연구소
발행인 | 최용섭
책임편집 | 이준우
기획진행 | 송지효

㈜해람북스 주소 | 서울시 용산구 한남대로 11길 12, 6층
문의전화 | 02-6337-5419
팩스 | 02-6337-5429
홈페이지 | https://class.edupartner.co.kr

발행처 | ㈜미래엔에듀파트너
출판등록번호 | 제2020-000101호

ISBN 979-11-6571-222-8 (13000)

이 책은 저작권법에 따라 보호받는 저작물이므로 무단전재와 무단복제를 금지하며,
이 책 내용의 전부 또는 일부를 이용하려면 반드시 저작권자와 ㈜미래엔에듀파트너의 서면동의를 받아야 합니다.

※ 잘못된 책은 바꾸어 드립니다.
※ 책 가격은 뒷면에 있습니다.

토독토독 타자 미션

차시	날짜	빠르기	정확도	확인	차시	날짜	빠르기	정확도	확인
1	월 일				13	월 일			
2	월 일				14	월 일			
3	월 일				15	월 일			
4	월 일				16	월 일			
5	월 일				17	월 일			
6	월 일				18	월 일			
7	월 일				19	월 일			
8	월 일				20	월 일			
9	월 일				21	월 일			
10	월 일				22	월 일			
11	월 일				23	월 일			
12	월 일				24	월 일			

목차 — 게임 순서 알아보기

01 ▶ 006 컴퓨터와 친구들
02 ▶ 012 타닥타닥 키보드
03 ▶ 018 바탕화면 탐험
04 ▶ 026 바탕화면 체인지UP!

16 ◀ 106 엣지 들춰보기
15 ◀ 100 세계의 기상정보
14 ◀ 093 내 얼굴 지폐
13 ◀ 086 기본앱과 수학공부

17 ▶ 114 꾹~ 압축해요
18 ▶ 122 소중한 개인정보
19 ▶ 128 움직이는 사진
20 ▶ 135 취향 톡톡! 글꼴

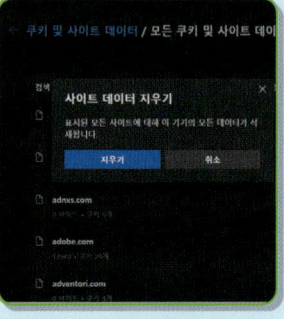

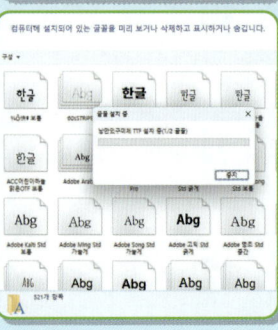

05 ▶ 033
윈도우 꾸미기

06 ▶ 039
스마트하게 작업하기

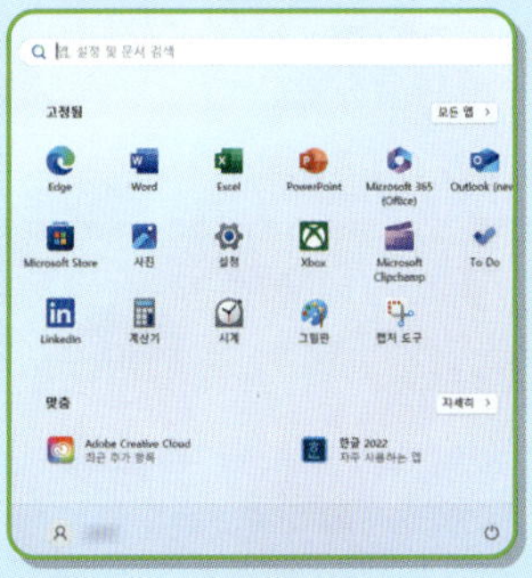

07 ▶ 045
더 편리한 작업공간

08 ▶ 052
알림 영역 활용법

12 ▶ 079
포인터를 꾸며요

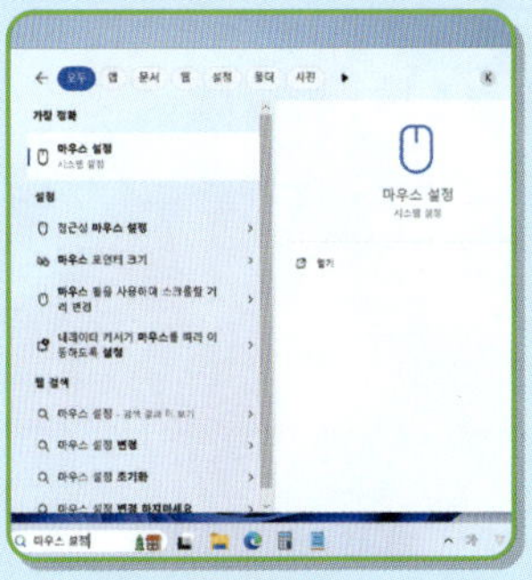

11 ▶ 072
휴지통 사용설명서

10 ▶ 064
폴더 속에 쏙

09 ▶ 058
파일 탐색기

21 ▶ 142
AI로 이미지 변신

22 ▶ 148
AI와 화가 되기

23 ▶ 154
AI 뤼튼과 놀아요

24 ▶ 161
AI로 PD 되기

▶ **보너스 게임!** 레벨업 끝판왕 퀘스트도 있어요!

01 컴퓨터와 친구들

| 학습목표 |
- 컴퓨터 기본 구성 장치를 알 수 있습니다.
- 컴퓨터를 켜고 끄는 방법에 대해 알 수 있습니다.
- 마우스 조작 방법을 알 수 있습니다.

오늘의 도착지점

예제 파일 : 없음   완성 파일 : 없음

도착지 정보

컴퓨터를 사용하기 위해 필요한 컴퓨터 기본 장치들과 추가적으로 필요한 컴퓨터 주변 장치들에 대해 알아봅니다. 컴퓨터를 켜고 끄는 방법이나 마우스를 조작하는 방법들을 알아보고 컴퓨터를 올바르게 사용해 봅니다.

Step 01 컴퓨터 구성 장치 알아보기

컴퓨터의 기본 장치와 주변 장치를 나누어, 각각의 역할과 기능을 알아봅니다.

1 컴퓨터 기본 장치에 대해 알아보고 빈칸에 해당하는 기기 이름을 적어봅니다.

❶ **모니터**: 컴퓨터의 화면으로, 정보를 시각적으로 표시합니다.
❷ **본체**: 컴퓨터의 중요한 부품들이 들어 있는 상자입니다.
❸ **키보드**: 데이터를 입력하는 장치로, 다양한 키를 통해 문자와 명령을 입력할 수 있습니다.
❹ **마우스**: 화면에서 커서를 이동시키고 클릭하여 명령을 입력하는 장치입니다.
❺ **스피커**: 컴퓨터의 오디오를 재생하는 장치입니다.

2 컴퓨터 주변 장치에 대해 알아보고 빈칸에 해당하는 이름을 적어봅니다.

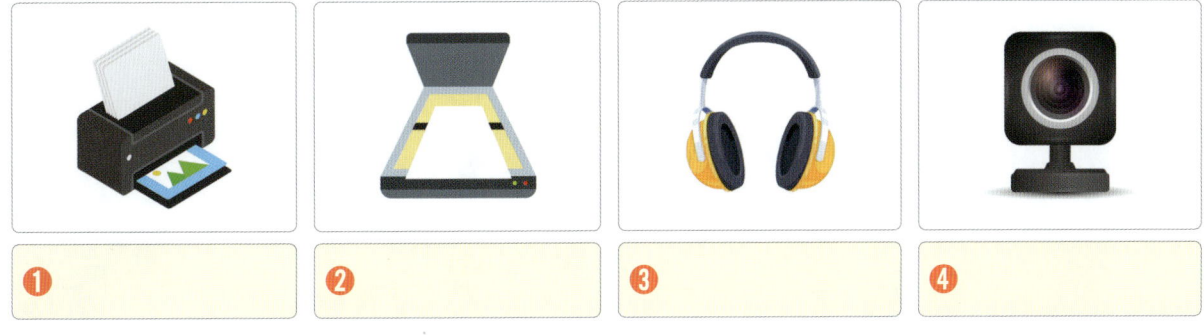

❶ **프린터**: 디지털 형식의 문서나 이미지를 인쇄하는 장치입니다.
❷ **스캐너**: 문서나 이미지를 디지털 형식으로 변환하는 장치입니다.
❸ **헤드폰(이어폰)**: 귀에 착용하여 컴퓨터의 오디오를 재생하는 장치입니다.
❹ **화상 카메라**: 렌즈에 비친 모습을 컴퓨터로 전송하는 장치입니다.

Step 02 컴퓨터 켜기와 끄기

컴퓨터를 켜고 끄는 방법에 대해 알아봅니다.

① 컴퓨터를 켜기 위해 본체의 전원 버튼을 눌러 컴퓨터를 부팅합니다.

부팅
컴퓨터가 운영 체제를 불러와 사용 가능한 상태로 만드는 과정

② 부팅이 되면 모니터에 보이는 '로그인'을 클릭하여 컴퓨터 배경화면으로 접속합니다.

③ 컴퓨터를 다시 끄기 위해 화면 아래쪽에 [시작(▦)] 단추를 클릭합니다. 이어서 [전원(⏻)] 아이콘을 클릭한 후 [시스템 종료]를 클릭하여 컴퓨터 시스템을 종료합니다.

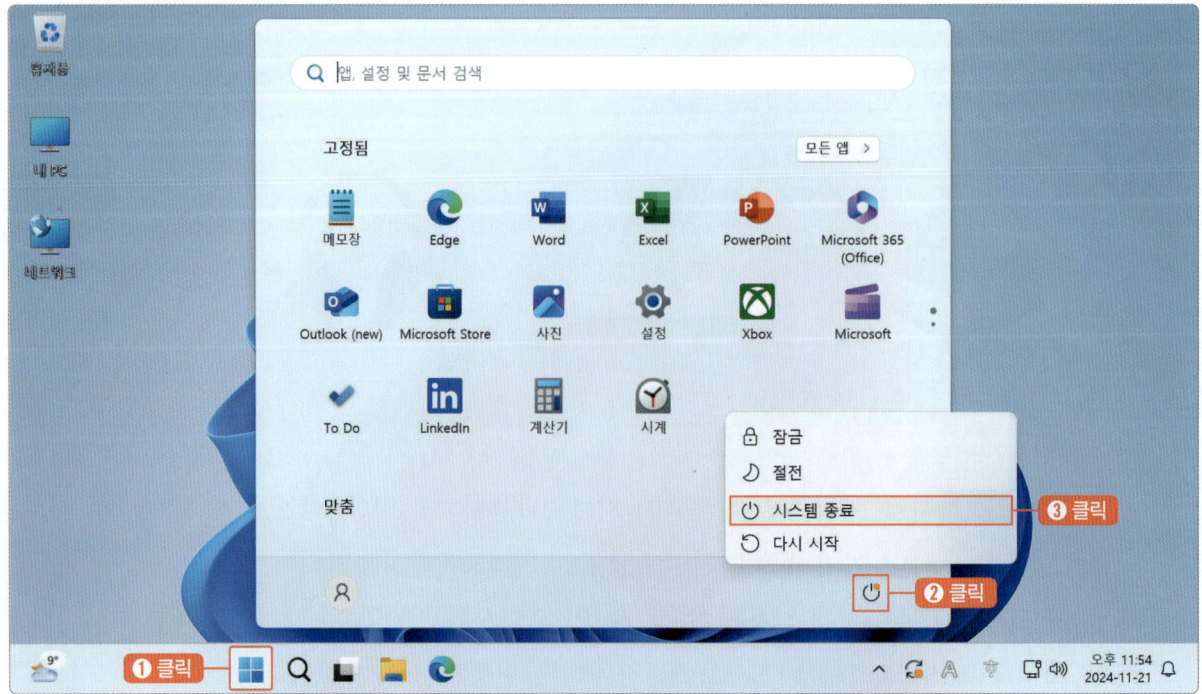

008 _ [컴속마불] 퀘스트 팡팡! 윈도우11 어드벤처

Step 03 마우스 조작 방법 알아보기

마우스를 조작하는 여러 가지 방법에 대해 알아봅니다.

 컴퓨터를 사용하기 전 그림을 보며 여러 가지 마우스 조작 방법을 알아봅니다.

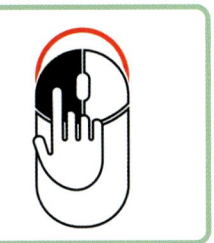

마우스 움직이기

마우스를 평평한 표면 위에서 움직이면, 화면의 커서(화살표)가 따라 이동합니다.

클릭

마우스의 왼쪽 버튼을 한 번 눌렀다 떼는 동작으로 아이콘이나 파일을 선택할 때 사용합니다.

더블클릭

마우스의 왼쪽 버튼을 빠르게 두 번 누르는 동작으로 프로그램을 실행하거나 파일을 열 때 사용합니다.

마우스 우클릭

마우스의 오른쪽 버튼을 한 번 누르는 동작으로 컨텍스트 메뉴(상황에 맞는 메뉴)를 열 때 사용합니다.

드래그

마우스의 왼쪽 버튼을 누른 상태에서 어느 위치까지 움직이는 동작으로 파일이나 아이콘을 이동할 때 사용합니다.

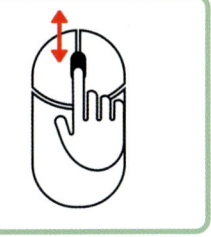

휠

마우스의 중앙에 위치한 휠을 위아래로 굴리는 동작으로 화면을 위아래로 이동할 때 사용합니다.

2 마우스 조작 방법에 대해 학습한 내용을 확인해 봅니다.

01. 마우스의 기본 기능이 아닌 것을 골라 보세요. (4)

① 클릭

② 드래그

③ 스크롤

④ 복사

02. 마우스의 드래그 기능을 사용할 때 가장 적절한 방법을 골라 보세요. (1)

① 클릭한 채로 마우스를 움직인다.

② 마우스를 클릭하지 않고 움직인다.

③ 마우스를 두 번 클릭한다.

④ 마우스를 클릭한 후 키보드의 방향키를 사용한다.

03. 아래의 〈보기〉 내용을 읽고 해당하는 마우스 기능을 골라 보세요. (3)

> 〈보기〉 파일이나 폴더를 열기 위해 마우스를 두 번 빠르게 클릭합니다.

① 클릭

② 드래그

③ 더블 클릭

④ 스크롤

04. 마우스 휠의 기능에 대해 작성하세요.

> 마우스 휠은 주로 화면을 위아래로 스크롤하는 데 사용합니다.

실력 UP! 한 칸 더 GO! GO!

1 [시작( )]단추를 클릭한 후 [전원( )] 아이콘을 클릭하여 [다시 시작]을 클릭하고 시스템을 다시 시작해 보세요.

🔑 예제 파일 : 없음   🔑 완성 파일 : 없음

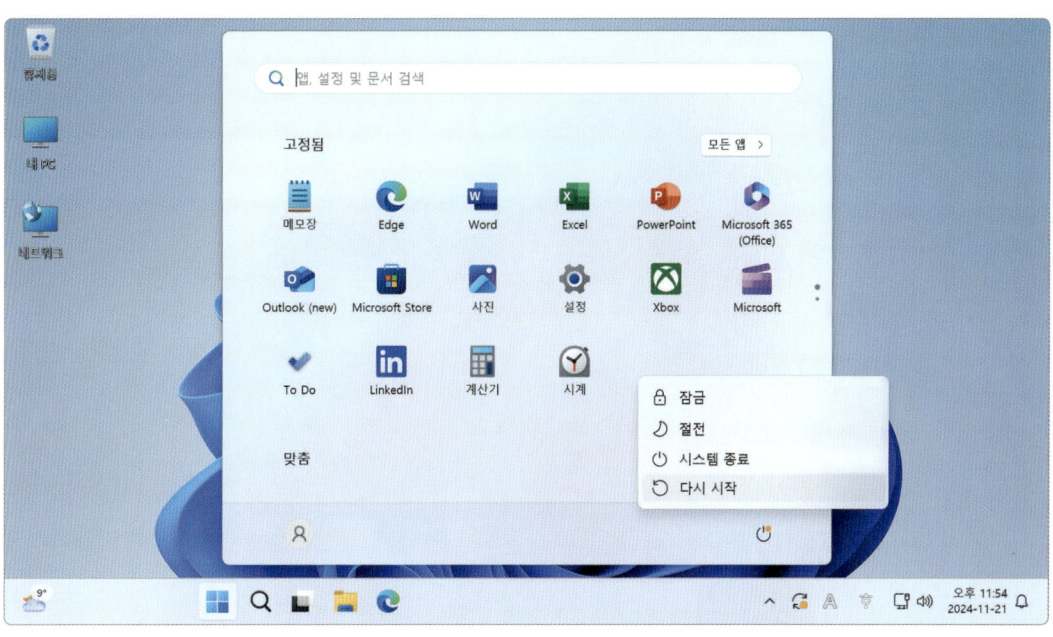

2 그림을 보고 컴퓨터 구성 장치를 찾아 빈칸에 적어보세요.   🔑 예제 파일 : 없음   🔑 완성 파일 : 없음

프린터   모니터   키보드   마우스   헤드폰

타닥타닥 키보드

| 학습목표 |
- 키보드의 구성요소에 대해 알 수 있습니다.
- 주요 단축키에 대해 알아봅니다.
- 키보드의 기본 자리에 대해 알 수 있습니다.

오늘의 도착지점

🔑 예제 파일 : 2강_예제 폴더   🔑 완성 파일 : 없음

 도착지 정보

종이에 글씨를 쓸 때 필기구를 사용하듯이 컴퓨터에 글자를 입력할 때 키보드를 사용합니다. 인터넷에서 검색할 때도, 친구와 대화를 하기 위해 메신저를 사용할 때에도 키보드를 사용합니다. 키보드로 어떤 문자들을 작성할 수 있을지 알아보고, 올바른 자리를 배워 봅니다.

Step 01 키보드 구성요소 알아보기

키보드 자판의 구성요소에 대해 알아봅니다.

① 키보드 자판의 구성요소는 다음과 같습니다.

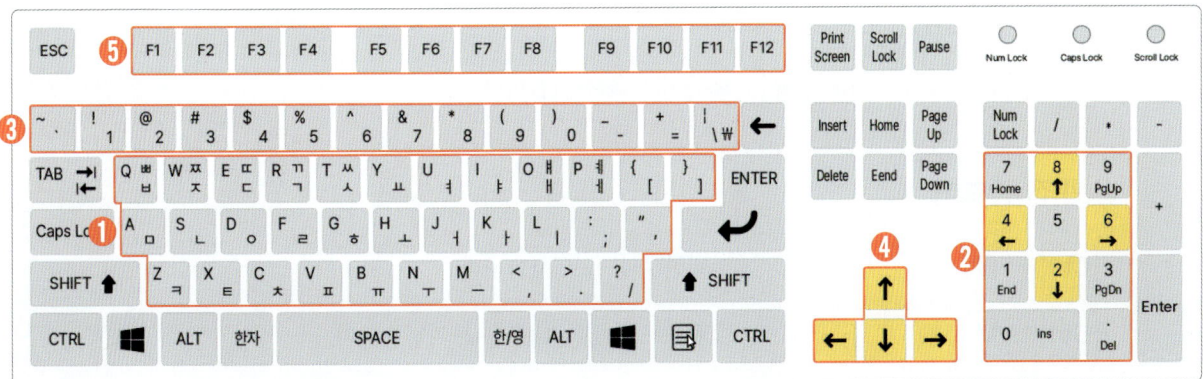

① **문자 키**: 한글의 자음과 모음, 영어 알파벳의 대문자와 소문자를 입력할 수 있습니다.

② **숫자 키**: 0부터 9까지의 숫자를 입력할 수 있습니다.

③ **기호 키**: @, #, $, %, &, * 등의 기호와 특수 문자를 입력할 수 있습니다.

④ **이동(화살표) 키**: 위, 아래, 왼쪽, 오른쪽으로 이동할 수 있습니다.

⑤ **기능 키**: F1부터 F12까지의 있어 특정 작업을 수행하는 데 사용됩니다.

⑥ **특수 키**: 특정 기능을 수행합니다.

키	이름	설명
Esc	이에스씨	현재 작업을 취소하거나 창을 닫는 데 사용됩니다.
Tab	탭	커서를 다음 항목으로 이동하거나, 문서에서 특정 간격을 이동시킵니다.
Caps Lock	캡스락	활성시 대문자, 비활성시 소문자로 전환되어 입력됩니다.
Shift	시프트	영어 대문자 또는 윗문자를 입력할 때 사용합니다.
Ctrl	컨트롤	다른 키와 조합하여 단축키를 만들 때 주로 사용됩니다. (예: Ctrl+C 복사)
Alt	알트	다른 키와 조합하여 다양한 기능을 수행합니다. (예: Alt+F4 현재 창 닫기)
Space Bar	스페이스 바	공백을 입력하는 데 사용됩니다.
Enter	엔터	입력을 완료하고 다음 줄로 이동하는 데 사용됩니다.
Back Space	백 스페이스	입력한 문자를 삭제하는 데 사용됩니다.
Delete	딜리트	선택한 항목을 삭제하거나 커서 오른쪽의 문자를 삭제합니다.
Insert	인서트	텍스트 입력 모드를 삽입 모드 또는 덮어쓰기 모드로 전환합니다.
Num Lock	넘 락	활성시 숫자 입력 모드, 비활성시 방향키로 전환합니다.

Step 02 주요 단축키 알아보기

자주 사용하는 단축키에 대해 알아봅니다.

① 자주 사용하는 단축키는 다음과 같습니다.

❶ 선택 단축키

| Ctrl + A | 모든 내용을 선택합니다. |

❷ 편집 단축키

Ctrl + C	선택한 내용을 복사합니다.
Ctrl + V	클립보드에 있는 내용을 붙여넣습니다.
Ctrl + X	선택한 내용을 잘라 냅니다.
Ctrl + Z	마지막 작업을 실행 취소합니다.
Ctrl + Y	취소한 작업을 다시 실행합니다.

❸ 전환 단축키

| Alt + Tab | 열려 있는 프로그램 창들 사이에서 전환합니다. |
| ⊞ + D | 실행된 창을 내리고 바탕화면을 표시합니다. |

❹ 인쇄 단축키

| Ctrl + P | 인쇄 대화 상자를 엽니다. |

❺ 저장 단축키

| Ctrl + S | 현재 작업 중인 파일을 저장합니다. |

❻ 종료 단축키

| Alt + F4 | 현재 선택된 창이 종료됩니다. |

단축키

컴퓨터에서 마우스를 사용하지 않고 작업할 수 있도록 키보드의 특정 키를 조합하여 설정한 기능

② 주요 단축키에 대해 학습한 내용을 확인해 봅니다.

01. 선택한 텍스트나 파일을 복사하는 단축키를 골라 보세요. (2)

① Ctrl + X

② Ctrl + C

③ Ctrl + X

④ Ctrl + Z

02. 문서나 파일에서 모든 항목을 선택하는 단축키를 골라 보세요. (1)

① Ctrl + A

② Ctrl + E

③ Ctrl + D

④ Ctrl + F

03. 각 단축키와 설명을 올바르게 연결해 보세요.

① Ctrl + V ●   ● 마지막 작업 취소하기

② Ctrl + X ●   ● 선택한 내용을 붙여넣기

③ Ctrl + Z ●   ● 선택한 내용을 잘라내기

Step 03 키보드 기본 자리 알아보기

키보드의 기본 자리에 대해 알아봅니다.

① 키보드 '기본 자리'에 대해 알아보기 위해 [타자몽]을 실행하여 [자리 연습]을 클릭한 후 [1단계]를 선택하고 [확인]을 클릭합니다.

이해 쏙! TIP!
예제폴더에서 '타자몽.exe'를 설치할 수 있어요.

② 타자몽 '기본 자리'를 학습하고 올바른 운지법을 익히며 자리 연습을 진행합니다.

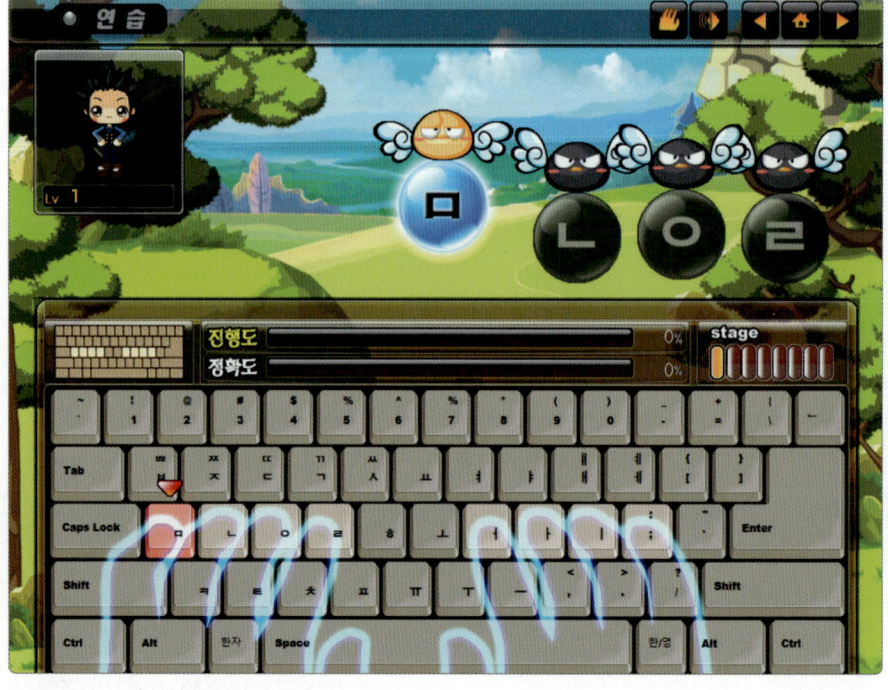

실력 UP! 한 칸 더 GO! GO!

1 키보드를 보고 빈칸에 들어갈 알맞은 키의 이름을 적어 보세요.

🔑 예제 파일 : 없음   🔑 완성 파일 : 없음

번호	기능 키 이름	기능 설명
❶		현재 작업을 취소하거나 창을 닫는 데 사용됩니다.
❷		커서를 다음 항목으로 이동하거나, 문서에서 특정 간격을 이동시킵니다.
❸		활성시 대문자, 비활성시 소문자로 전환되어 입력됩니다.
❹		영어 대문자 또는 윗문자를 입력할 때 사용합니다.
❺		다른 키와 조합하여 단축키를 만들 때 주로 사용됩니다.
❻		다른 키와 조합하여 다양한 기능을 수행합니다.
❼		입력한 문자를 삭제하는 데 사용됩니다.
❽		입력을 완료하고 다음 줄로 이동하는 데 사용됩니다.
❾		텍스트를 삽입 또는 덮어쓰기 모드로 전환합니다.
❿		선택한 항목을 삭제하거나 커서 오른쪽의 문자를 삭제합니다.

03 바탕화면 탐험

| 학습목표 |
- 바탕화면 구성 요소를 알 수 있습니다.
- 기본 아이콘을 추가, 제거할 수 있습니다.
- 아이콘의 보기와 정렬을 사용할 수 있습니다.

오늘의 도착지점　　　　　예제 파일 : 없음　　완성 파일 : 없음

도착지 정보

바탕화면이란 컴퓨터 화면에 표시되는 배경을 말합니다. 컴퓨터를 사용할 때 자주 보게 되는 바탕화면에는 사용자가 쉽고 편리하게 이용할 수 있도록 구성된 여러 가지 요소들이 있습니다. 요소들에 대해 알아보고 어떻게 이용할 수 있을지 알아봅니다.

Step 01 바탕화면 구성 요소 알아보기

바탕화면을 구성하는 요소를 알아봅니다.

① 바탕화면에 대해 알아보고 빈칸에 해당하는 구성 요소를 적어봅니다.

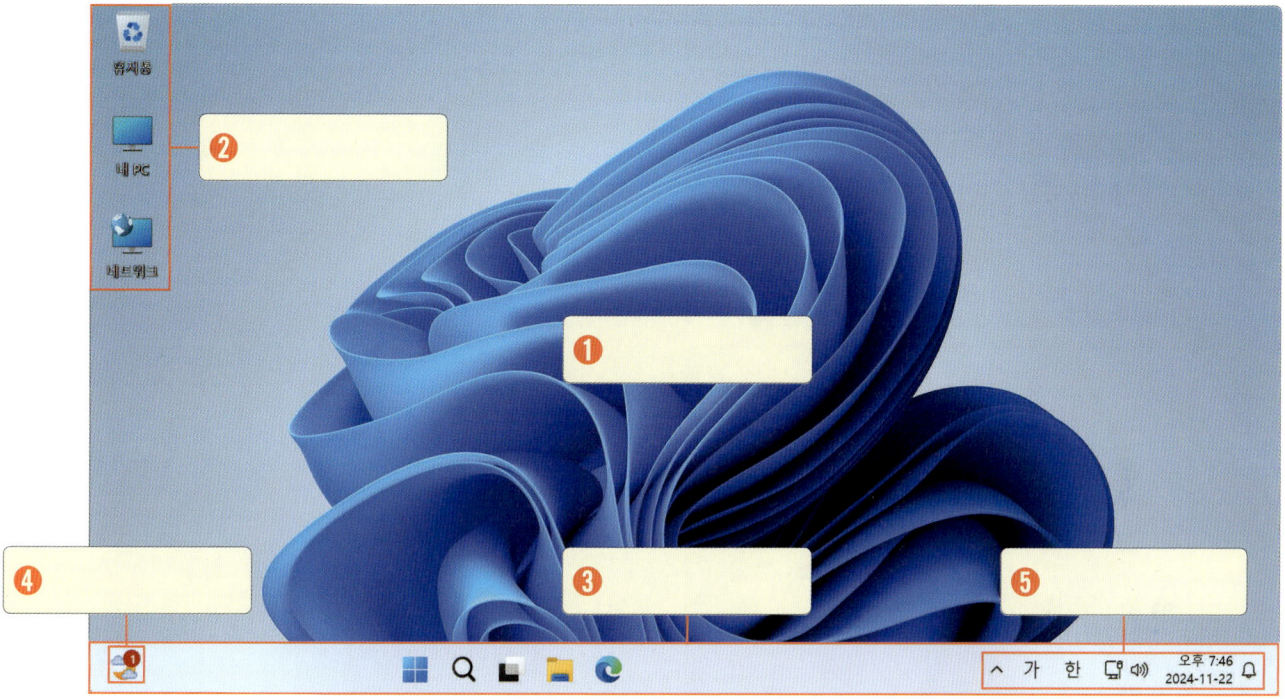

❶ **바탕화면 배경**: 사용자가 선택한 이미지나 색상으로 설정할 수 있습니다.

❷ **바탕화면 아이콘**: 아이콘이란 파일이나 프로그램을 작은 그림 형태로 표시한 것을 말하며, 기본적으로 '내 PC', '휴지통', '네트워크' 아이콘 등이 있습니다.

❸ **작업 표시줄**: 화면 아래쪽에 위치하여 시작메뉴, 검색 도구, 가상 데스크톱 그리고 고정된 앱 아이콘을 표시합니다.

❹ **위젯**: 작업 표시줄의 오른쪽에 위치하며 날씨와 뉴스 등 다양한 정보들이 표시됩니다.

❺ **알림 영역**: 작업 표시줄의 왼쪽에 위치하며 시스템 알림, 앱 알림, 네트워크 상태, 볼륨 조절, 그리고 날짜와 시간이 표시됩니다.

② 바탕화면 구성 요소에 대해 학습한 내용을 확인해 봅니다.

01. 다음 중 바탕화면에서 나타나는 구성 요소가 아닌 것을 골라 보세요. (4)

① 아이콘　　　　　　　　　② 작업 표시줄

③ 바탕화면 배경　　　　　　④ 상태 표시줄

바탕화면 구성 요소들이 가지고 있는 기능을 확인해 봅니다.

위젯

날씨, 뉴스 등의 정보를 웹페이지 접속 없이 바탕화면에서 빠르게 이용할 수 있도록 하여, 일상적인 작업을 보다 효율적으로 수행할 수 있습니다.

시작 메뉴

자주 사용하는 앱과 최근 파일을 쉽게 접근할 수 있도록 하며, 검색 기능을 사용하여 필요한 앱을 손쉽게 실행할 수 있습니다.

가상 데스크톱

여러 개의 데스크톱을 생성하여 각 데스크톱마다 다양한 앱을 열어 효율적으로 작업할 수 있습니다.

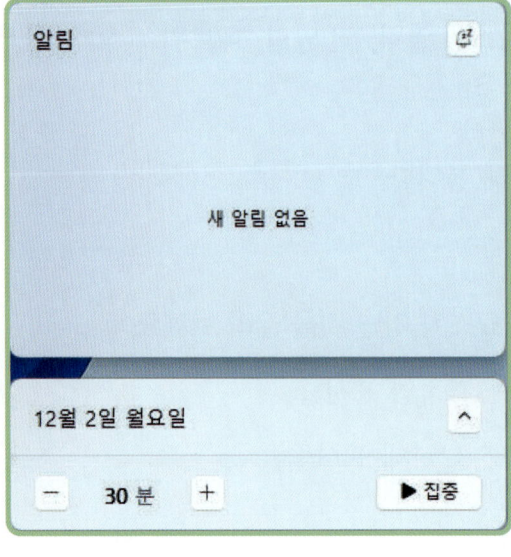

알림 영역

시스템 알림, 앱 알림, 네트워크 상태, 볼륨 조절, 그리고 날짜와 시간 등 중요한 정보를 알려주고, 시스템 및 애플리케이션의 상태를 쉽게 관리할 수 있도록 도와주는 기능입니다.

Step 02 기본 아이콘 추가/제거

바탕화면의 기본 아이콘을 추가 또는 제거해 봅니다.

① 바탕화면의 '기본 아이콘'에 대해 알아봅니다.

휴지통

바탕화면에서 지울 수 없는 유일한 아이콘으로 삭제한 파일과 폴더를 임시로 저장하는 장소입니다. 휴지통 속 파일을 클릭하면 내용 확인, 복원, 완전 삭제가 가능하며, 용량이 가득 차면 오래된 항목이 자동으로 삭제됩니다.

내 PC

컴퓨터에 존재하는 드라이브와 폴더를 쉽게 접근할 수 있는 장소로, 파일 탐색기에서 중요한 파일과 폴더를 관리하는 데 도움을 줍니다.

네트워크

인터넷 연결 문제를 진단하고 해결하는 데 필요한 도구와 옵션을 확인할 수 있습니다.

② '기본 아이콘'을 추가하기 위해 바탕화면에서 마우스 오른쪽 버튼을 클릭하고 '바로가기 메뉴'에서 [개인 설정]을 클릭합니다. '개인 설정' 창에서 [테마]를 찾아 클릭합니다.

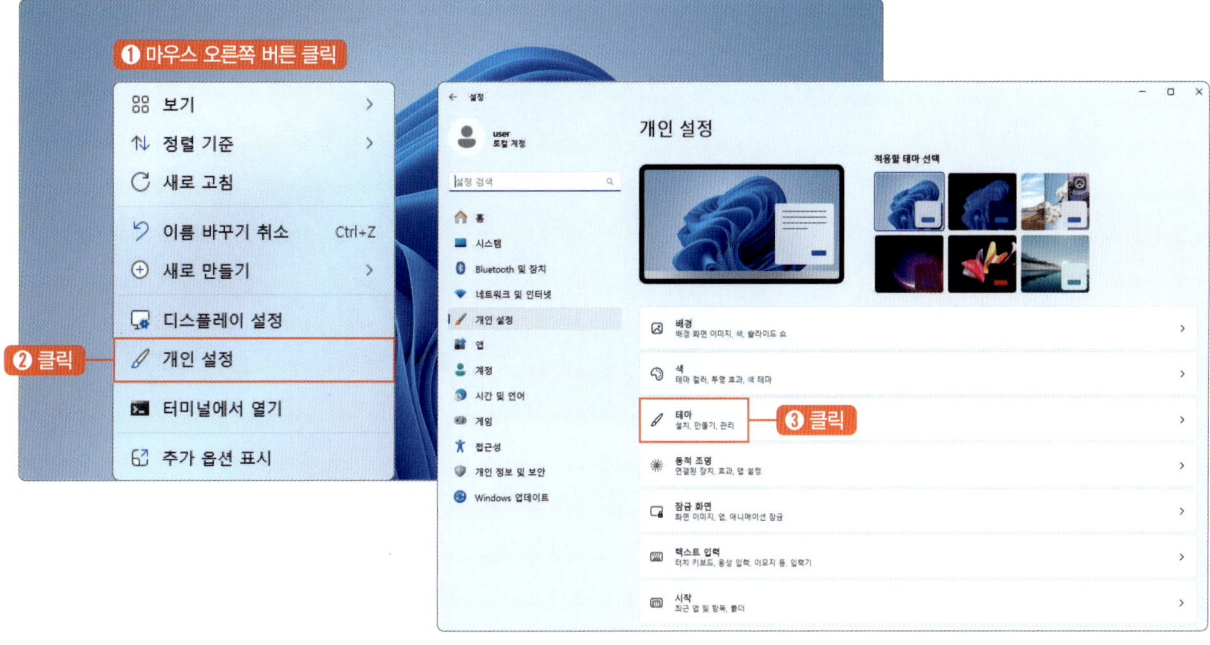

③ 이어서 '관련 설정'의 [바탕화면 아이콘 설정]을 클릭합니다. '바탕화면 아이콘 설정' 창이 나타나면 '바탕화면 아이콘' 그룹에서 [문서]와 [제어판]을 선택한 후 [적용]-[확인]을 클릭합니다.

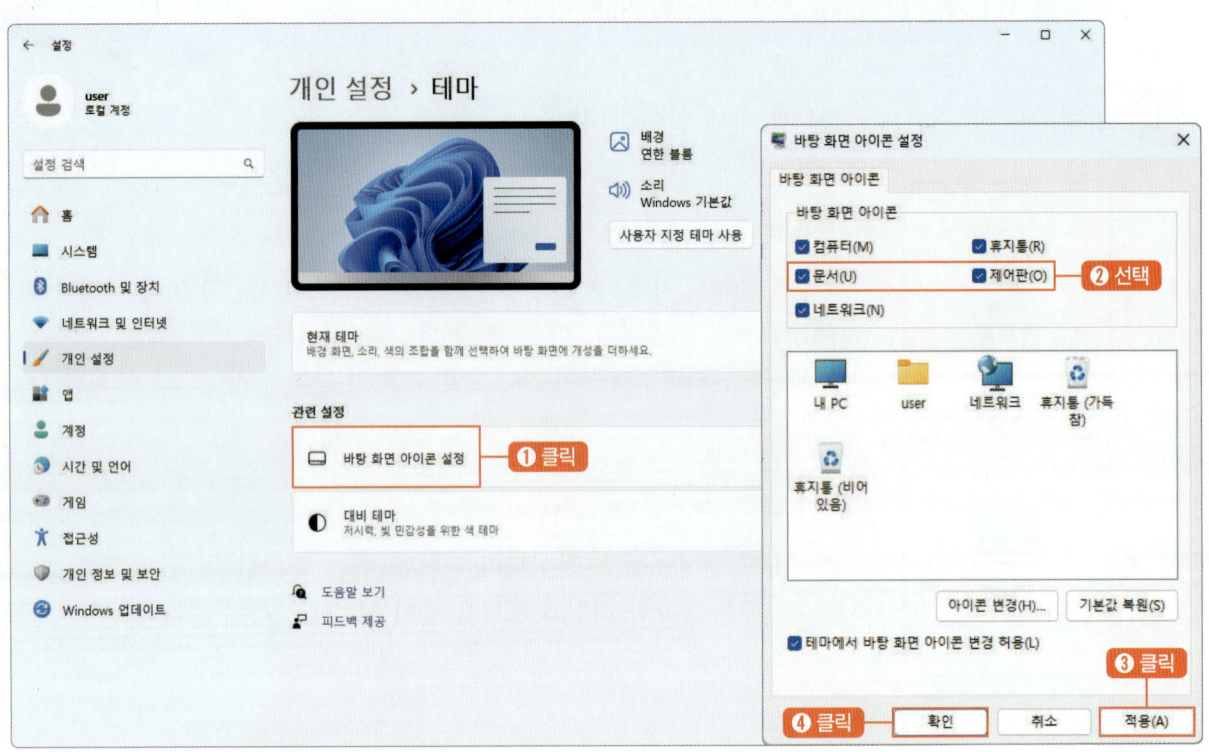

④ 창을 모두 종료한 후 바탕화면에 추가된 기본 아이콘을 확인합니다.

⑤ 아이콘을 다시 제거하고 싶다면, ②~③과 같이 '바탕화면 아이콘 설정' 창으로 접속한 후 사용하지 않을 아이콘의 체크박스를 클릭합니다.

이해 쏙! TIP!

바탕화면 아이콘에서 '휴지통'을 제거하면 파일이나 폴더를 삭제한 후 다시 찾기 어렵기 때문에, 제거하지 않도록 조심해요.

Step 03 아이콘 보기/정렬

바탕화면 아이콘의 보기 유형과 정렬 형태를 설정합니다.

① '아이콘 보기 유형'을 설정하기 위해 바탕화면에서 마우스 오른쪽 버튼을 클릭하고 '바로가기 메뉴'에서 [보기]를 클릭합니다. 다양한 '보기 유형' 중에서 원하는 유형을 눌러 아이콘의 변화를 확인합니다.

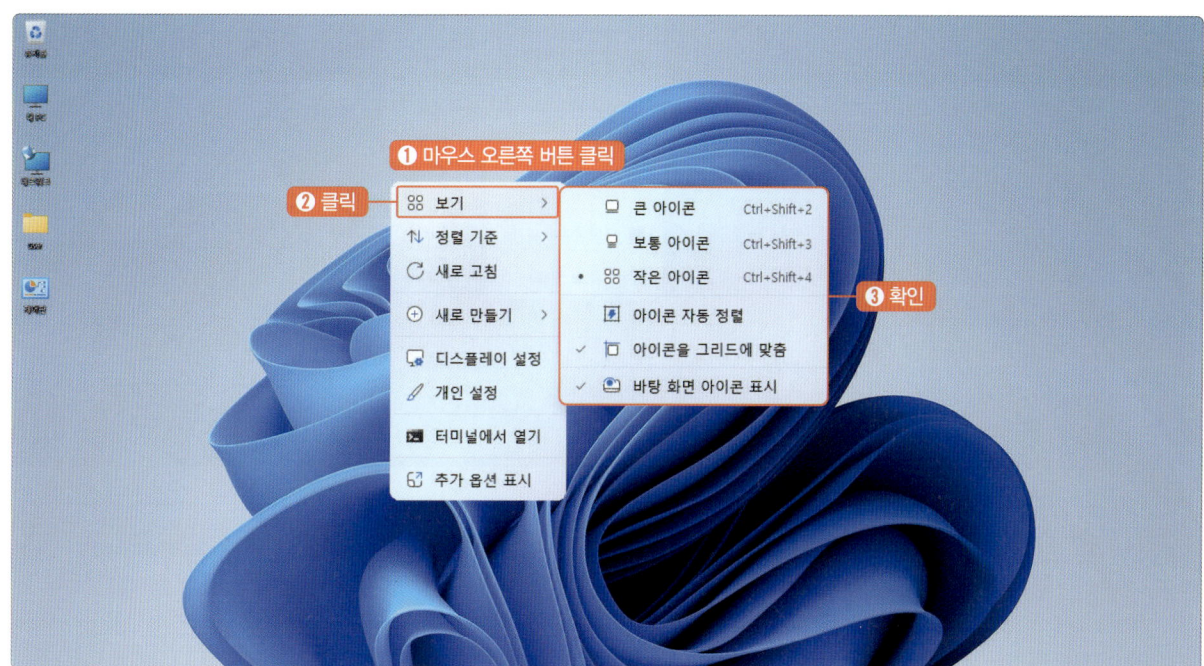

큰 아이콘	파일과 폴더의 아이콘을 크게 표시합니다.
보통 아이콘	자주 사용하는 크기로 파일과 폴더를 쉽게 식별할 수 있습니다.
작은 아이콘	아이콘을 작게 설정해 많은 파일을 한 화면에 표시할 수 있습니다.
아이콘 자동 정렬	아이콘을 자동으로 정렬할 수 있으며, 해제 시 아이콘들을 자유롭게 배치할 수 있습니다.
아이콘을 그리드에 맞춤	아이콘을 일정한 격자 간격에 맞춰 정렬하여, 화면에서 깔끔하게 배치되도록 합니다.
바탕화면 아이콘 표시	바탕화면 아이콘 표시를 해제하면 바탕화면의 모든 아이콘이 사라집니다.

② '아이콘 정렬 형태'를 설정하기 위해 바탕화면에서 마우스 오른쪽 버튼을 클릭하고 '바로가기 메뉴'에서 '정렬 기준'을 클릭합니다. 다양한 '정렬 기준' 중에서 원하는 아이콘 보기 유형을 눌러 아이콘의 변화를 확인합니다.

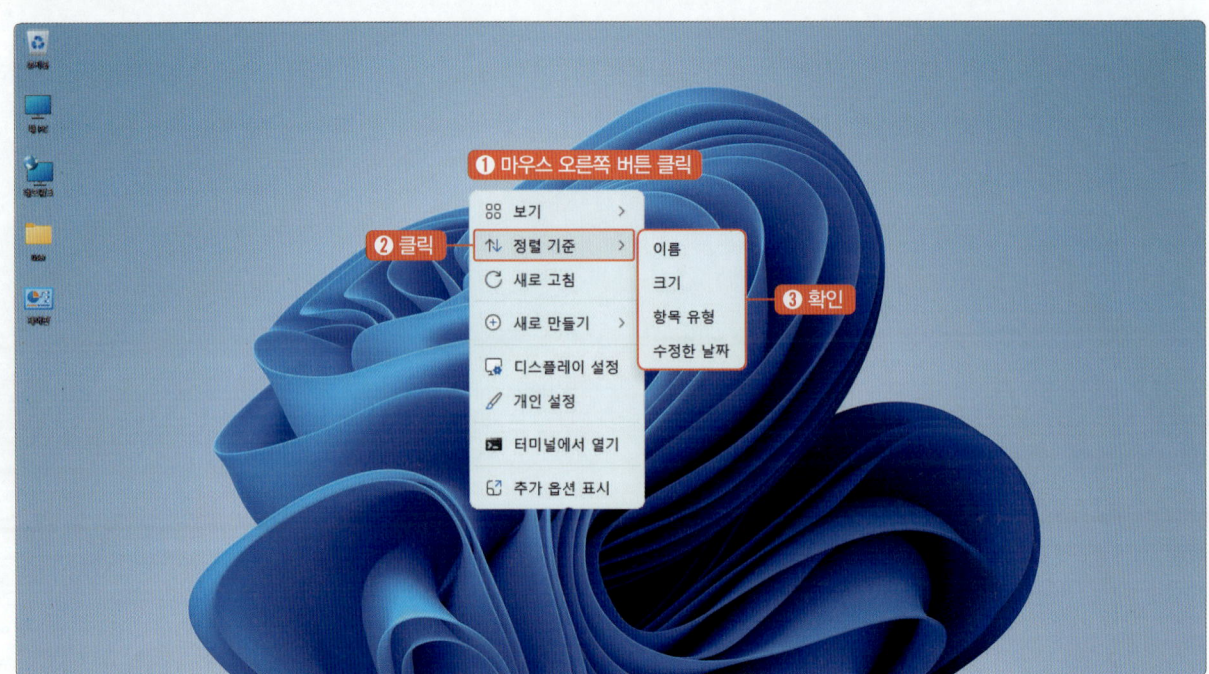

이름	바탕화면에 놓여진 아이콘을 이름에 따라 오름차순으로 정렬합니다. 한번 더 클릭하면 내림차순으로 정렬합니다.
크기	아이콘의 파일 크기(용량)에 따라 정렬합니다.
항목 유형	문서, 이미지, 프로그램 등 파일의 종류에 따라 같은 종류끼리 연달아 정렬합니다.
수정한 날짜	파일이 마지막으로 수정된 날짜에 따라 정렬합니다.

③ 바탕화면 아이콘 보기에 대해 학습한 내용을 확인해 봅니다.

01. 바탕화면 아이콘 보기 유형 중 아이콘을 표시하거나 숨기는 메뉴를 골라보세요.

(2)

① 아이콘을 그리드에 맞춤　　② 바탕화면 아이콘 표시
③ 아이콘 자동 정렬　　　　　④ 큰 아이콘

1 위젯의 '날씨' 기능을 이용하여 우리 동네 '전체 일기 예보'를 찾아보세요.

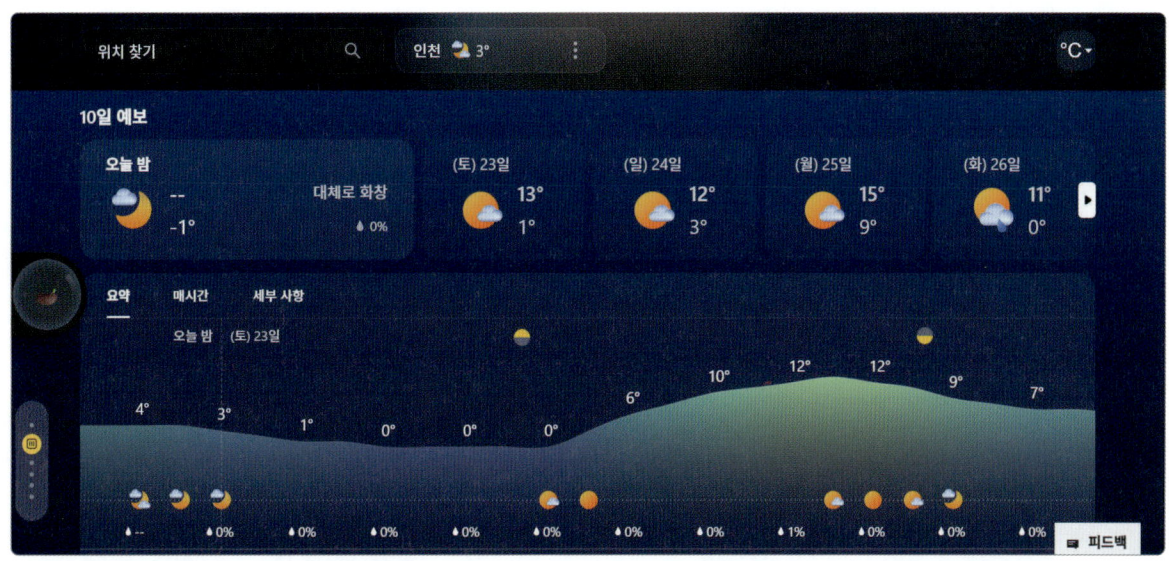

2 '바로가기 메뉴'에서 '보기' 유형을 선택해 바탕화면 아이콘을 자유롭게 배치해 보세요.

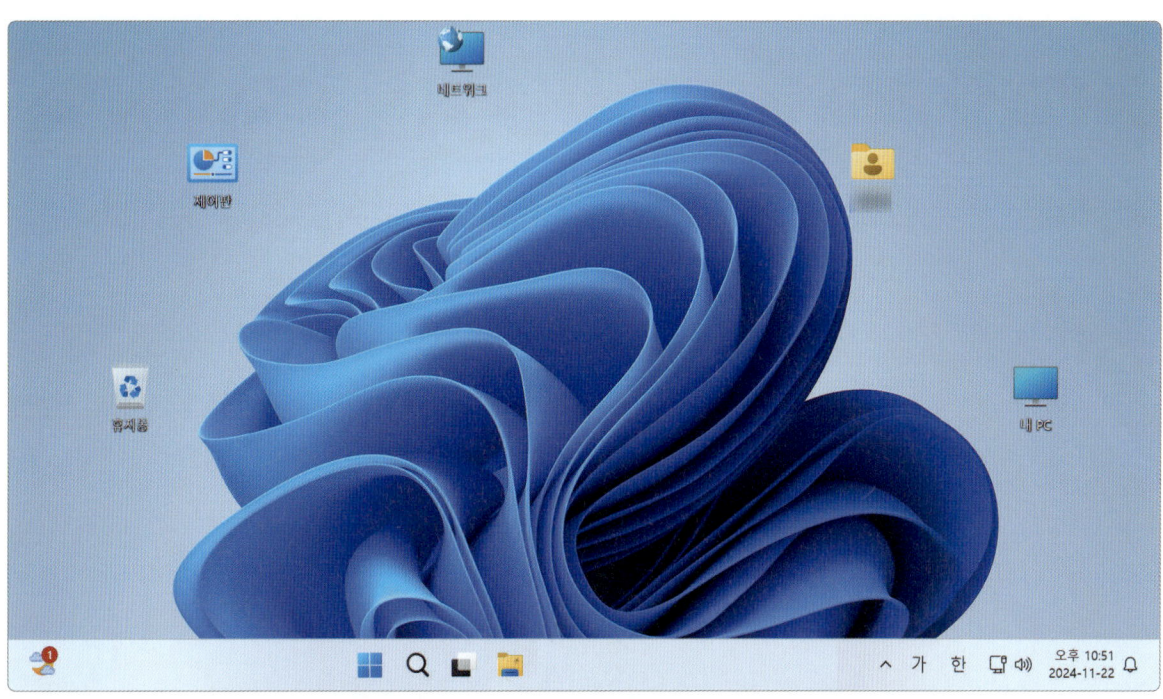

GAME 04 바탕화면 체인지UP!

| 학습목표 |
- 윈도우의 개인 설정 구성을 알아봅니다.
- 컴퓨터 화면을 다크 모드로 설정할 수 있습니다.
- 바탕화면을 변경할 수 있습니다.

오늘의 도착지점

🔑 예제 파일 : 4강_예제 폴더   🔑 완성 파일 : 없음

도착지 정보

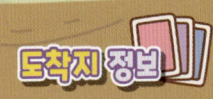

바탕화면을 구성하는 요소 중 가장 큰 영역을 차지하는 배경은 기본적으로 윈도우에서 지정한 이미지로 설정됩니다. 배경에 내가 좋아하는 아이돌의 사진이나 귀여운 캐릭터 이미지가 있다면 컴퓨터를 사용하는 시간이 더욱 즐거울 것입니다. 나만의 스타일로 바탕화면을 꾸며봅시다.

Step 01 개인 설정 구성 알아보기

개인의 취향에 따라 설정할 수 있는 구성 요소를 알아봅니다.

① 바탕화면에서 마우스 오른쪽 버튼을 클릭한 후 바로가기 메뉴에서 [개인 설정] 창을 열어 개인 설정의 화면 구성에 대해 알아봅니다.

❶ **미리 보기**: 설정을 변경하면 적용된 모습을 즉시 확인할 수 있습니다.

❷ **빠른 테마 설정**: 테마 창을 거치지 않고 기본 테마를 바로 적용할 수 있습니다.

❸ **기타 설정**: 컴퓨터 환경을 개인의 스타일에 맞게 조정할 수 있는 다양한 옵션이 제공됩니다.

배경	바탕화면의 배경을 변경할 수 있습니다.
색	시스템의 기본 색상과 강조 색상을 선택할 수 있습니다.
테마	배경, 색상, 소리, 아이콘 등의 기본 제공되는 테마를 선택하거나, 자신만의 테마를 만들어 적용할 수 있습니다.
동적 조명	RGB 조명이 있는 주변 장치와 연동하여 화면의 색상과 조명을 동기화하는 기능입니다.
잠금 화면	잠금 화면의 배경 이미지, 알림, 그리고 시계 및 날짜의 표시 방식을 설정할 수 있습니다.
텍스트 입력	키보드 및 입력 방법을 조정할 수 있습니다
시작	시작 메뉴의 레이아웃과 표시할 앱을 설정할 수 있습니다.
작업 표시줄	작업 표시줄의 위치와 아이콘의 표시 방식을 설정할 수 있습니다.
글꼴	시스템에서 사용할 글꼴을 선택할 수 있습니다.
디바이스 사용현황	프린터, 스캐너, 외부 저장 장치 등의 연결 상태를 확인할 수 있습니다.

Step 02 다크모드로 설정하기

개인 취향에 맞추어 컴퓨터 화면의 모드를 변경해 봅니다.

1 컴퓨터 모드를 변경하기 위해 [개인 설정] 창을 열어 [색]을 클릭하고 '색' 창에서 '모드 선택'
-[다크]로 선택한 후 '다크' 모드와 '라이트' 모드의 차이를 확인합니다.

다크 모드   라이트 모드

2 다크모드를 사용하는 이유에 대해 알아봅니다.

① **눈의 피로 감소**: 밝은 배경에 비해 눈에 덜 자극적입니다.

② **배터리 수명 연장**: 일부 디스플레이 기기에서는 배터리 소모를 줄이는 데 도움을 줄 수 있습니다.

③ **집중력 향상**: 주변의 시각적 방해 요소를 최소화하여 사용자가 작업에 더 집중할 수 있도록 도와줍니다.

④ **스타일과 개인화**: 시각적으로 더 세련되고 현대적인 느낌을 줍니다.

⑤ **수면 패턴 개선**: 수면에 영향을 주는 블루 라이트의 양을 줄여 수면 패턴을 개선하는 데 도움이 될 수 있습니다.

Step 03 바탕화면 변경하기

개인 취향에 맞춰어 바탕화면을 변경해 봅니다.

① 바탕화면을 변경하기 위해 [개인 설정] 창을 열어 [배경]을 클릭한 후 '배경 개인 설정'의 '사진'을 클릭하여 개인 설정할 수 있는 종류를 확인합니다.

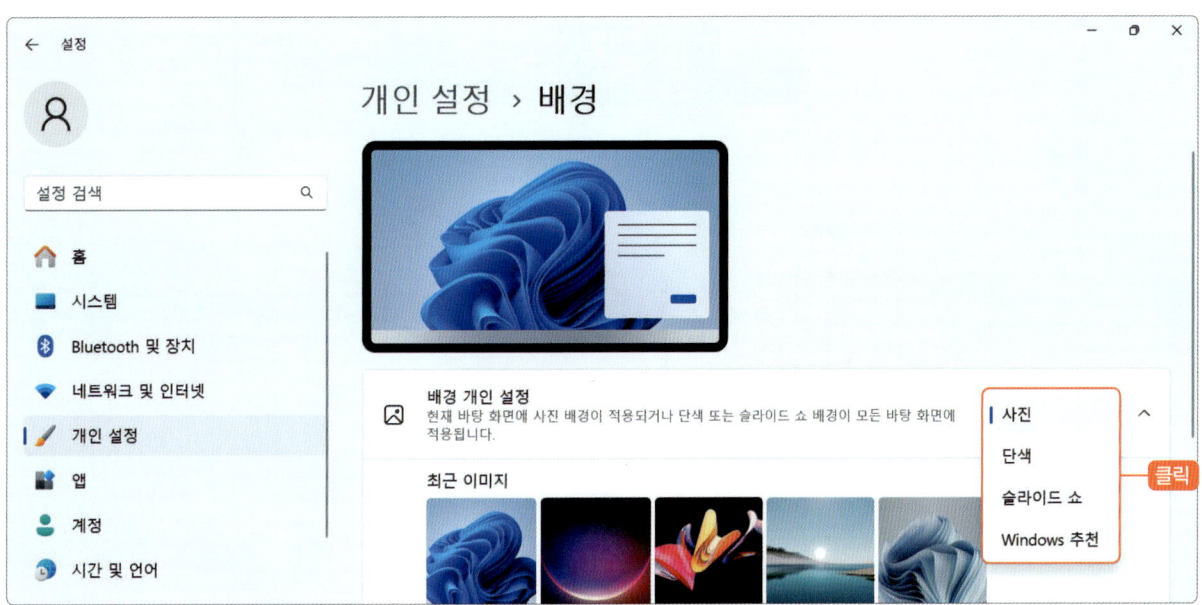

사진
컴퓨터에 저장된 사진 형식의 파일을 설정합니다.

단색
원하는 단일 색상을 선택하여 설정합니다.

슬라이드 쇼
하나의 폴더에 존재하는 여러 이미지를 움직이는 액자처럼 다양한 시각적 변화로 볼 수 있습니다.

Windows 추천
매일 Windows에서 추천하는 새로운 이미지를 설정합니다.

② '배경 개인 설정'에서 [사진]을 선택한 후 '사진 선택'의 [사진 찾아보기]를 클릭합니다. '열기' 창이 켜지면 '3강 예제' 폴더에서 '이미지1.jpg'을 선택하고 [사진 선택]을 클릭합니다.

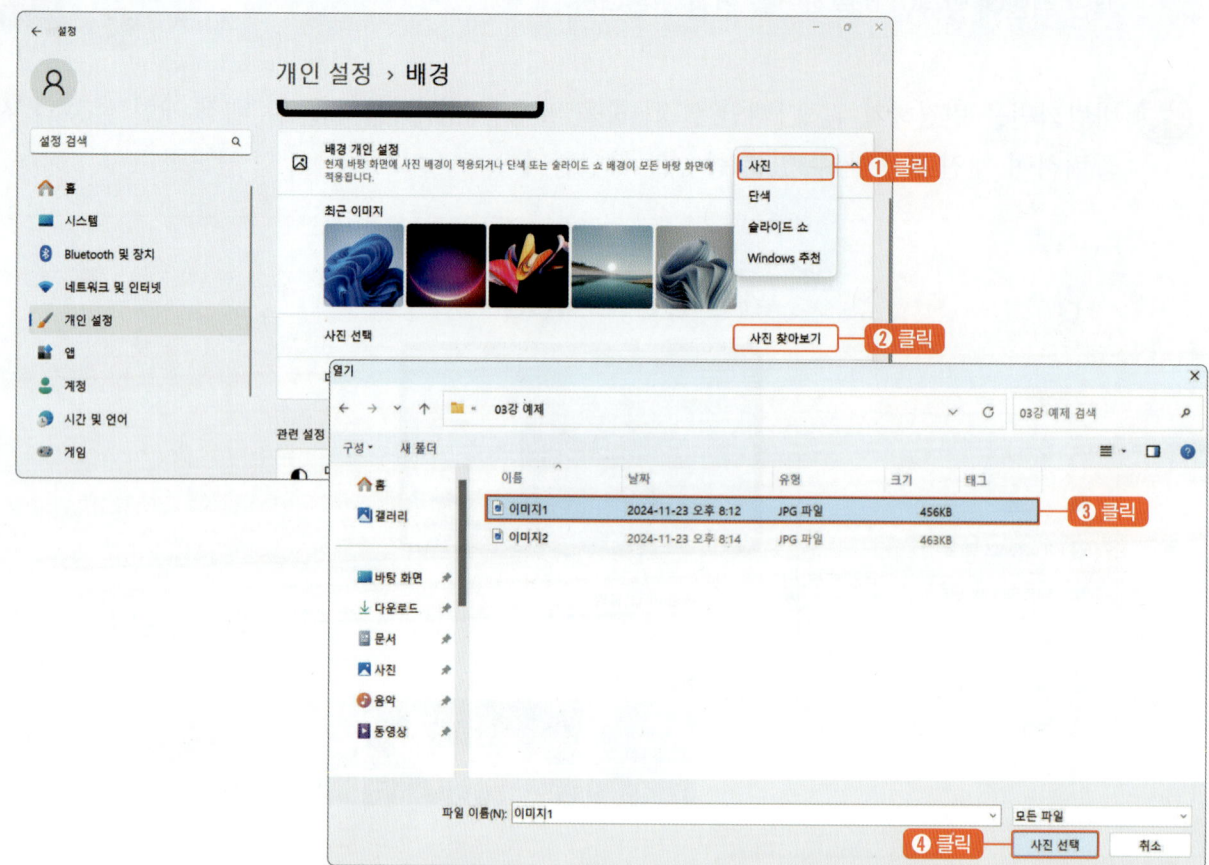

③ '데스크톱 이미지에 맞게 선택' 옵션에서 [채우기]를 클릭한 후 변경된 배경을 확인 합니다.

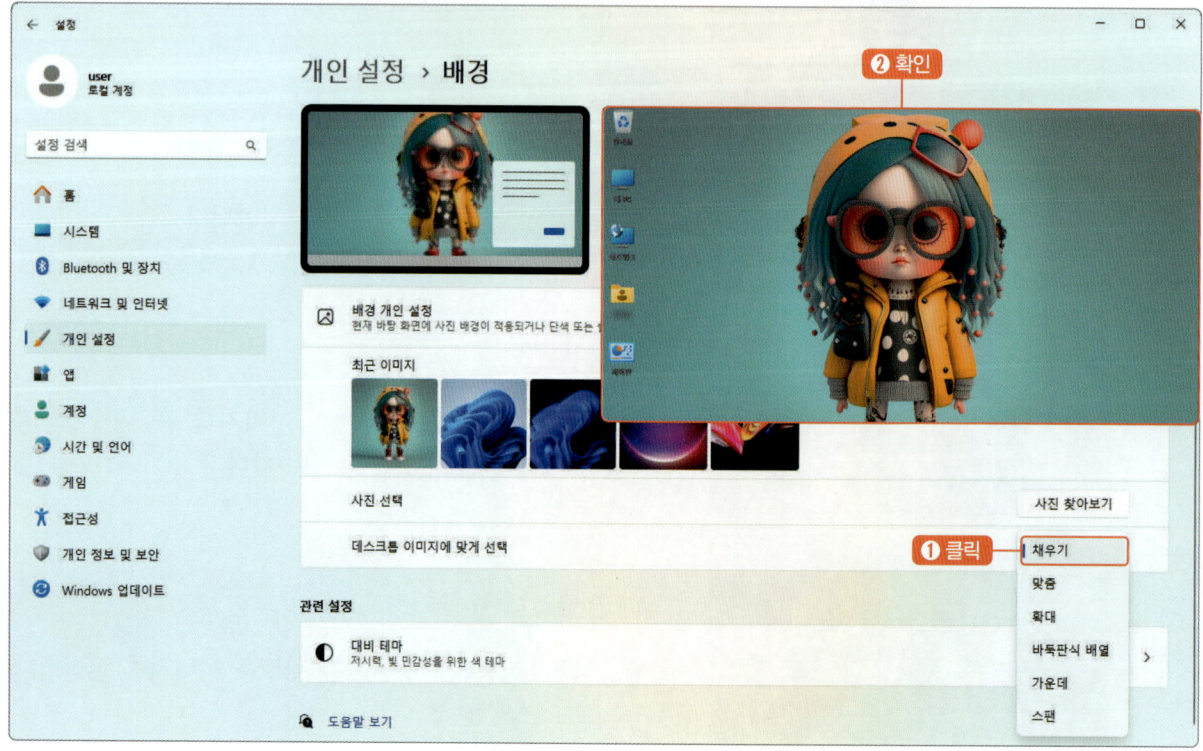

④ ②~③과 같은 방법으로 '이미지2.jpg'를 선택한 후 '데스크톱 이미지에 맞게 선택' 옵션을 [바둑판식 배열]로 선택하여 바탕화면을 변경해 봅니다.

채우기	화면의 빈 공간 없이 이미지를 꽉 채웁니다.
맞춤	이미지의 비율을 유지하며, 세로 해상도에 맞춰 채웁니다.
확대	이미지의 비율을 무시하고 좌우로 늘려서 화면을 가득 채웁니다.
바둑판식 배열	이미지가 화면보다 작을 경우, 이미지를 반복하여 바둑판처럼 배열하여 화면을 가득 채웁니다.
가운데	이미지가 화면보다 작을 경우, 원본 크기로 중앙에 정렬하여 나타납니다.
스팬	듀얼 모니터 환경에서 이미지를 두 모니터에 걸쳐서 표시하는 옵션으로 두 개의 모니터를 사용할 때, 하나의 이미지를 가로로 펼쳐서 사용하고 싶을 때 유용합니다.

실력 UP! 한 칸 더 GO! GO!

1 바탕화면의 배경을 '단색'으로 지정하고 원하는 색으로 설정해 보세요.

🔑 예제 파일 : 없음   🔑 완성 파일 : 없음

2 화면의 모드를 다크로 설정해 보세요.

🔑 예제 파일 : 없음   🔑 완성 파일 : 없음

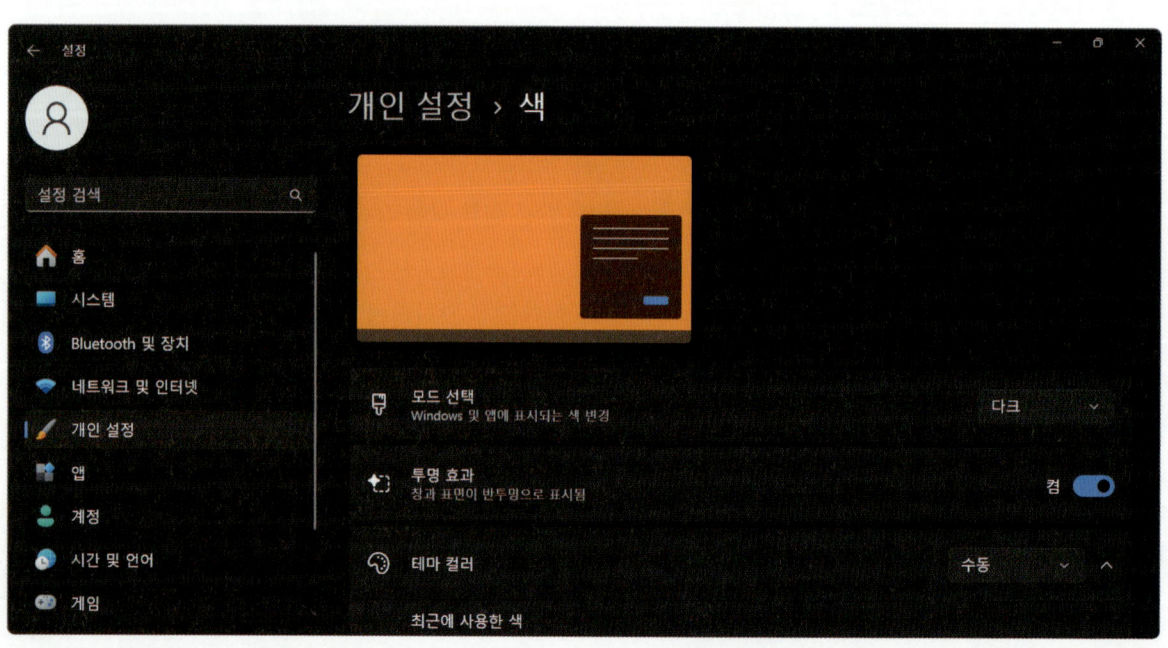

GAME 05 윈도우 꾸미기

| 학습목표 |
- 윈도우의 기본 테마를 설정할 수 있습니다.
- 잠금화면을 설정할 수 있습니다.
- 화면 시간 제한을 설정할 수 있습니다.

오늘의 도착지점

🔑 예제 파일 : 없음   🔑 완성 파일 : 없음

도착지 정보

테마란 주제라는 뜻을 가진 단어로 윈도우에서의 테마는 배경, 색상, 아이콘 등의 요소들을 하나의 동일한 주제로 묶어 구성해놓은 것을 말합니다. 윈도우의 기본 테마에 대해 알아보고 잠금화면을 설정하여 나만의 컴퓨터 스타일을 지정해봅니다.

Step 01 윈도우 기본 테마 설정하기

윈도우에서 기본으로 제공하는 테마를 적용해 봅니다.

① 바탕화면에서 [개인 설정] 창을 열어 '테마'의 화면 구성에 대해 알아보고 그림 속 빈칸을 작성해 봅니다.

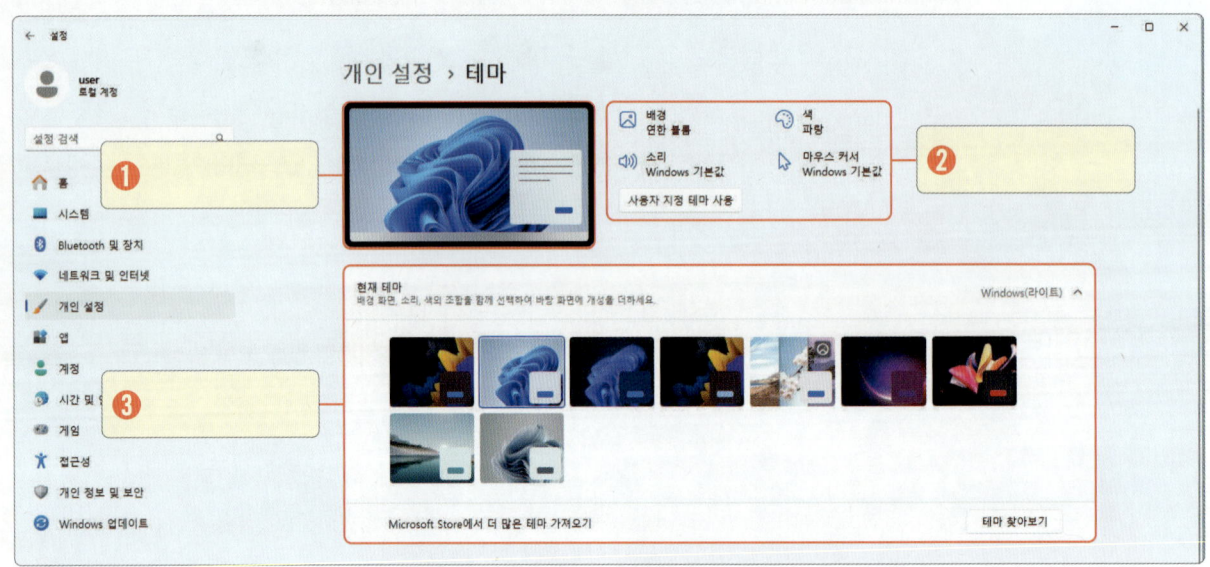

❶ **미리 보기**: 테마를 변경하면 적용된 모습을 즉시 확인할 수 있습니다.

❷ **기타 설정**: 배경과 색, 소리와 기본 마우스 커서를 개별로 설정할 수 있습니다.

❸ **테마 변경**: 마이크로소프트 스토어에서 무료로 다운로드하여 다양한 테마를 설정할 수 있습니다.

② 기본 테마를 적용하기 위해 '현재 테마'에서 원하는 테마를 클릭한 후 [개인 설정] 창을 [최소화(-)]하고 변경된 테마를 확인합니다.

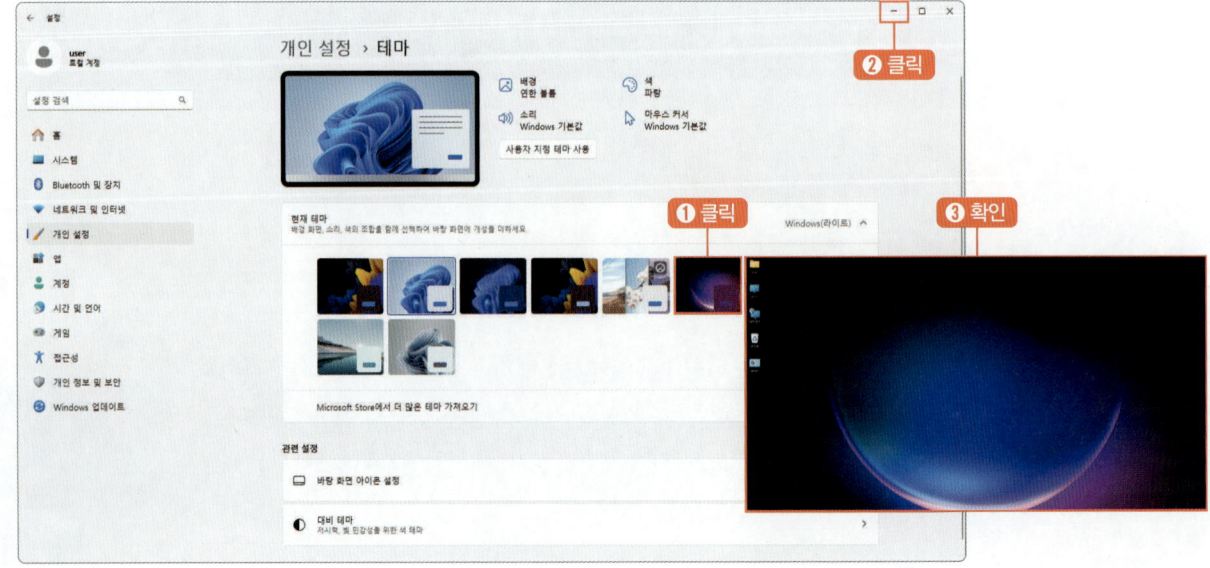

Step 02 잠금 화면 설정하기

옵션을 선택해 잠금 화면을 설정합니다.

① 잠금 화면을 설정하기 위해 [개인 설정] 창으로 돌아와 [개인 설정]-[잠금 화면]을 클릭합니다.

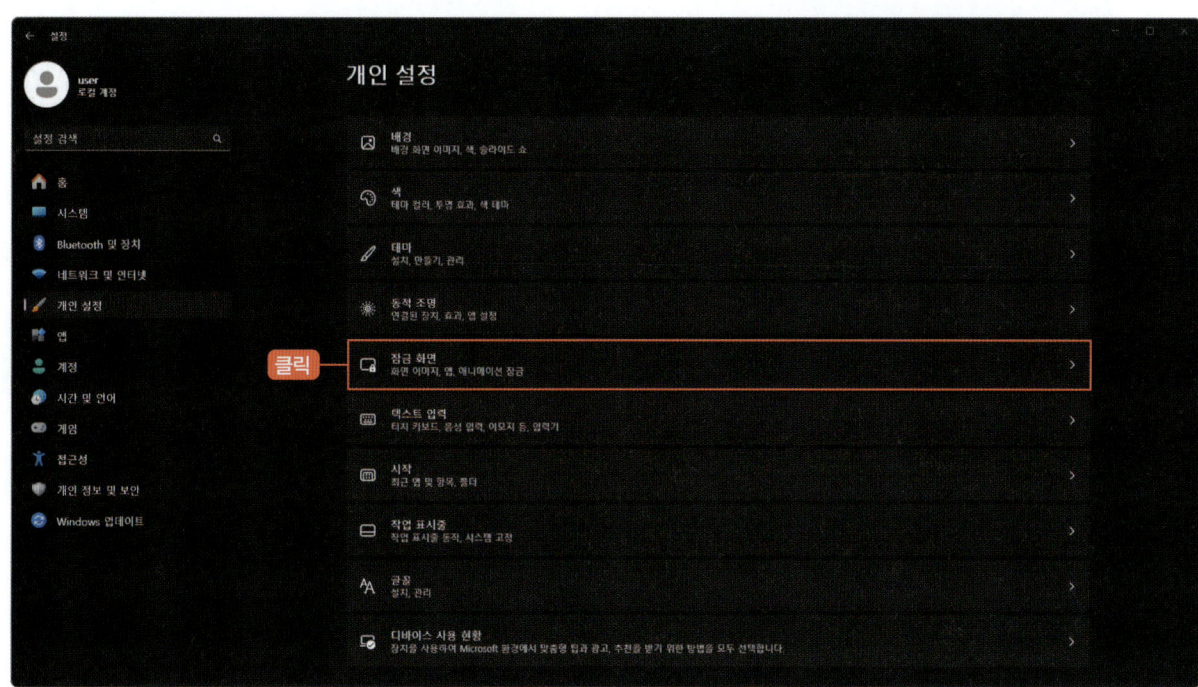

② [잠금 화면] 창에서 '잠금 화면 개인 설정'의 옵션 중 '사진'을 클릭합니다. 최근 이미지 중 하나를 선택하고 이어서 '잠금 화면에서 재미있는 정보, 팁, 유용한 정보 등을 가져오기'의 체크박스를 선택합니다.

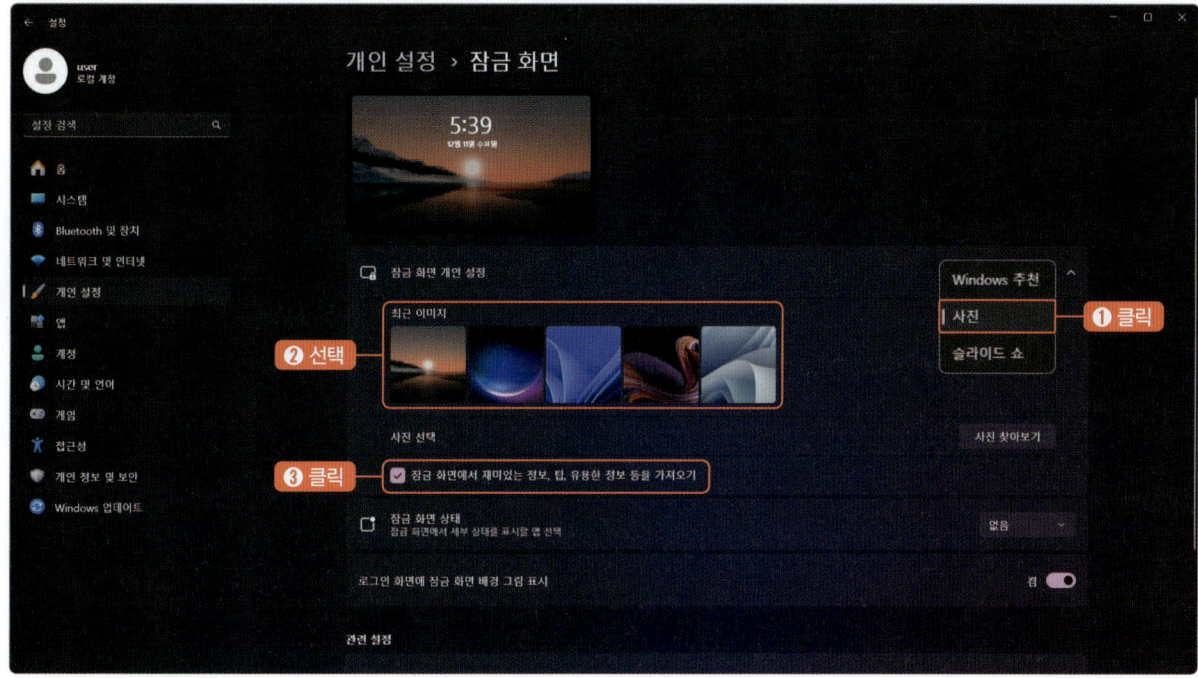

③ 이어서 잠금화면에서도 세부 상태를 표시할 앱을 선택하기 위해 '잠금 화면 상태'의 '없음'을 클릭한 후 목록에서 사용할 앱을 선택합니다.

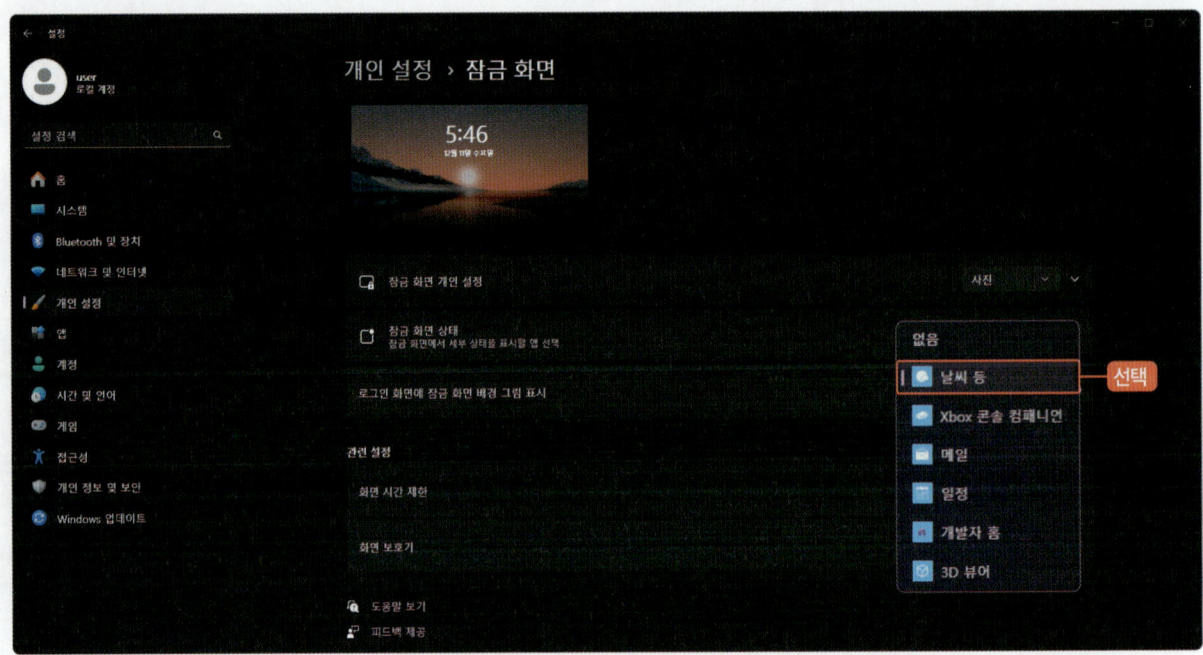

④ 설정을 마친 후 ⊞+L 키를 눌러 잠금 화면을 실행하고 변경된 잠금 화면을 확인한 후 화면 잠금을 해제합니다.

이해 쏙! TIP!

함께 쓰는 컴퓨터의 경우, 기본 설정인 'Windows 추천'으로 다시 설정해 둡니다.

Step 03 제한 시간 잠금 화면 설정하기

일정 시간동안 움직임이 없는 경우 잠금 화면을 설정합니다.

① 다시 [개인 설정] 창으로 돌아와 [잠금 화면]을 선택한 후 '잠금 화면' 창에서 '관련 설정'–[화면 시간 제한]을 클릭합니다.

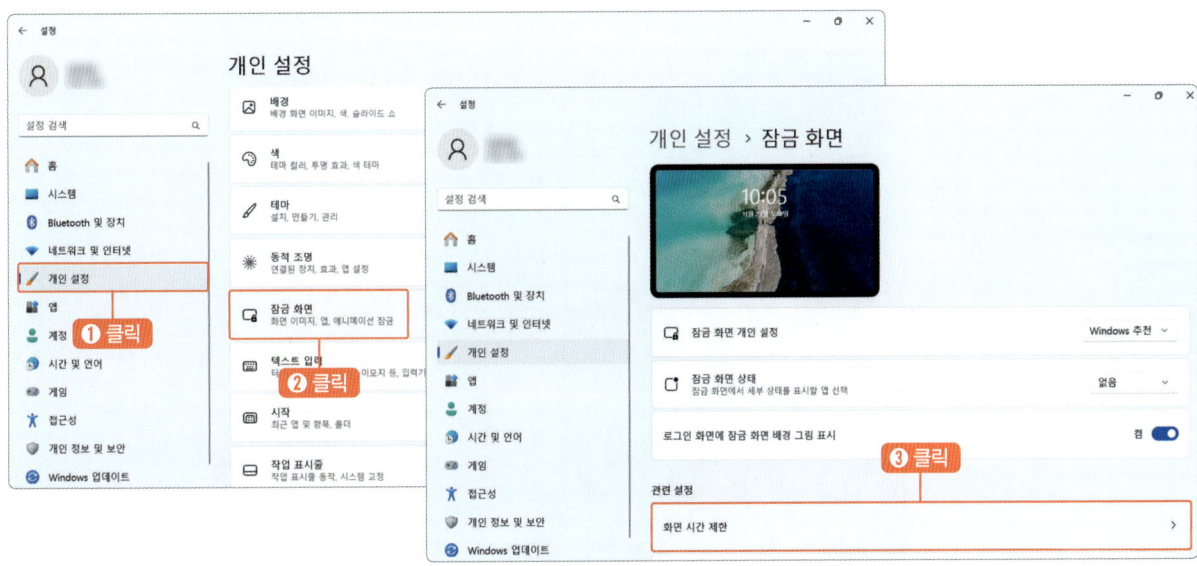

② '전원' 창이 열리면 '전원'–[화면 및 절전]을 클릭한 후 '전원 사용시 다음 시간이 경과하면 화면 끄기'를 [1분]으로 설정합니다. '1분'동안 마우스나 키보드 등을 만지지 않고 기다리며 화면이 꺼지는 것을 확인합니다.

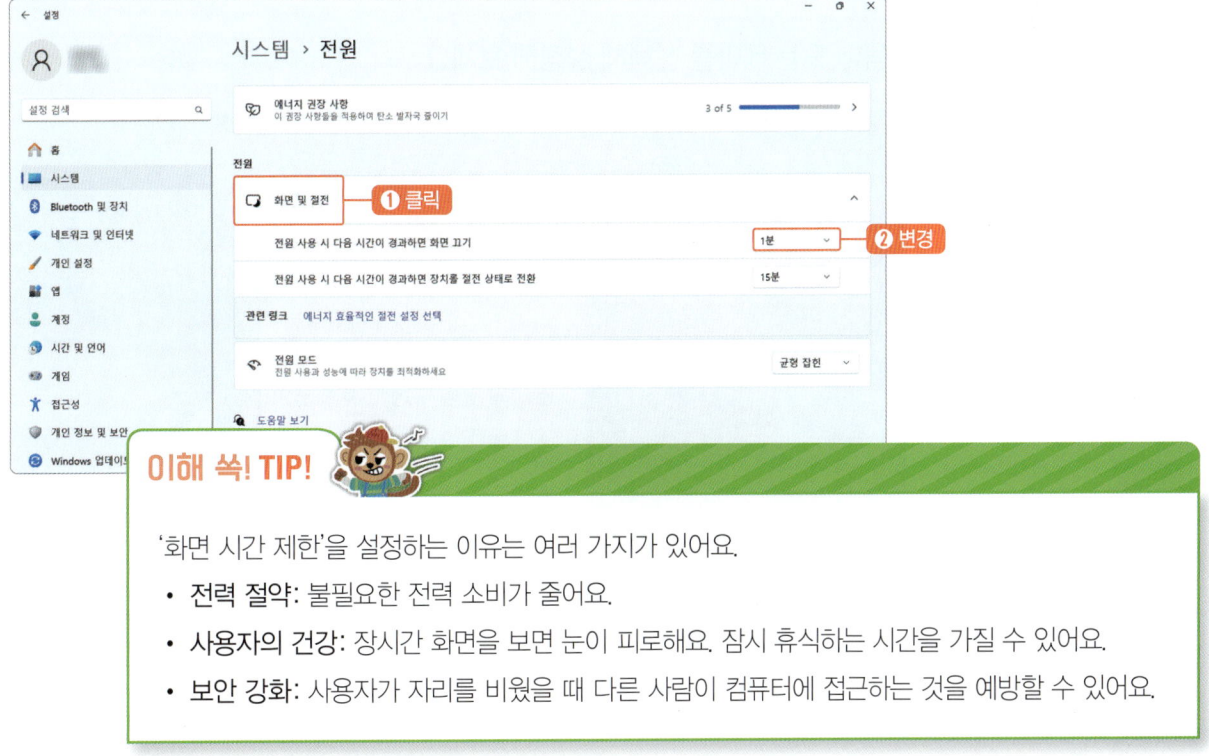

이해 쏙! TIP!

'화면 시간 제한'을 설정하는 이유는 여러 가지가 있어요.
- **전력 절약**: 불필요한 전력 소비가 줄어요.
- **사용자의 건강**: 장시간 화면을 보면 눈이 피로해요. 잠시 휴식하는 시간을 가질 수 있어요.
- **보안 강화**: 사용자가 자리를 비웠을 때 다른 사람이 컴퓨터에 접근하는 것을 예방할 수 있어요.

1 '사진'을 선택하여 그림과 같이 잠금화면으로 설정해 보세요.

🔑 예제 파일 : 5강_실력 예제 폴더   🔑 완성 파일 : 없음

🎲 **Hint**
① '잠금 화면 상태'-'없음'

2 기본 테마에서 마음에 드는 테마를 선택해 설정해 보세요.

🔑 예제 파일 : 없음   🔑 완성 파일 : 없음

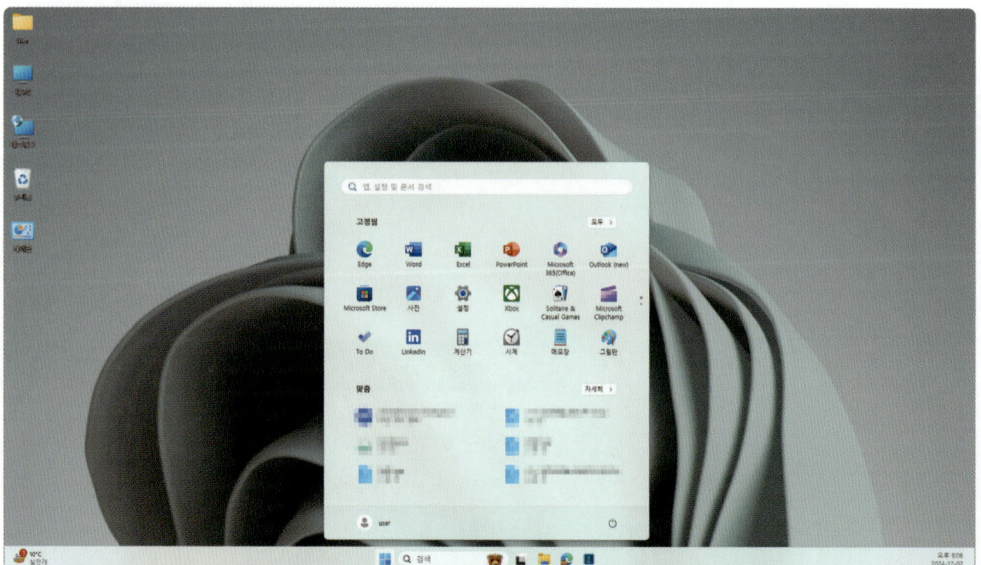

🎲 **Hint**
① '흐름, 4개 이미지'

GAME 06 스마트하게 작업하기

| 학습목표 |
- 시작 메뉴에 앱을 고정할 수 있습니다.
- 여러개의 창을 동시에 확인할 수 있습니다.
- 가상 데스크톱을 활용하여 작업을 수행할 수 있습니다.

오늘의 도착지점

🔑 예제 파일 : 없음 🔑 완성 파일 : 없음

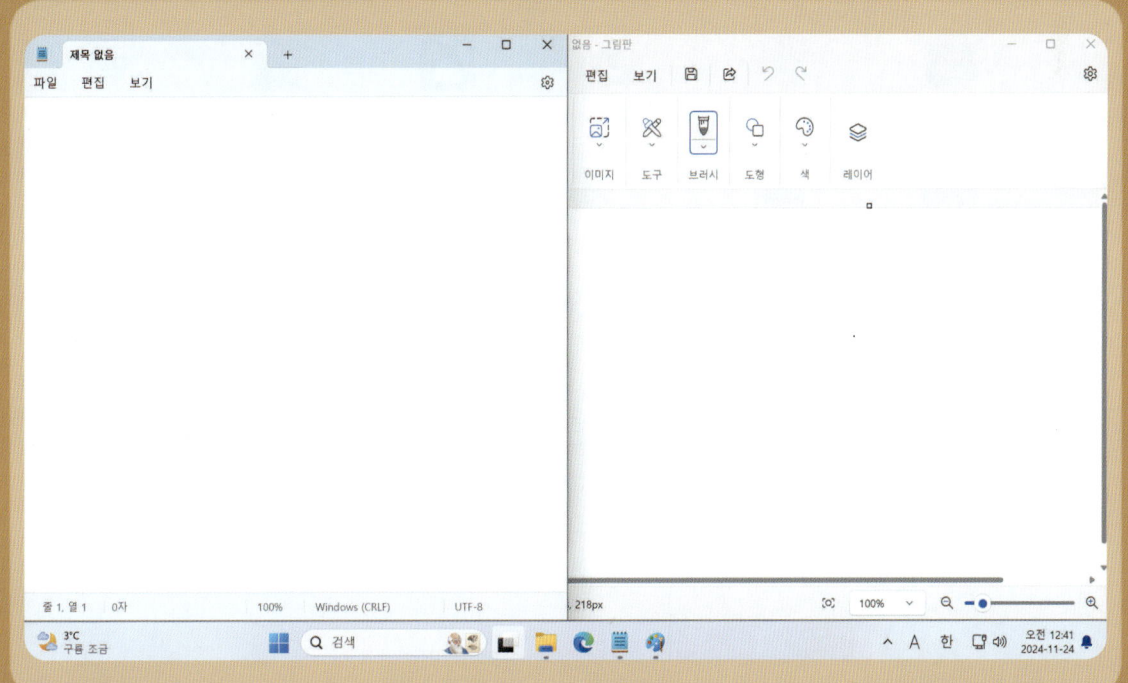

도착지 정보

공부를 할 때 자주 쓰는 필기구나 펼쳐둔 책들이 찾기 쉽게 정리되어 있다면 찾는 시간을 줄이고 공부에 집중할 수 있을 것입니다. 컴퓨터에서도 자주 사용하는 앱이나 열어둔 창들을 보기 쉽다면 컴퓨터를 사용하기 좋을 것입니다. 컴퓨터의 작업공간을 활용하는 방법을 알아봅니다.

Step 01 시작 메뉴 항목에 고정하기

자주 사용하는 앱을 시작 메뉴 항목에 고정 또는 제거해 봅니다.

① 작업 표시줄에서 [시작(■)]을 클릭하여 시작 메뉴의 화면 구성에 대해 알아보고 그림 속 빈 칸을 작성해 봅니다.

① **검색창**: 사용자가 원하는 앱, 파일, 설정 등을 입력하여 빠르게 검색할 수 있습니다.

② **모든 앱**: 설치된 모든 앱의 목록이 표시됩니다.

③ **고정됨**: 사용자가 자주 사용하는 앱을 시작 메뉴의 상단에 고정할 수 있습니다.

④ **맞춤**: 최근 사용한 파일이나 앱이 표시되며, [자세히]를 선택하면 최근에 작성한 파일들을 확인할 수 있습니다.

⑤ **프로필 아이콘**: 사용자의 계정 정보를 표시합니다.

⑥ **전원 옵션**: 시스템 종료, 재시작, 절전 모드 등의 전원 관련 옵션을 확인할 수 있습니다.

② 자주 사용하는 앱을 추가하기 위해 시작메뉴의 '고정됨' 오른쪽의 [모든 앱]을 클릭합니다.

③ '모든 앱' 창이 나타나면 고정하고 싶은 앱에서 마우스 오른쪽 버튼을 클릭하고 메뉴창이 나타나면 [시작 화면에 고정]을 클릭하고 [뒤로]를 눌러 시작메뉴에 추가된 앱을 확인합니다.

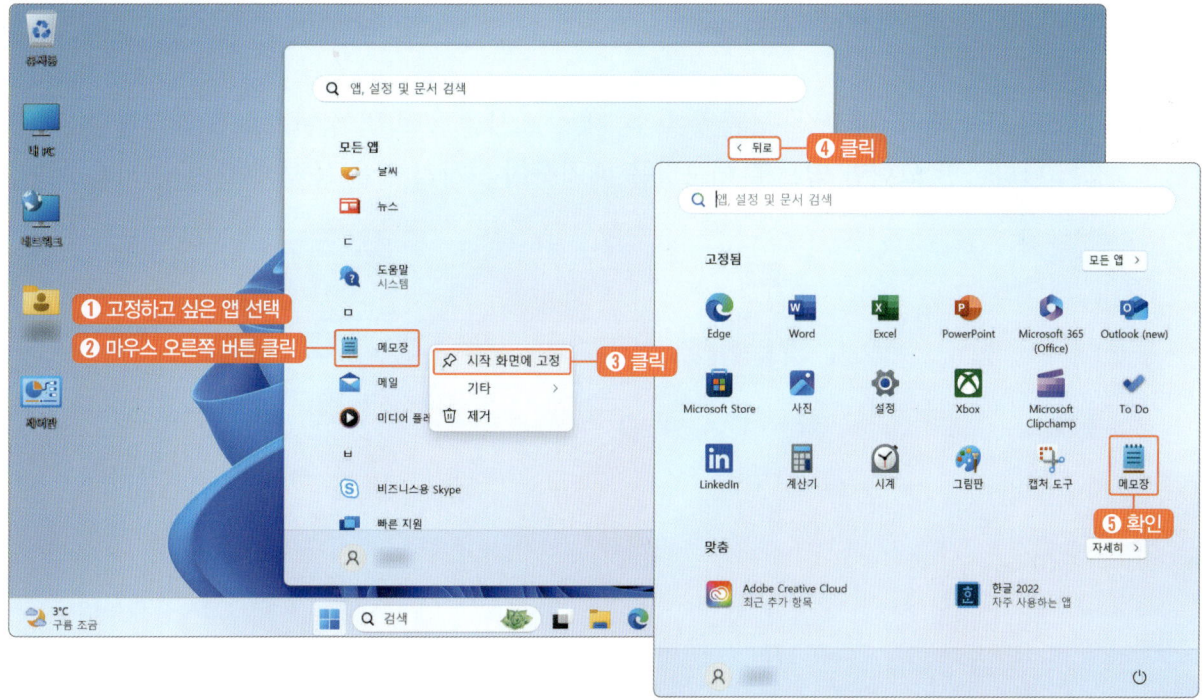

이해 쏙! TIP!

고정된 앱을 제거하는 방법은 제거할 앱에서 마우스 오른쪽 버튼을 눌러 메뉴창이 나타나면 [시작 화면에서 제거]를 클릭합니다.

Step 02 여러 창을 동시에 보기

여러 창을 동시에 확인할 수 있는 창 배열에 대해 알아 봅니다.

① 시작 메뉴의 '모든 앱'에서 [메모장]과 [그림판]을 찾아 차례대로 실행합니다.

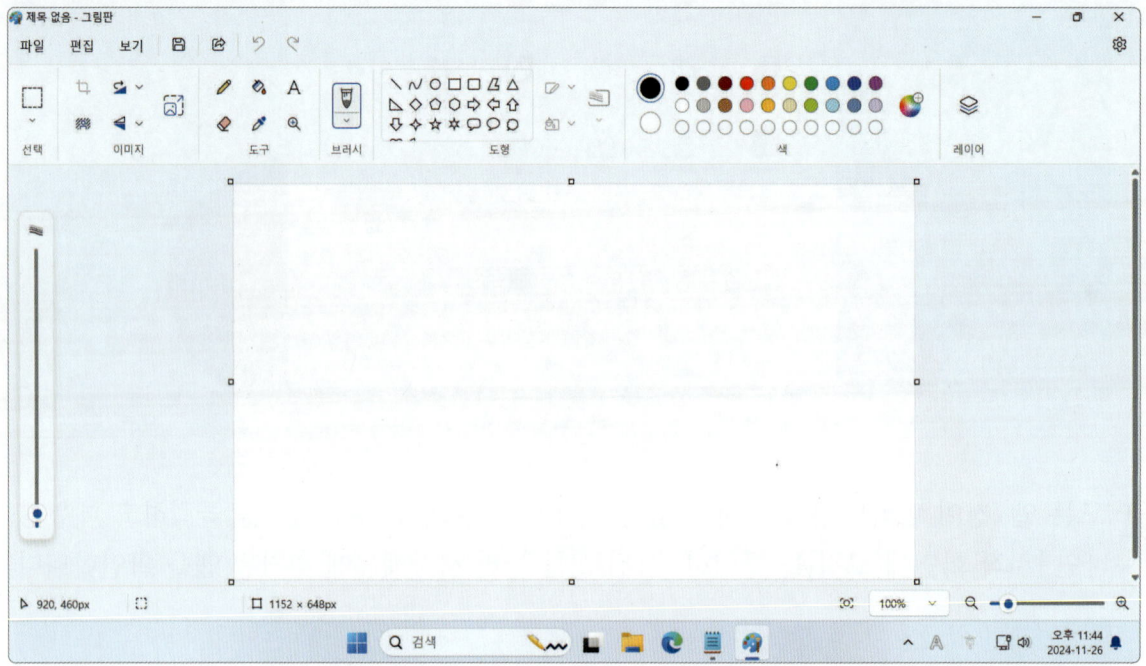

② '작업 표시줄'에서 [메모장]을 클릭한 후 '제목 표시줄'을 화면 상단으로 드래그합니다. [창 배열] 창이 나타나면 그림판 옆으로 메모장을 배치하여 '2개의 창을 동시에 보기' 결과를 확인합니다.

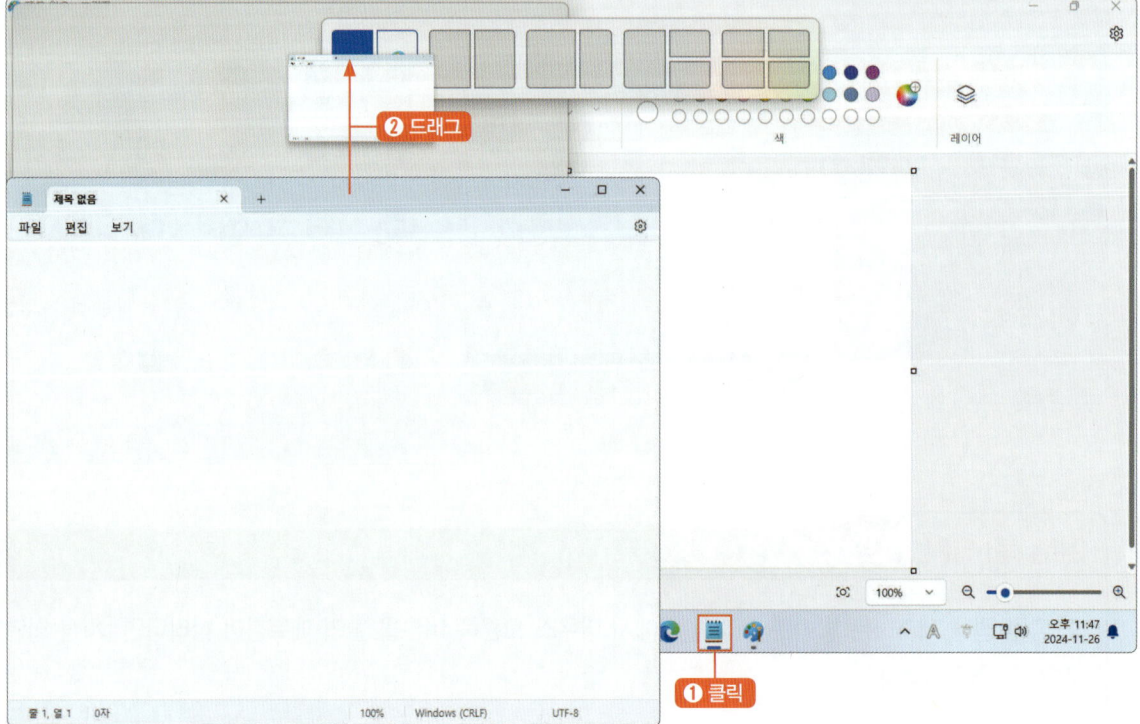

Step 03 가상 데스크톱 활용하기

가상 데스크톱을 활용하여 작업 공간을 분리해 봅니다.

① 가상 데스크톱을 설정하기 위해 '작업 표시줄'에서 [가상 데스크톱(■)]에 마우스를 올려 나타난 [새 데스크톱]을 클릭합니다.

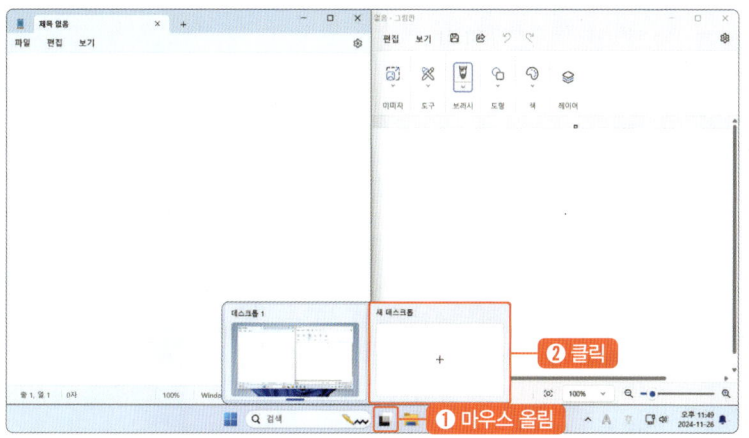

② '새 데스크톱'으로 변경되면 그림판을 실행하고 그림을 그린 후 [가상 데스크톱(■)]에 마우스를 올려 나타난 '데스크톱 1'을 클릭하여 원래 작업공간으로 돌아옵니다.

이해 쏙! TIP!

- 가상 데스크톱을 제거하려면 사용하지 않는 '데스크톱 2'에 마우스를 올리고 [X]를 눌러 닫습니다.
- '데스크톱 2'에서 사용하던 프로그램을 닫지 않고 가상 데스크톱을 종료하면, 현재의 '데스크톱 1'으로 프로그램이 자동으로 이동합니다.

1 '미디어 플레이어'를 시작 메뉴에 추가해 보세요.　　🗝 예제 파일 : 없음　　🗝 완성 파일 : 없음

🎲 **Hint**

추가한 앱이 보이지 않을 경우, '고정됨' 항목 오른쪽의 '다음페이지'를 찾아보세요.

2 '데스크톱 1 메모장', '데스크톱 2 그림판', '데스크톱 3 계산기'를 만들어 보세요.

🗝 예제 파일 : 없음　　🗝 완성 파일 : 없음

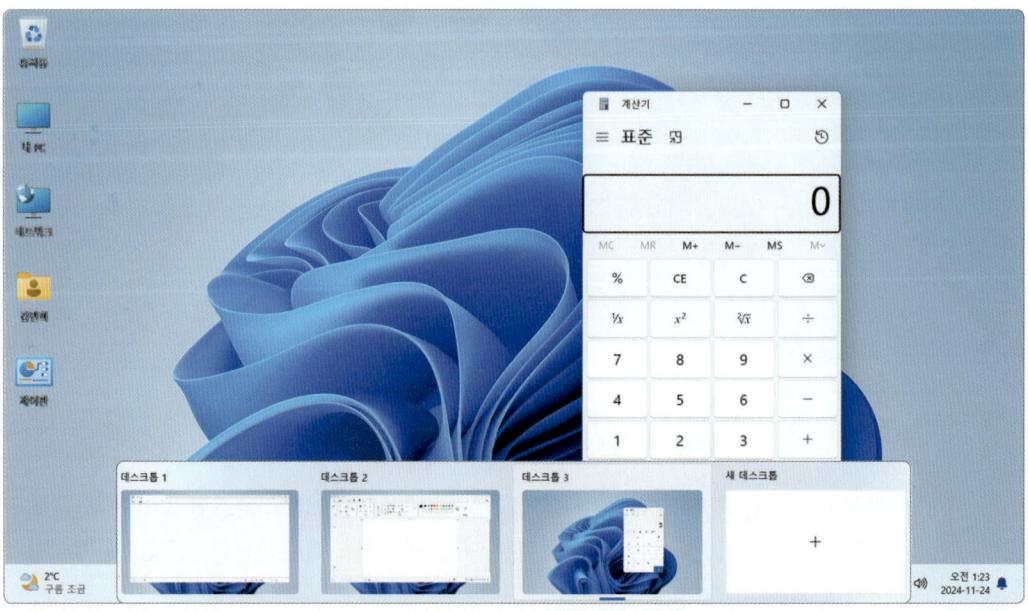

07 더 편리한 작업공간

| 학습목표 |
- 작업 표시줄을 설정할 수 있습니다.
- 작업 표시줄에 앱을 고정할 수 있습니다.
- 바탕화면에 바로가기 아이콘을 만들 수 있습니다.

오늘의 도착지점   🔑 예제 파일 : 없음   🔑 완성 파일 : 없음

도착지 정보

주위를 둘러보면 자주 사용하는 물건들은 손에 닿기 쉬운 곳에 위치하고 알아보기 쉽게 정리되어 있습니다. 바탕화면을 구성하는 요소 중 작업 표시줄은 다른 작업창을 켜두어도 사라지지않고 존재하기에 작업표시줄처럼 손에 닿기 편한 위치에 프로그램을 실행할 수 있도록 구성해 봅니다.

Step 01 작업 표시줄 설정하기

작업 표시줄에 표시되는 요소들을 취향에 따라 설정해 봅니다.

① '작업 표시줄'의 빈 곳에서 마우스 오른쪽 버튼을 클릭하고 메뉴창이 나오면 [작업 표시줄 설정]을 클릭합니다.

② '작업 표시줄' 창이 열리면 '작업 표시줄 항목'에서 '검색' 옵션을 선택하여 검색 도구 상자 중 원하는 유형을 선택합니다.

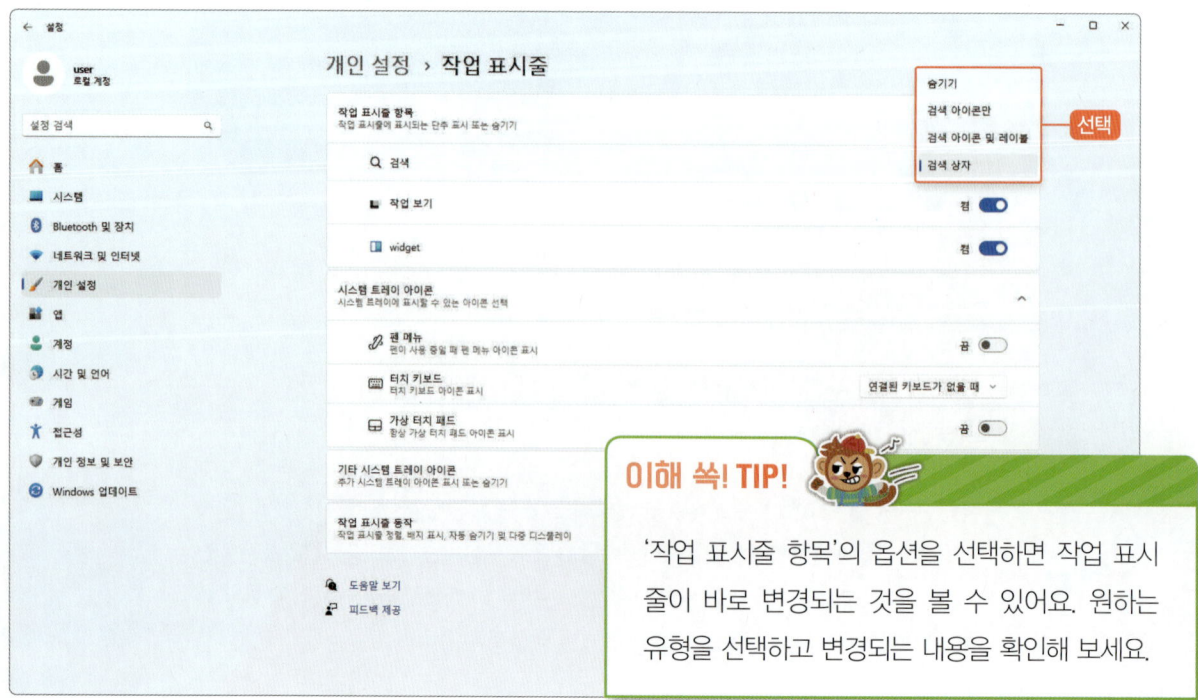

이해 쏙! TIP!

'작업 표시줄 항목'의 옵션을 선택하면 작업 표시줄이 바로 변경되는 것을 볼 수 있어요. 원하는 유형을 선택하고 변경되는 내용을 확인해 보세요.

③ 위젯을 제거하기 위해 'widget' 옵션의 [켬]을 클릭하고 [끔]으로 변경합니다.

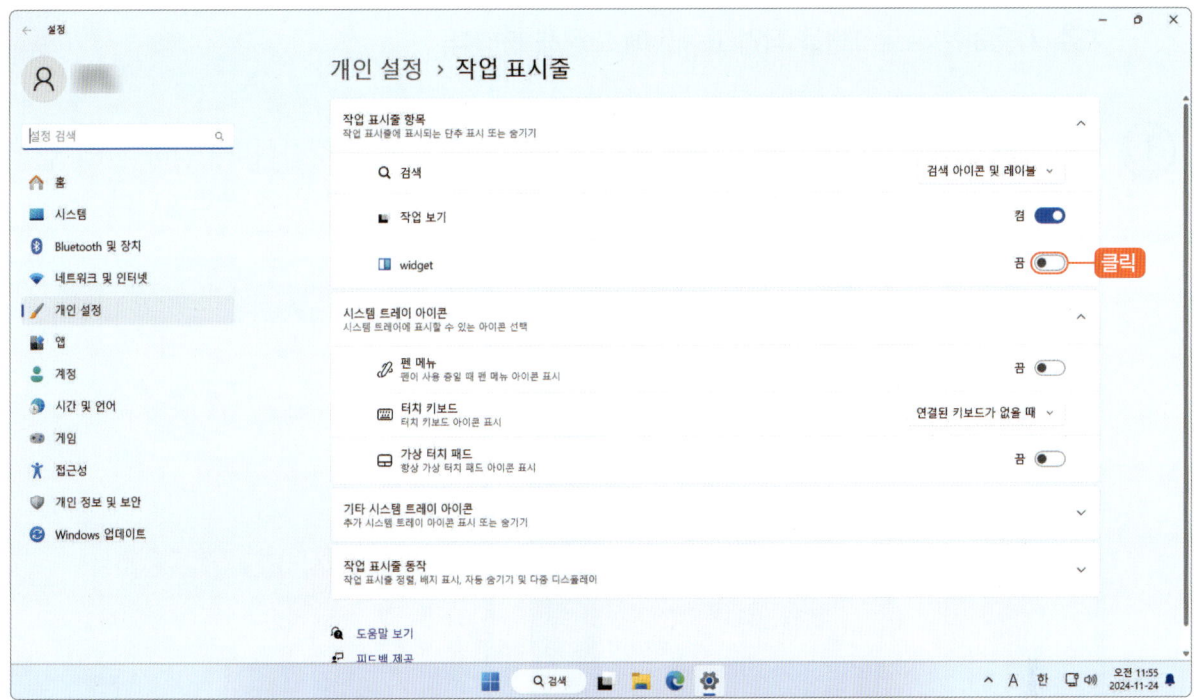

④ 작업표시줄의 위치를 변경하기 위해 '작업 표시줄 동작'을 클릭한 후 '작업 표시줄 맞춤'에서 원하는 위치의 옵션을 선택합니다. '작업 표시줄' 창의 [닫기(×)]버튼을 클릭하고 변경된 작업 표시줄을 확인합니다.

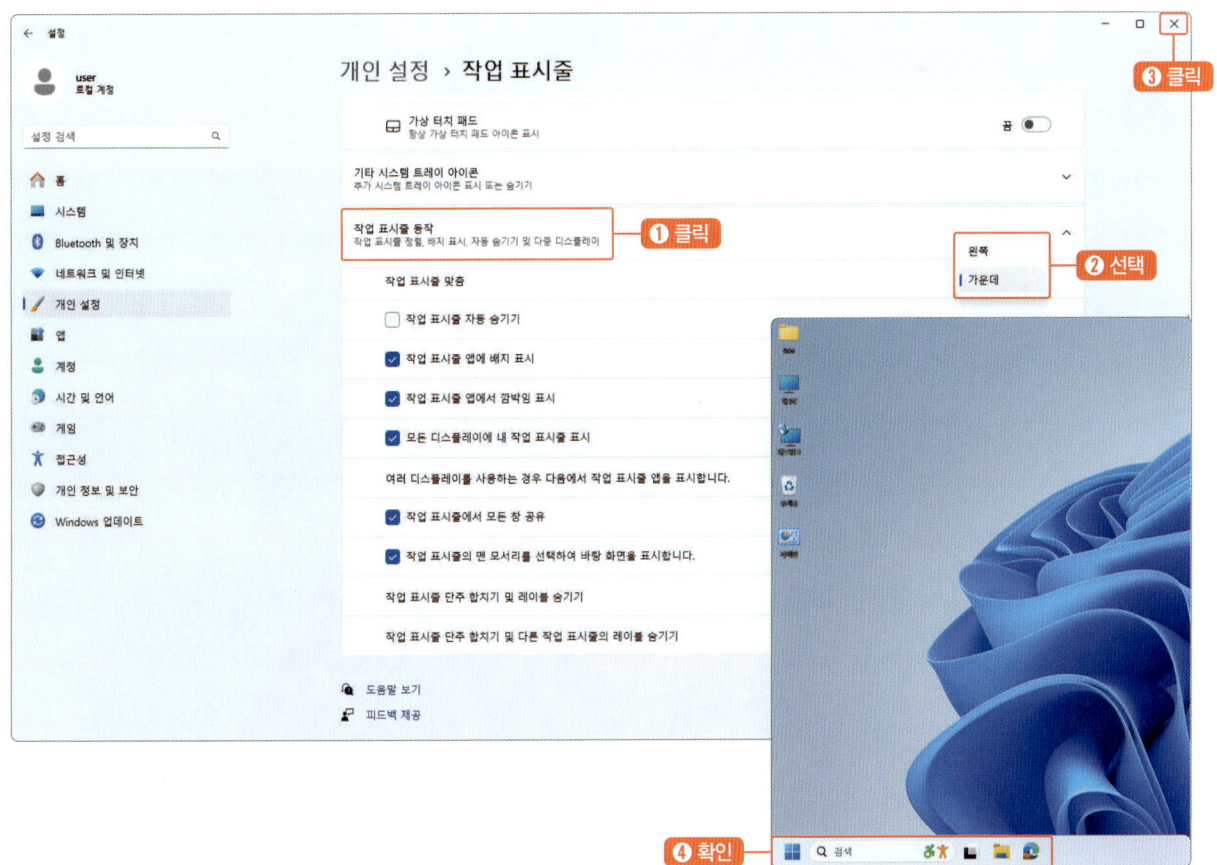

Step 02 　작업 표시줄에 앱 고정하기

자주 사용하는 프로그램을 작업 표시줄에 고정해 봅니다.

① [시작(■)]을 클릭한 후 [모든 앱]을 클릭하고 원하는 앱을 찾습니다. 원하는 앱에서 마우스 오른쪽 버튼을 클릭하여 메뉴창에서 [기타]-[작업 표시줄에 고정]을 클릭합니다.

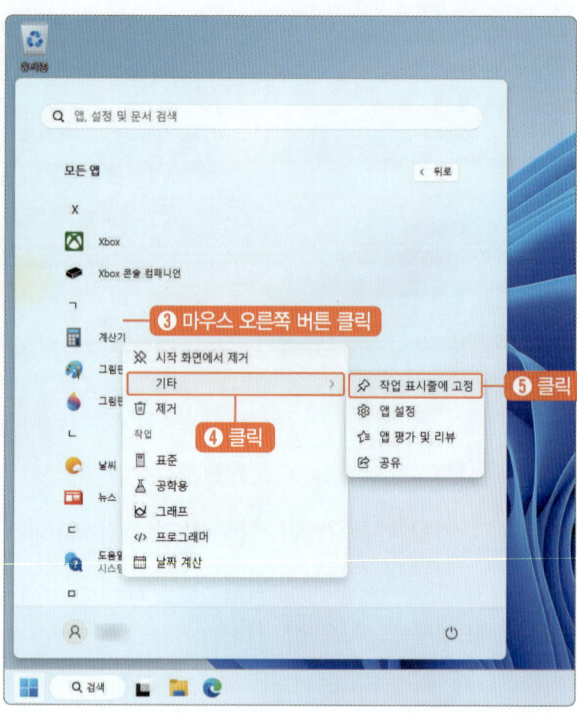

② 작업 표시줄에 고정된 앱을 확인합니다.

Step 03 바탕화면에 바로가기 아이콘 만들기

자주 사용하는 프로그램을 바탕화면에 바로가기 아이콘으로 만들어 봅니다.

① 바탕화면에서 마우스 오른쪽 버튼을 클릭한 후 '바로가기 메뉴'에서 [새로 만들기]-[바로 가기]를 클릭하고 '바로 가기 만들기' 창이 열리면 [찾아보기]를 클릭합니다.

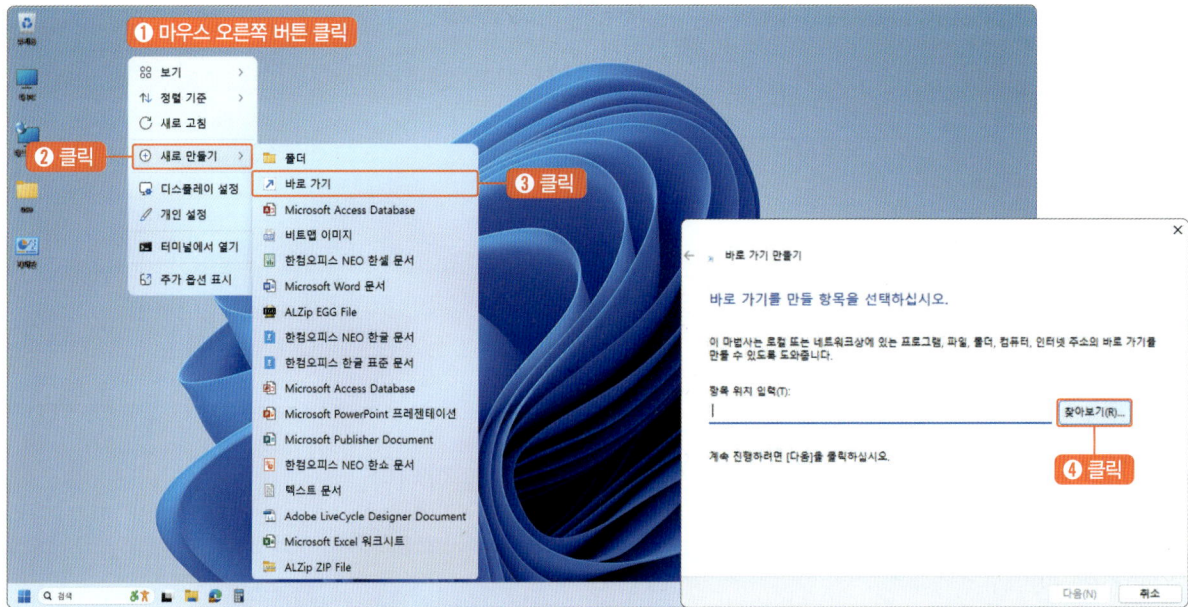

② '파일 또는 폴더 찾아보기'에서 아래 경로를 따라서 'System32' 폴더로 이동하여 'calc.exe' 파일을 선택한 후 [확인]을 클릭합니다.

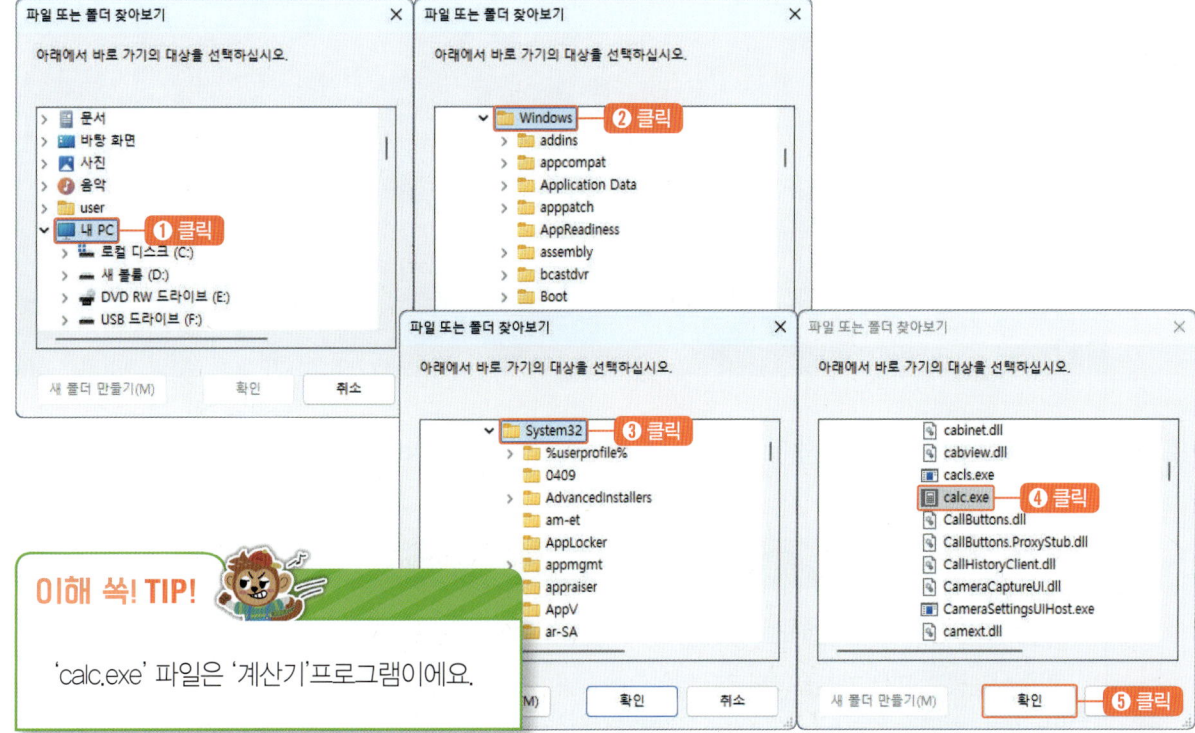

이해 쏙! TIP! 'calc.exe' 파일은 '계산기' 프로그램이에요.

③ '항목 위치 입력' 입력란에 주소가 입력되면 [다음]을 클릭하고 '바로 가기의 이름을 지정하십시오.'가 나타나면 입력란에 '계산기'를 입력한 후 [마침]을 클릭합니다.

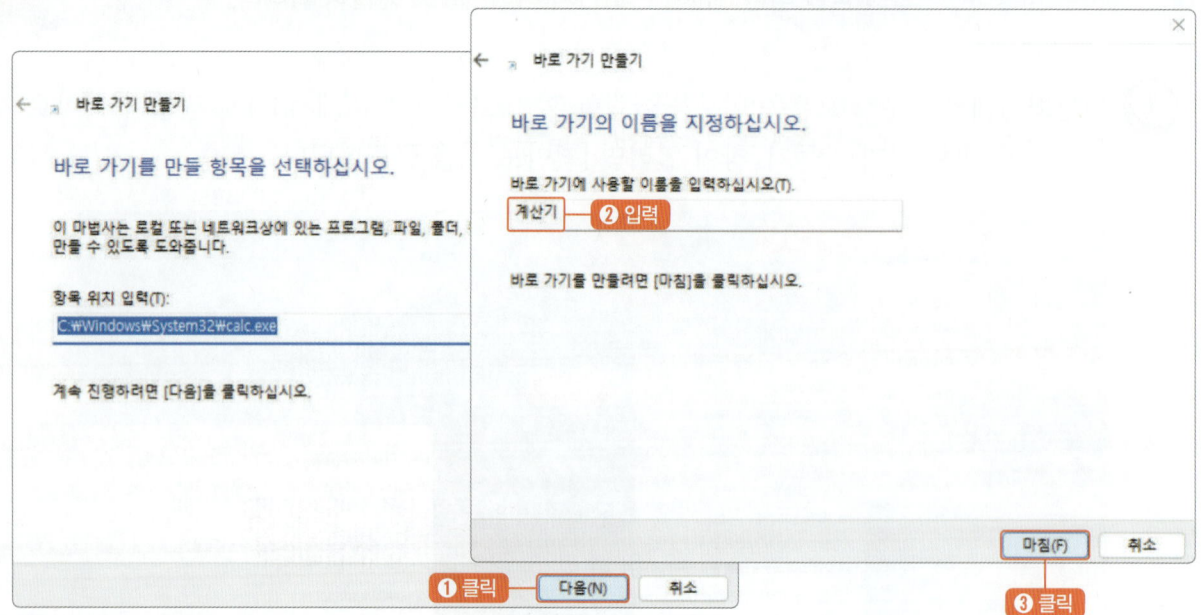

④ 바탕화면에 생성된 '계산기' 바로가기 아이콘을 확인합니다.

⑤ ①~②와 같은 방법으로 다른 프로그램의 바로가기 아이콘을 추가해 봅니다.

바로가기 아이콘은 프로그램의 위치를 찾지 않고 바로 실행할 수 있도록 돕는 아이콘이에요. 바로가기 아이콘을 삭제해도 프로그램은 삭제되지 않아요.

1 작업 표시줄 설정에서 그림과 같이 '검색'과 '작업 표시줄 맞춤'을 적용해 보세요.

🔑 예제 파일 : 없음　🔑 완성 파일 : 없음

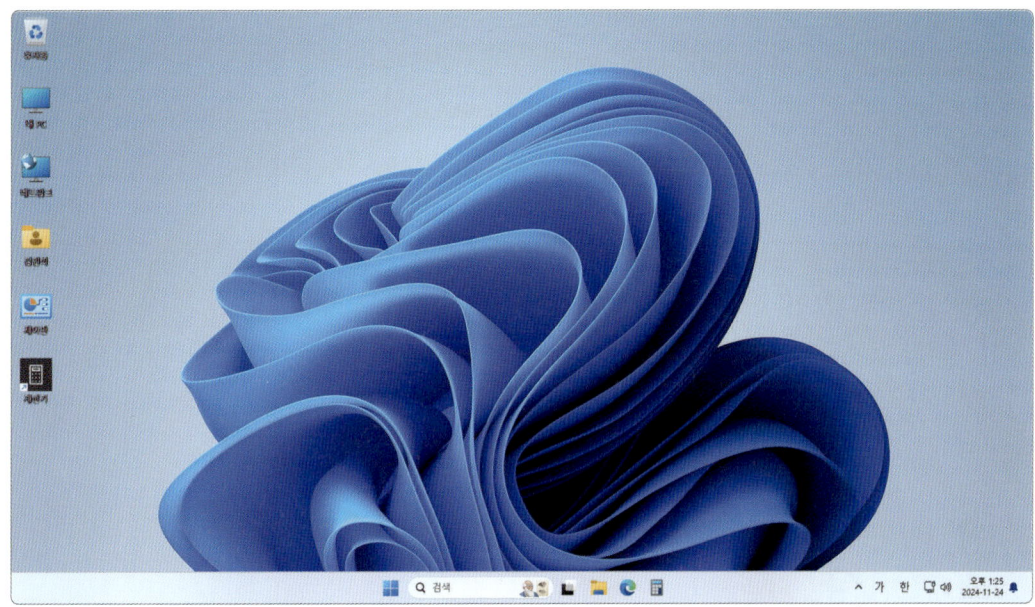

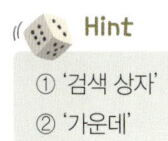

Hint
① '검색 상자'
② '가운데'

2 작업 표시줄에 그림과 같이 '메모장' 프로그램을 고정해 보세요.

🔑 예제 파일 : 없음　🔑 완성 파일 : 없음

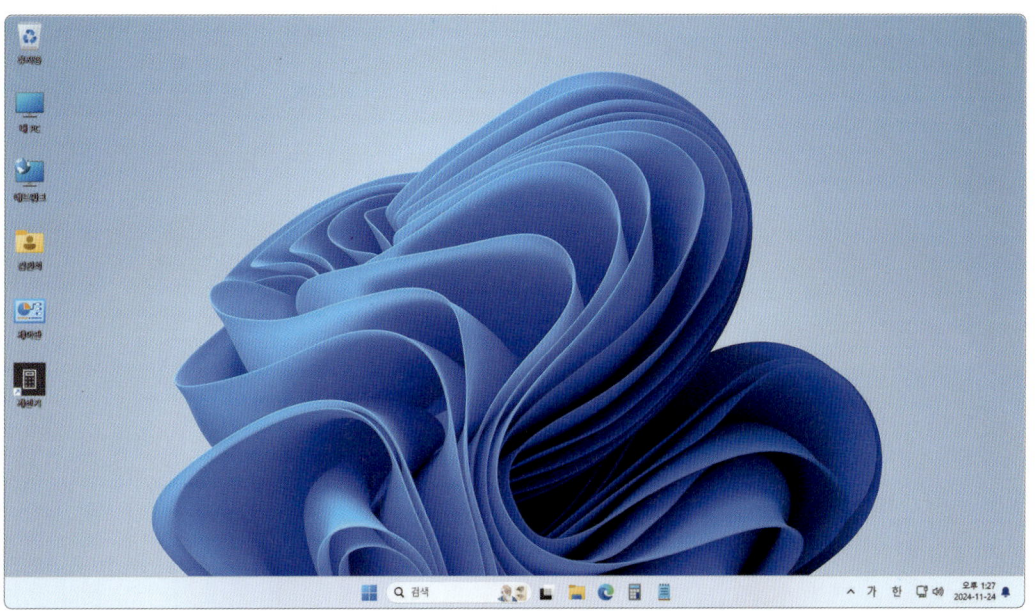

GAME 08 알림 영역 활용법

| 학습목표 |
- 알림 영역의 구성에 대해 알 수 있습니다.
- 오디오 선택 및 볼륨 조절 방법을 알 수 있습니다.
- 알림 영역의 달력을 활용할 수 있습니다.

오늘의 도착지점

예제 파일 : 8강_예제 폴더   완성 파일 : 없음

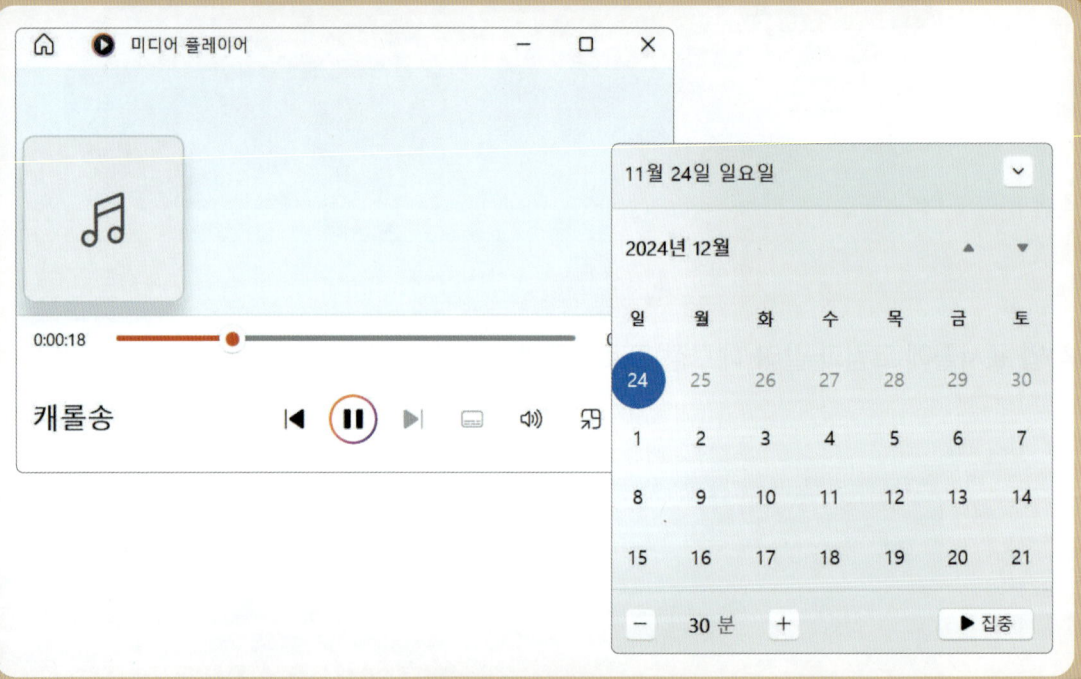

도착지 정보

'알림 영역'은 작업표시줄 오른쪽에 위치하며 주로 현재 시각과 날짜를 확인하거나 연결된 장치의 설정을 도와줍니다. 또는 프로그램에서 보내는 알림을 나타내는 영역이기도 합니다. '내년 나의 생일'이 무슨 요일인지 함께 찾아보며 알림영역을 활용해 봅니다.

| Step 01 | **알림 영역 알아보기** |

알림 영역을 구성하고 있는 요소에 대해 알아 봅니다.

① 작업 표시줄의 오른쪽 끝에 위치한 '날짜 및 시간'을 클릭하고 알림센터를 실행하여 화면 구성 요소에 대해 알아봅니다.

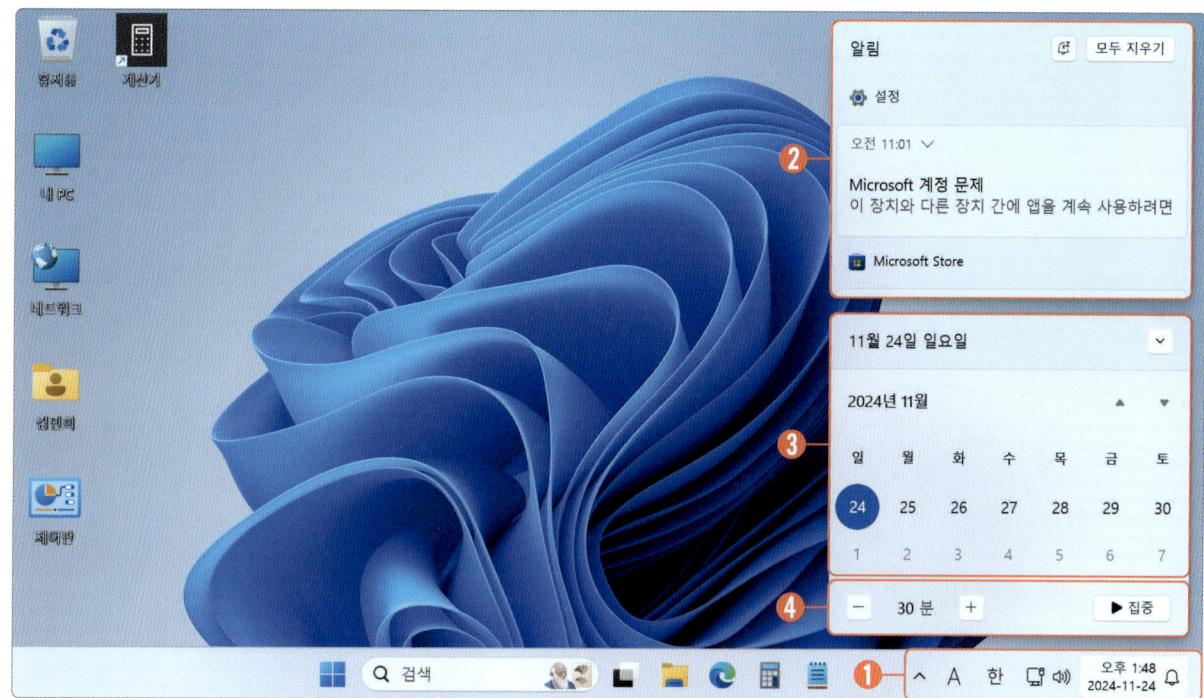

❶ **알림 영역**: 인터넷 연결, 소리 조절, 프린터 등 장치 연결에 대한 빠른 설정이나 시간, 달력, 메신저 등 알림을 확인 할 수 있습니다.

❷ **알림 센터**: 시계를 클릭하면 일정 및 알림을 확인할 수 있는 알림 센터가 실행되며, 프로그램별로 활성화된 알림 내용이 뜹니다. 알림 아이콘을 이용하여 [켬(🔔)], [끔(🔕)] 상태를 설정할 수 있습니다.

❸ **달력**: 월별, 주별, 일별로 현재 날짜를 쉽게 확인할 수 있으며, 일정 앱을 이용하여 직접 일정을 추가하고 관리할 수 있어 행사나 약속을 기록하고 알림을 설정할 수 있습니다.

❹ **집중 모드**: 작업에 집중할 수 있도록 도와주는 '집중 모드'는 특정 시간동안 알림이 차단됩니다 작업 시 사용하지 않는 프로그램의 알림을 차단하여 작업을 방해받지 않도록 도와줍니다.

이해 쏙! TIP!

알림영역의 '빠른 설정'에는 디스플레이나 접근성, 소리 등 현재 연결되어있는 장치에 관련된 설정이 있습니다.

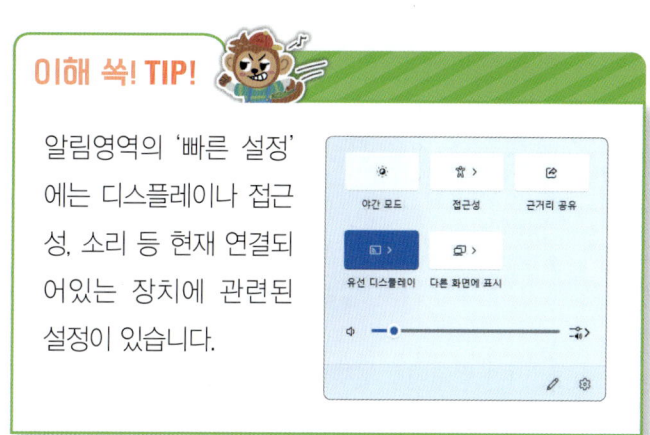

Step 02 달력에서 날짜 확인하기

알림영역에서 달력을 활용하여 날짜를 확인해 봅니다.

① 알림 영역의 '날짜 및 시간'을 클릭하여 '달력'을 실행한 후 달력 위에서 마우스 휠을 굴려 이동해 봅니다.

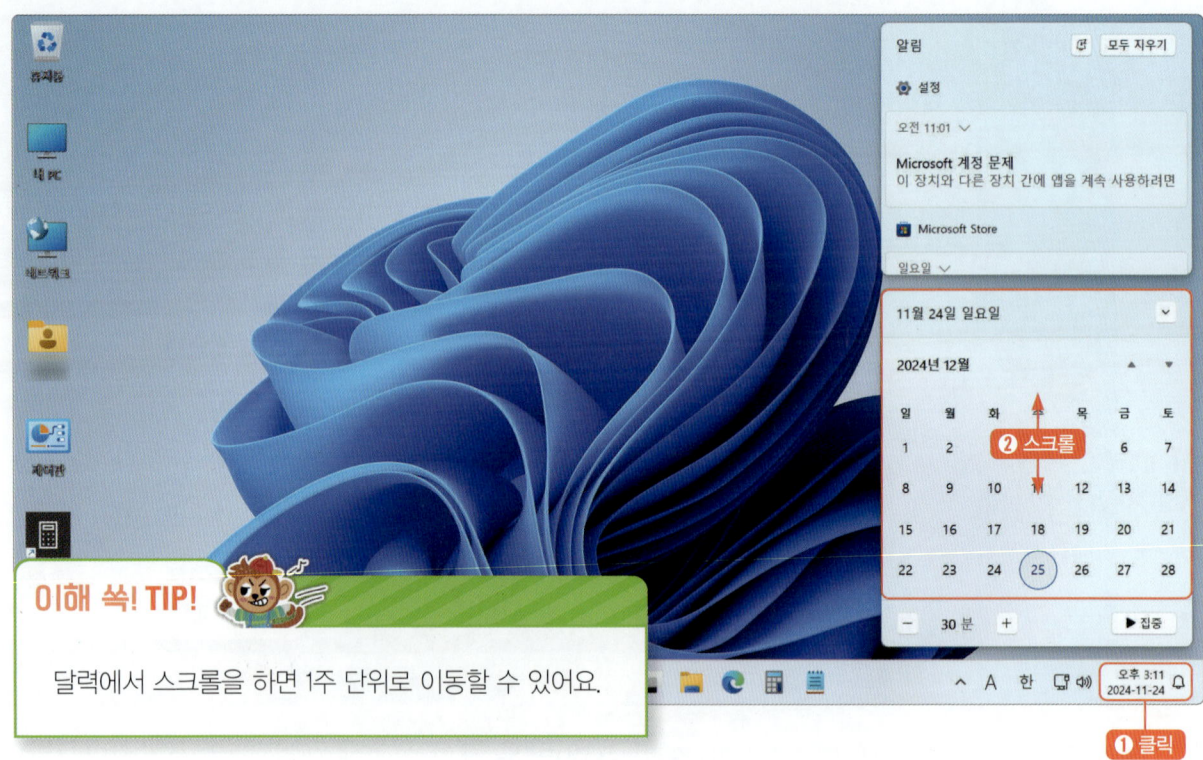

이해 쏙! TIP!
달력에서 스크롤을 하면 1주 단위로 이동할 수 있어요.

② '2028년'의 달력을 찾기 위해 그림과 같은 순서로 달력을 이동해 봅니다.

이해 쏙! TIP!
1년 후, 5년후, 10년 후 나의 생일은 무슨 요일일까요? 달력을 이동해서 찾을 수 있어요.

Step 03 오디오 선택 및 볼륨 조절하기

알림영역에서 오디오 선택 및 볼륨을 조절해 봅니다.

① 음악을 실행하기 위해 작업 표시줄의 [파일 탐색기]를 클릭하여 '8강 예제 폴더'에서 '캐롤송.mp3'을 더블클릭하여 실행합니다.

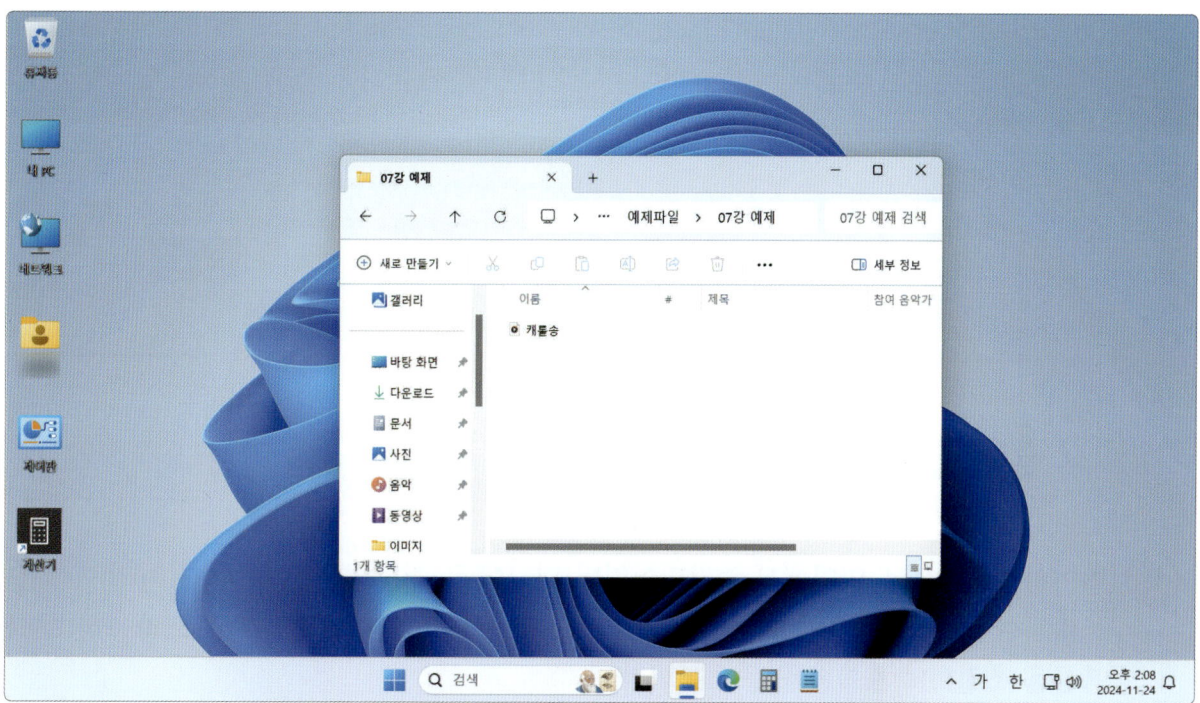

② '이.mp3 파일을 열 앱 선택' 팝업창이 나타나면 '기본 앱'의 [미디어 플레이어]를 더블 클릭합니다. 실행된 미디어 플레이어에서 [일시 중지(⏸)]를 클릭하여 재생되고 있는 캐롤송을 일시 중지합니다.

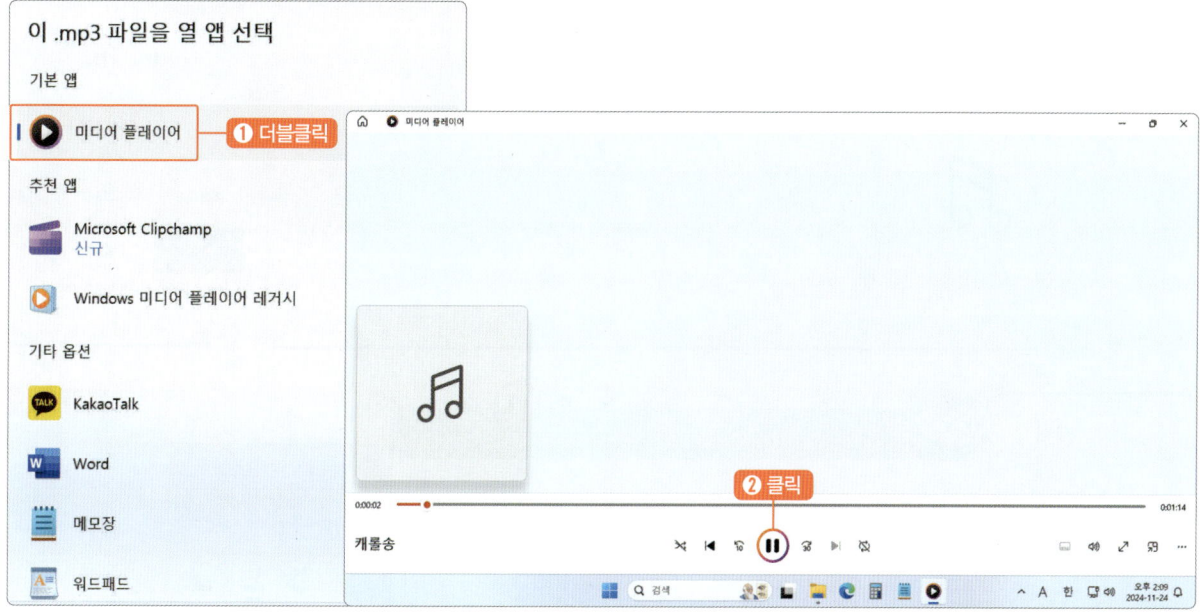

③ 작업 표시줄의 알림 영역에서 [소리( )] 아이콘을 클릭한 후 '볼륨' 오른쪽 끝 [사운드 출력 선택( )] 아이콘을 클릭하여 연결된 오디오 장치를 확인하고 사용할 장치를 선택합니다.

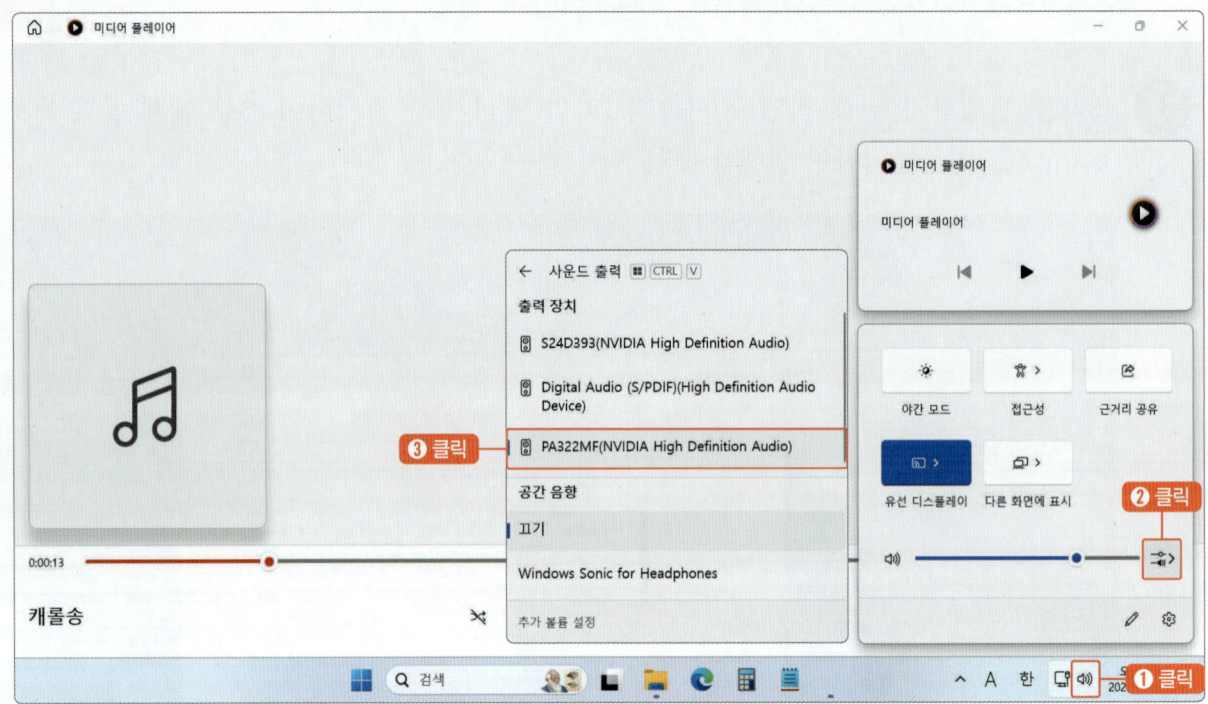

④ 이어서 '빠른 설정' 영역에서 중지되어있던 미디어 플레이어를 [일시 중지( )] 아이콘을 다시 클릭하여 캐롤송을 재생합니다. '볼륨'의 조절 포인트[( )]를 좌우로 드래그하여 자유롭게 볼륨을 조절하며 캐롤송을 들어 봅니다.

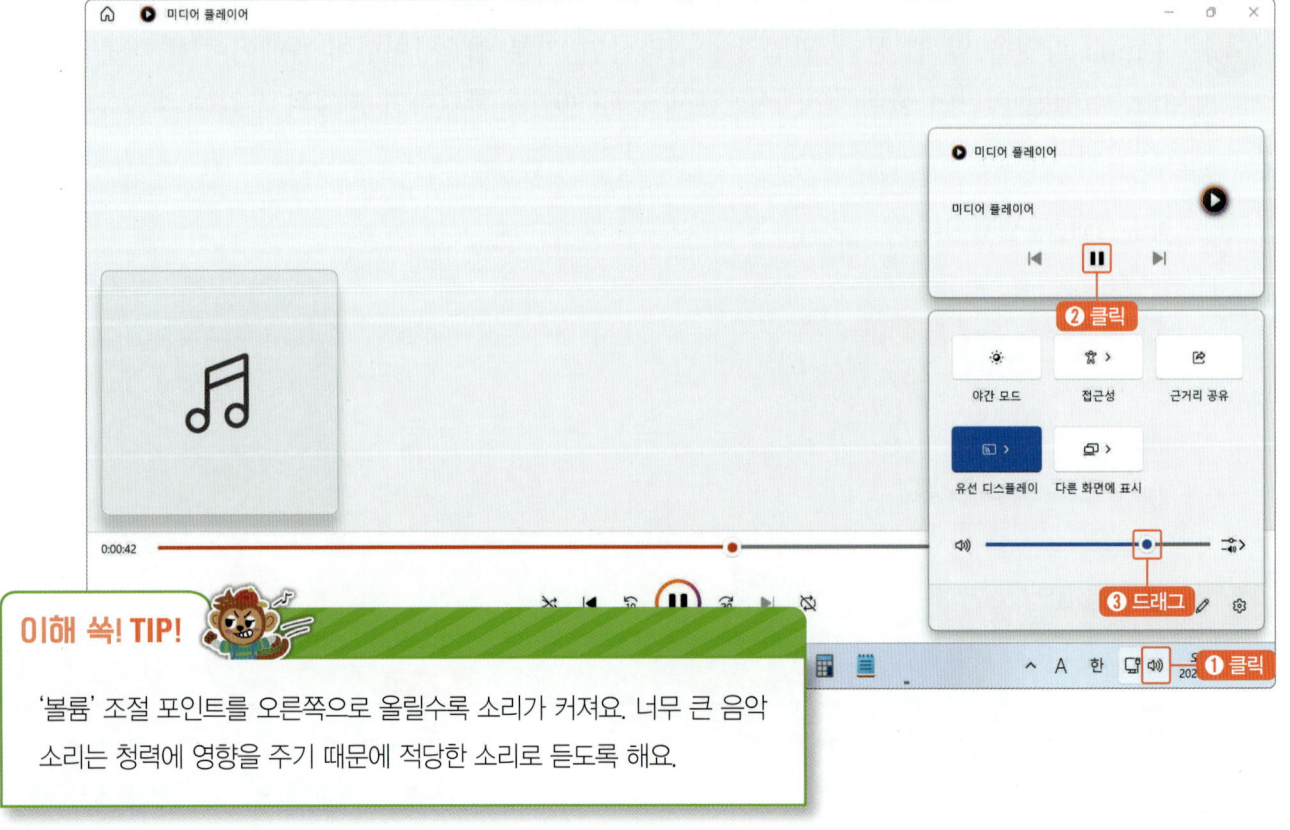

이해 쏙! TIP!

'볼륨' 조절 포인트를 오른쪽으로 올릴수록 소리가 커져요. 너무 큰 음악 소리는 청력에 영향을 주기 때문에 적당한 소리로 듣도록 해요.

실력 UP! 한 칸 더 GO! GO!

1 '해피뉴얼송'을 실행하고 알림영역에서 볼륨을 조절하고 음악을 감상해 보세요.

🔑 예제 파일 : 08강_실력 예제 폴더   🔑 완성 파일 : 없음

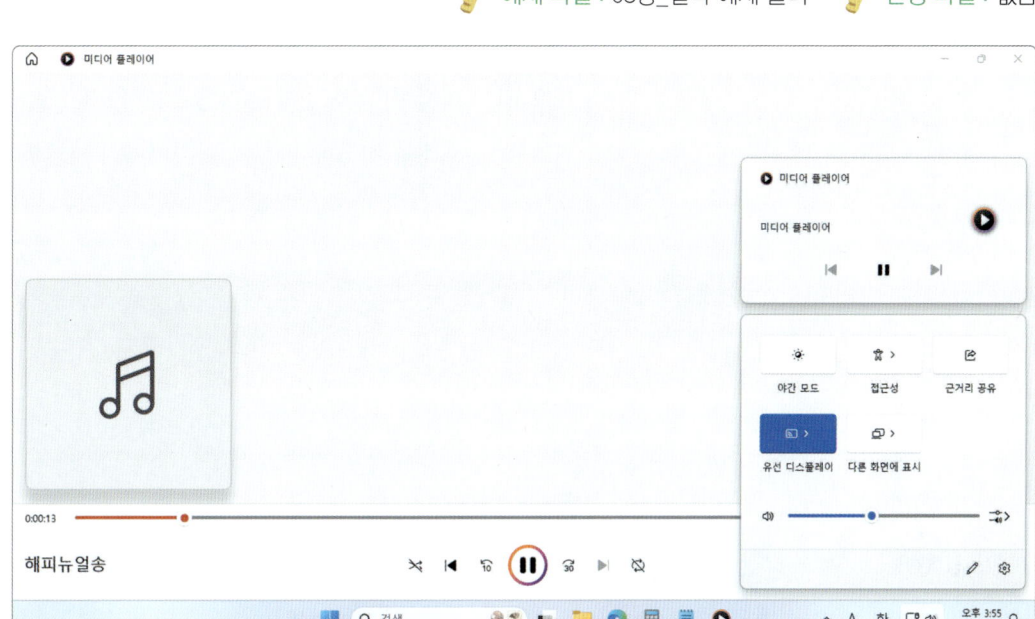

2 '달력'에서 '2027년 2월 14일'이 무슨 요일인지 확인해 보세요.

🔑 예제 파일 : 없음   🔑 완성 파일 : 없음

GAME 08 알림 영역 활용법 _ 057

GAME 09 파일 탐색기

| 학습목표 |
- 파일 탐색기의 화면 구성에 대해 알 수 있습니다.
- 파일 탐색기의 창 보기 및 크기를 조절할 수 있습니다.
- 툴바를 사용해 파일을 확인할 수 있습니다.

오늘의 도착지점

예제 파일 : 9강_예제 폴더   완성 파일 : 없음

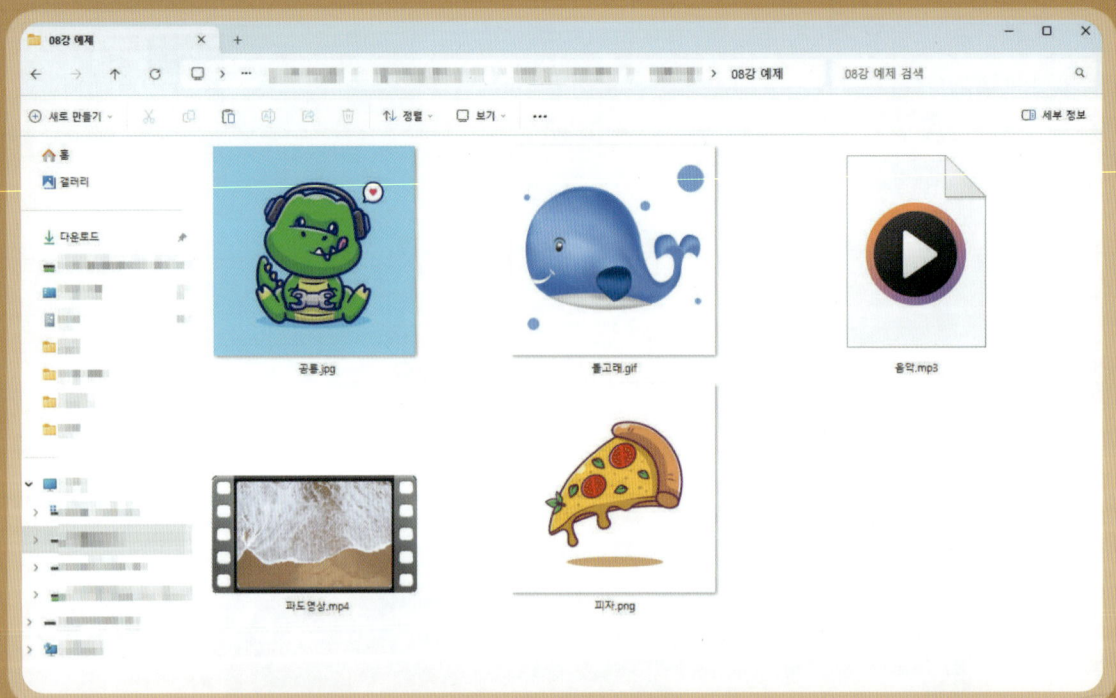

도착지 정보

컴퓨터로 작업한 데이터들이 모여있는 것을 '파일'이라고 하며 이미지, 동영상, 문서, 소리, 영상 등을 다양한 종류로 존재합니다. 화면에서 아이콘으로 표현되는 파일들을 효율적으로 볼 수 있는 방법을 알아보기 위해 '파일 탐색기'를 활용해 봅니다.

Step 01 파일 탐색기 화면 구성 알아보기

파일 탐색기 화면 구성에 대해 알아 봅니다.

① 작업표시줄에서 [파일 탐색기(📁)]를 클릭한 후 '09강 예제 폴더'를 실행합니다.

② 파일 탐색기의 화면 구성에 대해 알아봅니다.

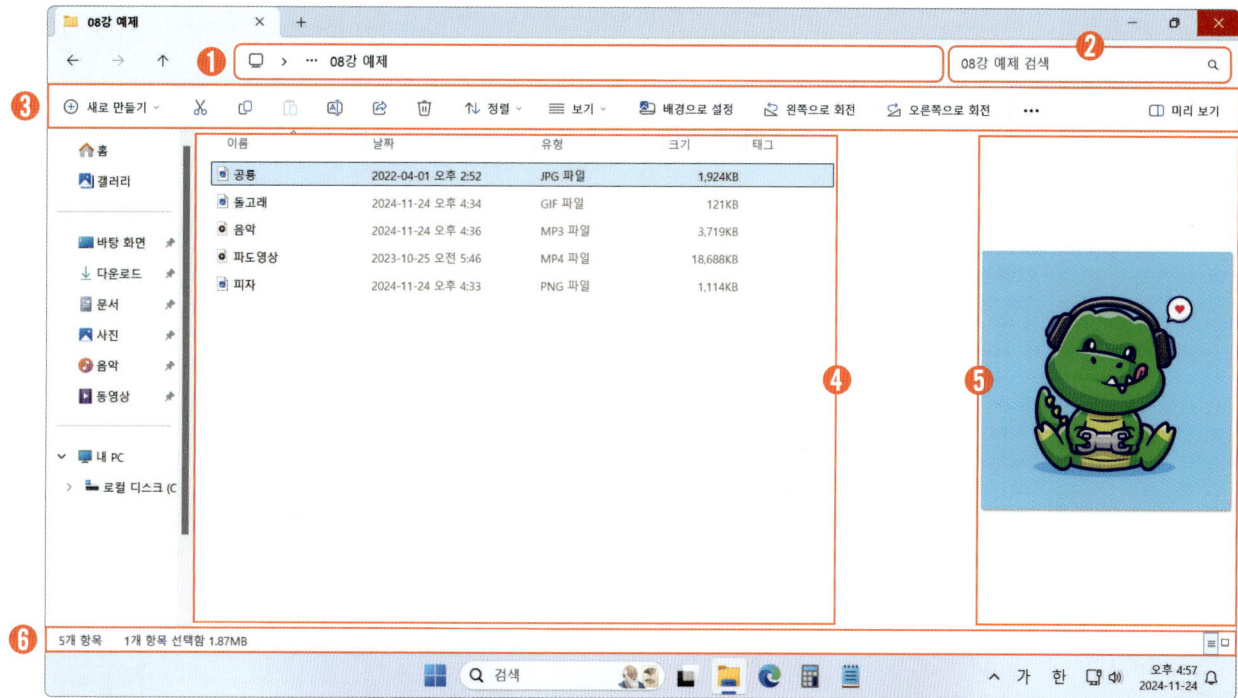

① **주소 표시줄**: 현재 위치한 폴더의 경로를 보여줍니다.

② **검색 상자**: 검색 상자 입력란에 내용을 입력하면 현재 폴더 내에서 특정 파일이나 폴더를 검색합니다.

③ **툴바**: 새로 만들기, 복사, 붙여넣기 등 빠르게 선택 가능한 메뉴들이 있어 파일 및 폴더를 관리할 수 있습니다. 선택한 파일의 유형에 따라 선택 가능한 기능들이 추가적으로 생성될 수 있습니다.

④ **파일 및 폴더 목록**: 선택된 폴더 내의 파일과 폴더가 표시됩니다. 보기 유형에 따라 파일에 관한 데이터를 볼 수 있습니다.

⑤ **미리보기 창**: 선택한 파일의 내용을 파일을 열지 않고도 미리 볼 수 있습니다.

⑥ **상태 표시줄**: 현재 선택된 파일이나 폴더의 개수, 용량 등의 정보를 표시합니다.

 이해 쏙! TIP!

파일탐색기의 화면 구성요소는 사용자가 설정한 '정렬', '보기' 설정에 따라 다르게 나타나기 때문에 교재의 이미지와 보이는 창이 다를 수 있어요.

Step 02 파일 탐색기 창 조절하기

파일 탐색기 창의 크기를 다양하게 조절해 봅니다.

① 파일 탐색기 창을 조절하기 위해 오른쪽 상단에 있는 [최대화(□)] 아이콘에 마우스를 가져다 대면 [여러 창 보기 레이아웃]이 활성화됩니다.

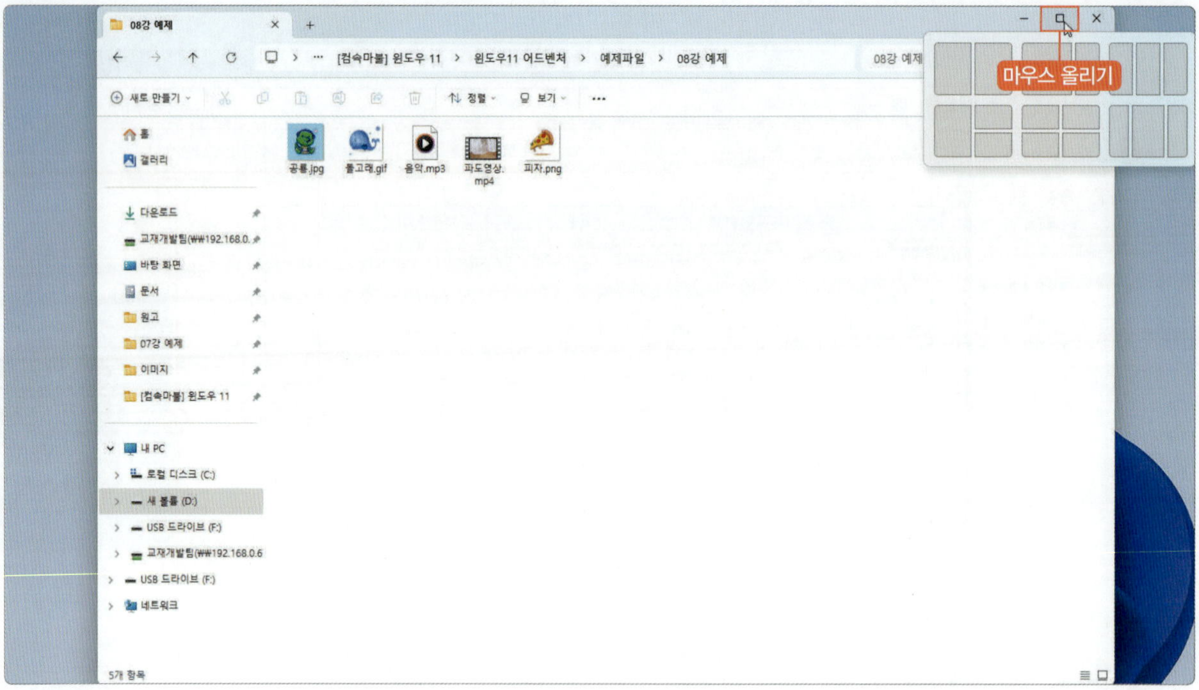

② 파일 탐색기 창의 테두리나 모서리에 마우스를 가져간 후 커서 모양이 화살표처럼 변경되면 그 상태에서 마우스를 누른 채로 드래그하여 창의 크기를 조절합니다.

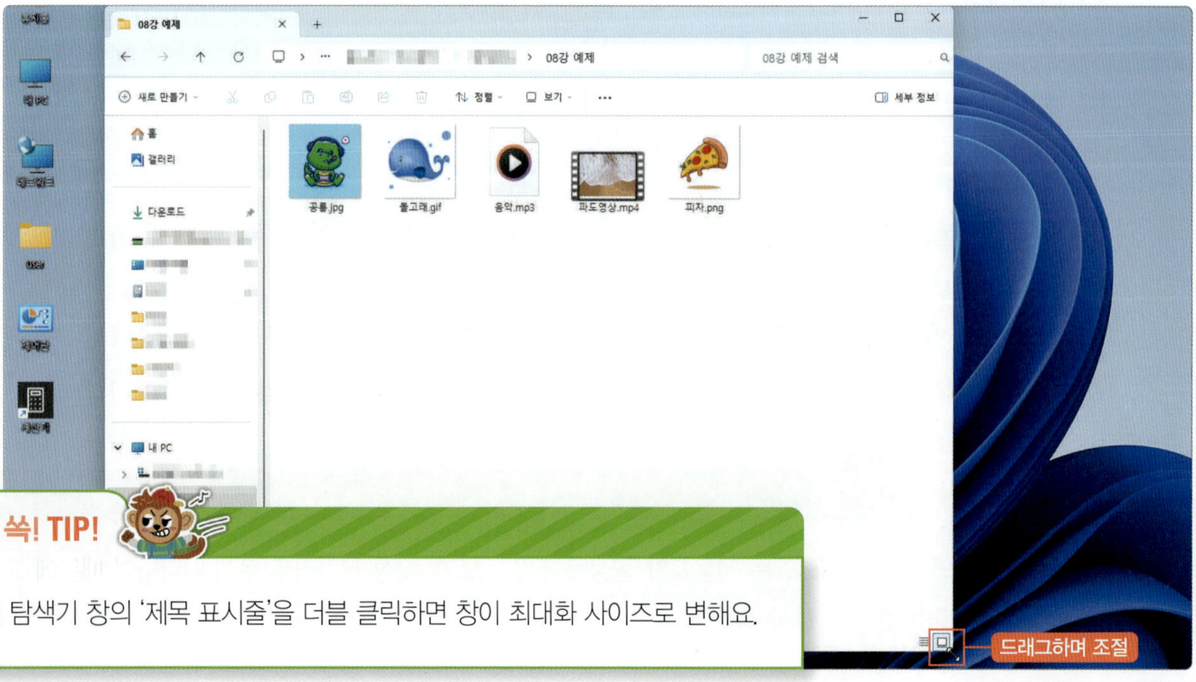

이해 쏙! TIP!

파일 탐색기 창의 '제목 표시줄'을 더블 클릭하면 창이 최대화 사이즈로 변해요.

Step 03 툴바 활용하기

툴바를 활용하여 파일을 확인해 봅니다.

① '툴바'에 있는 [보기]를 클릭하고 [아주 큰 아이콘]을 선택한 후 '파일 및 폴더 목록'에서 파일과 폴더가 큰 아이콘 형태로 표시되는 것을 확인합니다.

② 이어서 [보기]에서 [자세히]를 클릭하고 '이름, 날짜, 유형, 크기' 순으로 파일의 내용을 확인합니다.

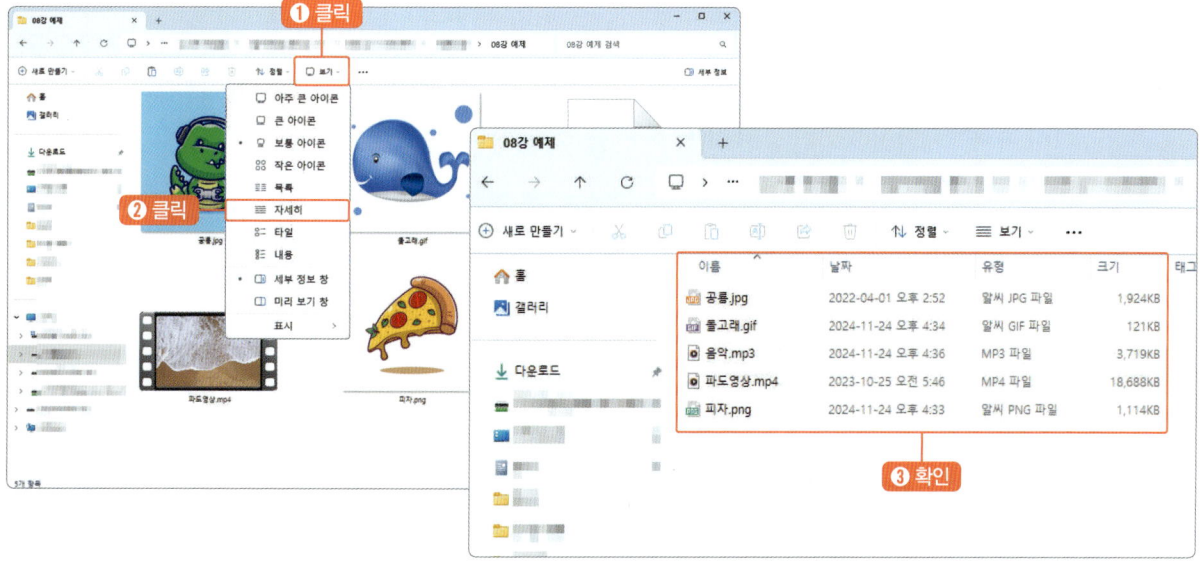

[보기]를 '자세히'로 설정할 경우, 이름, 날짜 등의 탭을 누르면 정렬돼요.

③ 폴더 속 '파도영상.mp4'를 클릭한 후 [보기] 메뉴에서 [미리 보기 창]을 선택하고 오른쪽의 '미리 보기 창'에서 동영상의 정지화면을 확인합니다.

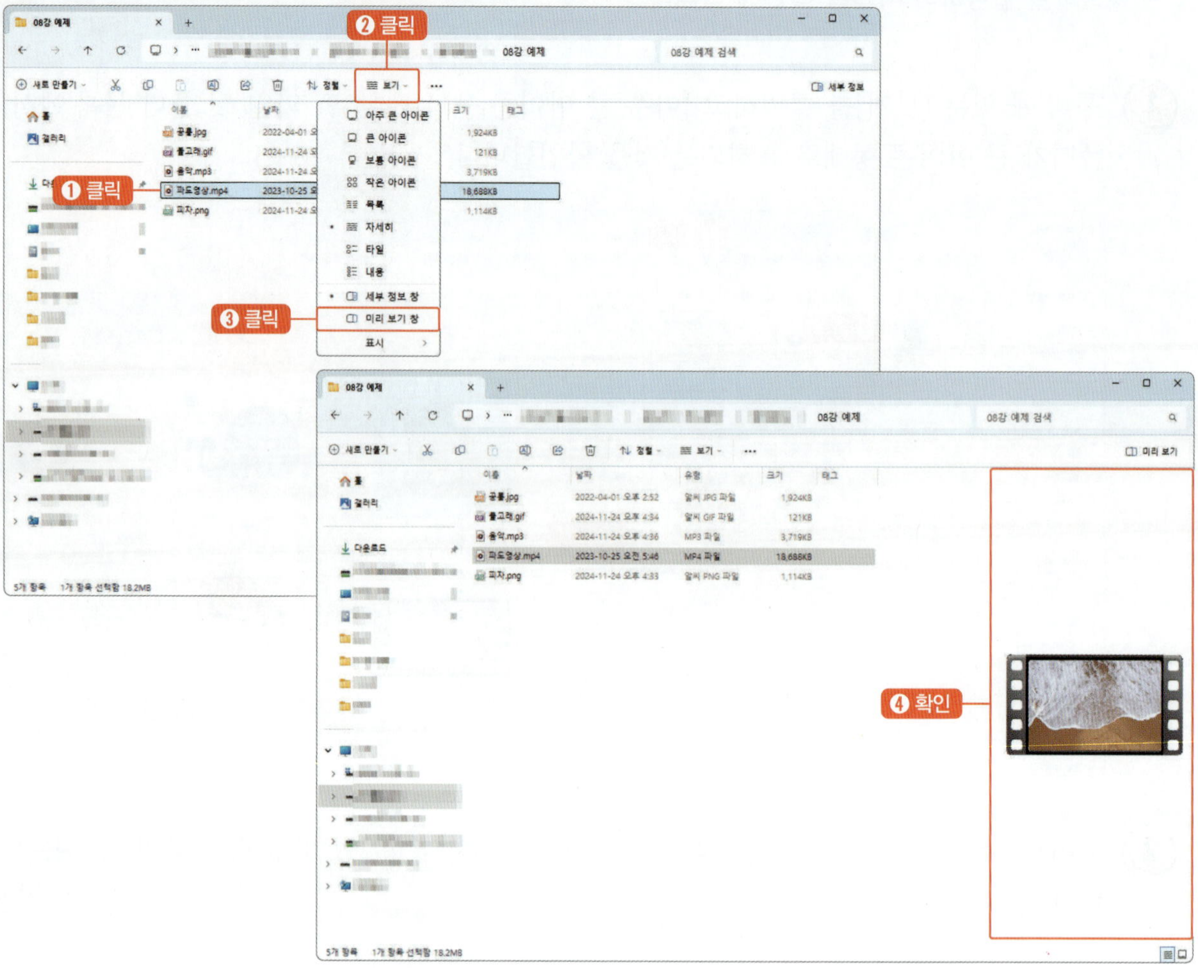

④ 파일 탐색기에서 '공룡.jpg'를 선택한 후 '툴바'에서 [배경으로 설정]을 클릭하고 [닫기(×)]를 클릭하여 창을 닫은 후 변경된 바탕화면을 확인합니다.

실력 UP! 한 칸 더 GO! GO!

1 파일 탐색기에서 '보기'유형을 변경하여 그림과 같이 설정해 보세요.

🔑 예제 파일 : 09강_실력 예제 폴더   🔑 완성 파일 : 없음

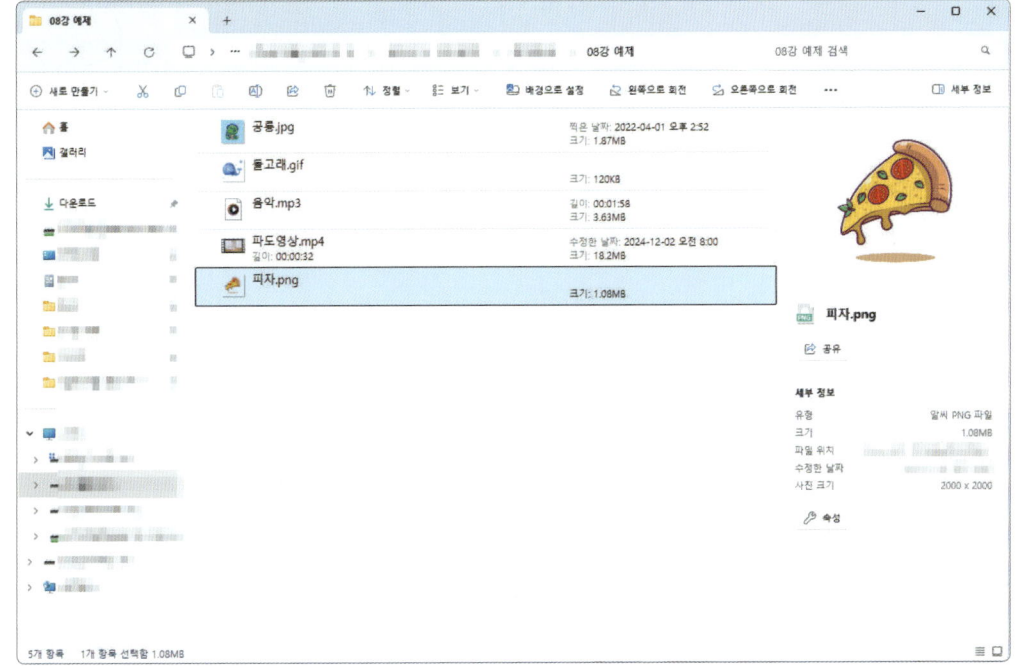

Hint
① '내용'
② '세부 정보 창'

2 파일 탐색기창에서 '피자' 파일을 선택한 후 바탕화면으로 설정해 보세요.

🔑 예제 파일 : 09강_실력 예제 폴더   🔑 완성 파일 : 없음

GAME 10 폴더 속에 쏙

| 학습목표 |
- 새로운 폴더를 생성할 수 있습니다.
- 폴더의 이름을 변경할 수 있습니다.
- 파일을 이동, 복사, 붙여넣기 할 수 있습니다.

오늘의 도착지점

🔑 예제 파일 : 10강_예제 폴더 🔑 완성 파일 : 없음

도착지 정보

옷장을 열었을 때 옷들이 서로 뒤섞여있거나 잘 접혀있지않다면 입을 옷을 찾기 힘듭니다. 컴퓨터 속 파일들도 구분되거나 정리되지않은 채 한 곳에 모여 있다면 사용할 파일을 찾기 힘들 것입니다. 파일들을 정리해 한 곳에 보관할 수 있는 공간인 '폴더'를 관리해 봅니다.

Step 01 새로운 폴더 생성하기

새로운 폴더를 생성합니다.

① 작업표시줄에서 [파일 탐색기(📁)]를 클릭한 후 '10강 예제 폴더'를 실행합니다.

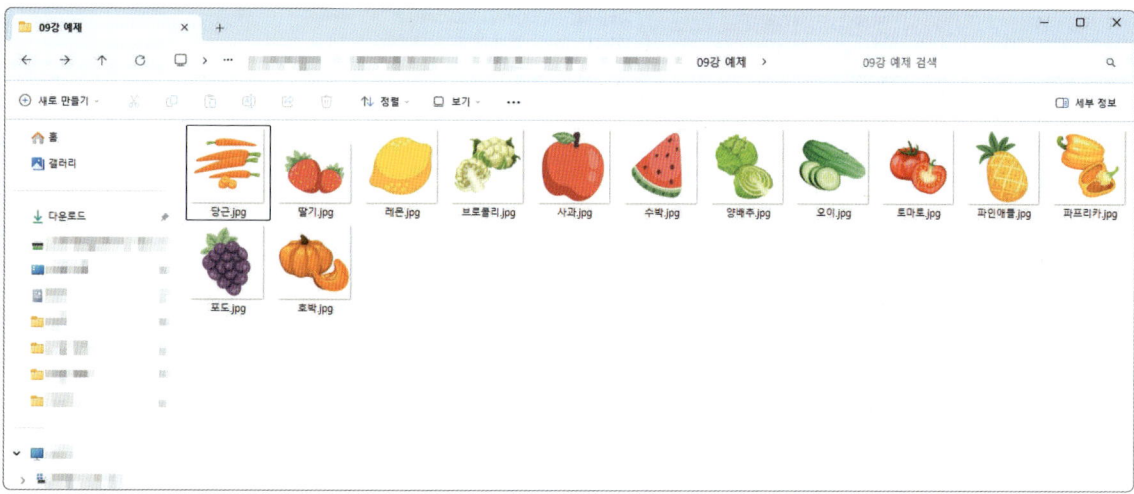

② 파일 탐색기의 '툴바'에서 [새로 만들기]를 클릭합니다. 이어서 새로 만들기 메뉴 중에서 [폴더]를 클릭하여 '새 폴더'가 생성되는 것을 확인합니다.

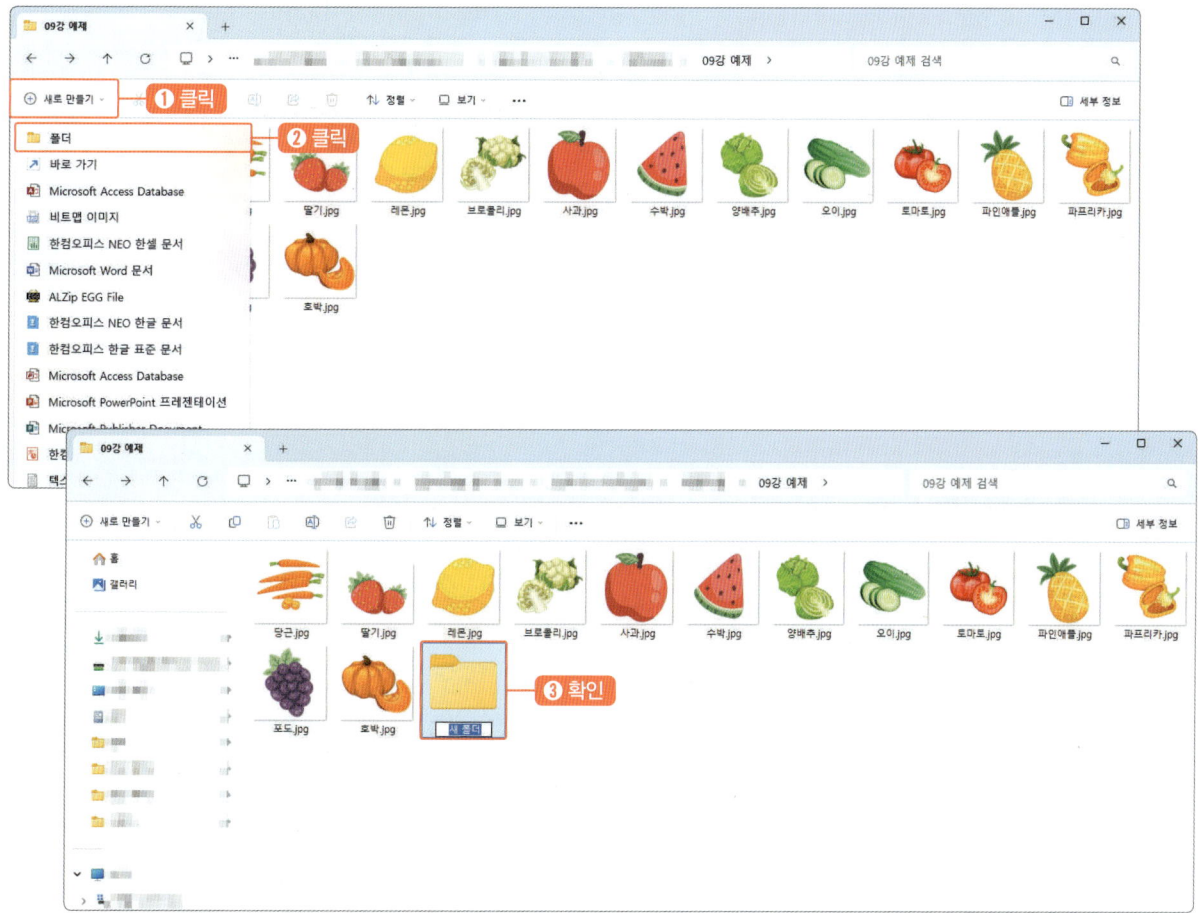

③ 새 폴더의 이름을 '과일'로 입력하고 Enter 키를 눌러 입력을 완료합니다.

④ ②~③과 같은 방법으로 새 폴더를 생성한 후 폴더의 이름을 '야채'로 지정하여 새로 생성한 폴더를 확인합니다.

이해 쏙! TIP!

파일탐색기의 상태표시줄은 현재 작업 중인 파일이나 폴더의 상태를 실시간을 보여줘요. 파일을 관리할 때 상태표시줄은 중요한 역할을 하니 잘 확인해보세요.

Step 02 폴더 이름 바꾸기

기존에 생성한 폴더의 이름을 변경하는 방법을 학습해 봅니다.

① 앞서 만든 폴더의 이름을 변경하기 위해서 '과일' 폴더를 선택한 후 '툴바'에서 [이름 바꾸기(🆎)]를 클릭합니다. 입력 가능 상태로 변경되면 '맛있는 과일'을 입력한 후 Enter 키를 눌러 변경을 완료합니다.

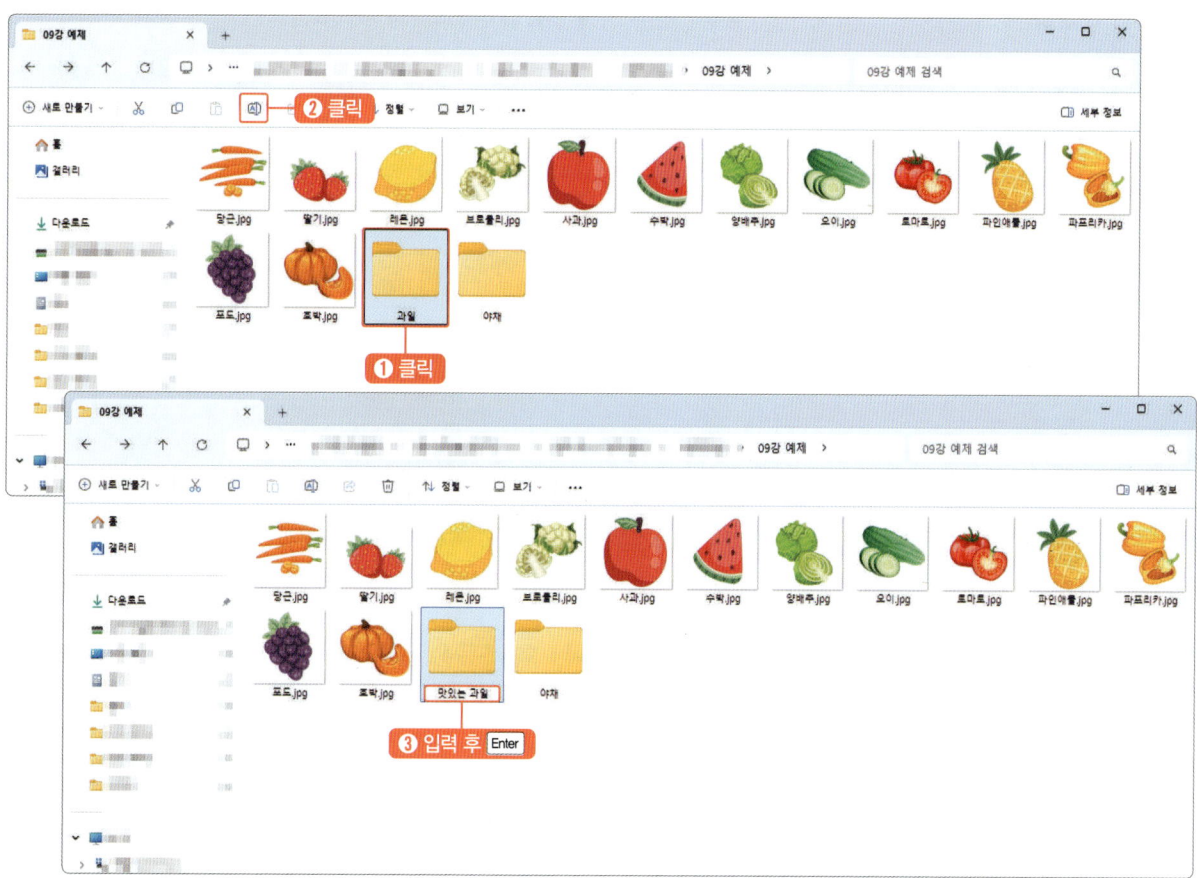

② ①과 같은 방법으로 '야채' 폴더의 이름을 '건강한 야채'로 변경합니다.

Step 03 파일 이동, 복사/붙여넣기

파일을 이동하고 복사, 붙여 넣기하여 파일을 정리해 봅니다.

① 파일 탐색기에서 '딸기.jpg' 파일을 드래그하여 '맛있는 과일' 폴더로 이동시킵니다.

② ①과 같은 방법으로 '맛있는 과일'에 해당하는 파일들을 폴더로 이동시킨 후 '맛있는 과일' 폴더를 더블클릭하여 폴더 안으로 이동한 파일을 확인합니다.

③ ①과 같은 방법으로 '당근, 브로콜리, 양배추'를 '건강한 야채' 폴더로 이동합니다.

④ 과일과 야채에 모두 해당하는 '호박, 파프리카, 토마토, 오이'는 드래그하여 전체를 선택한 후 '툴바'에서 [복사( )]를 클릭합니다. 이어서 '맛있는 과일' 폴더를 연 후 [붙여넣기( )]를 클릭합니다.

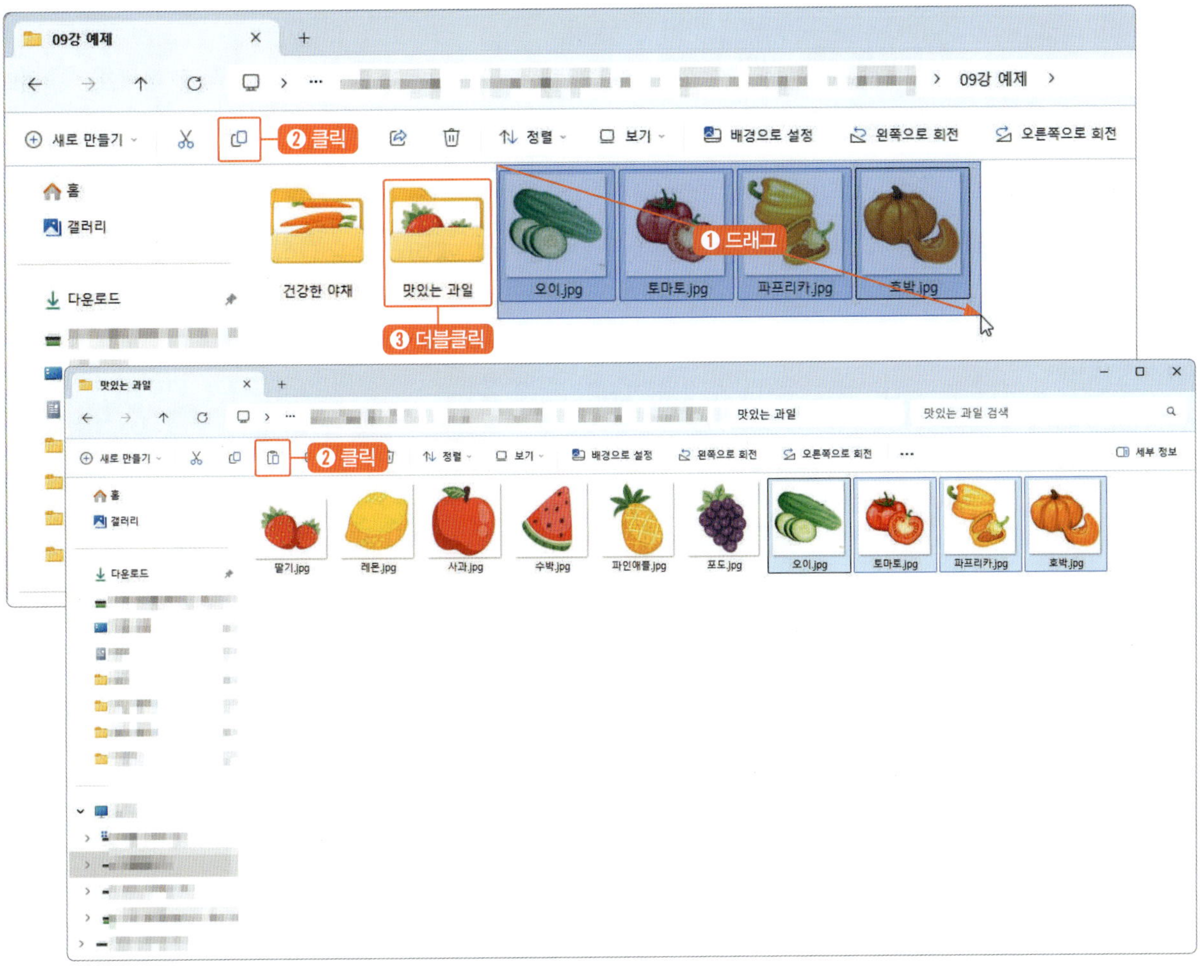

⑤ 다시 '10강 예제' 폴더로 이동한 후 '호박, 파프리카, 토마토, 오이'를 드래그하여 선택한 후 [잘라내기(✂)]를 클릭한 후 '건강한 야채' 폴더를 연 후 [붙여넣기(✂)]를 클릭합니다.

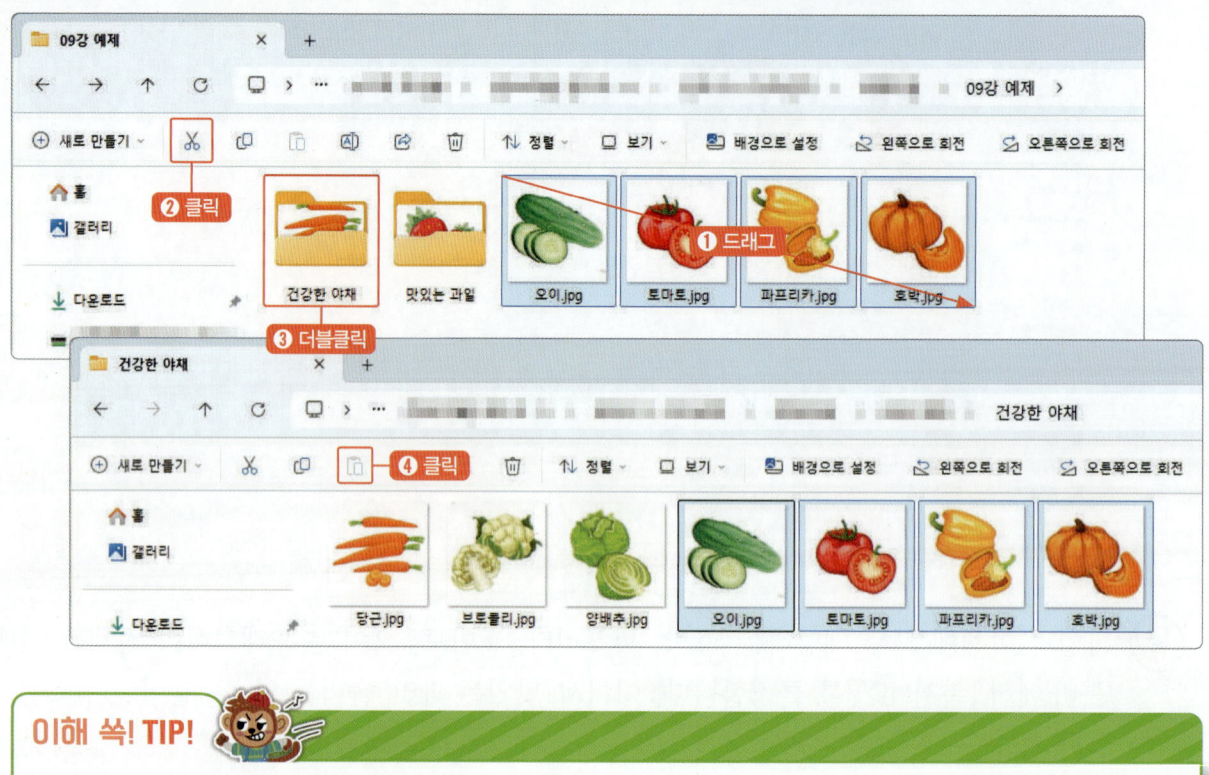

[잘라내기(✂)]를 클릭하면 선택한 파일들이 회색으로 변경돼요.

⑥ '건강한 야채' 폴더와 '맛있는 과일' 폴더에 각각 몇 개의 파일이 있는지 '상태 표시줄'을 확인해 봅니다.

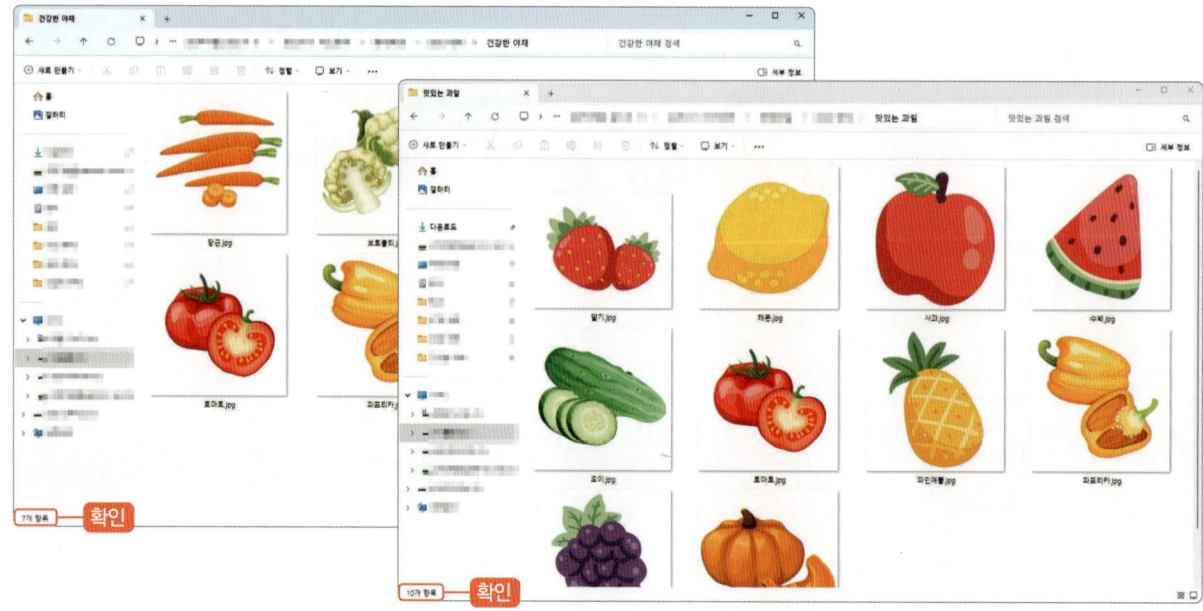

1 '보기' 옵션을 설정하고 그림과 같이 폴더를 생성해 보세요.

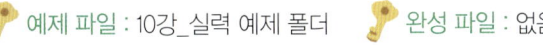
예제 파일 : 10강_실력 예제 폴더   완성 파일 : 없음

2 폴더 이름에 맞추어 파일을 이동해 보세요.    예제 파일 : 10강_실력 예제 폴더    완성 파일 : 없음

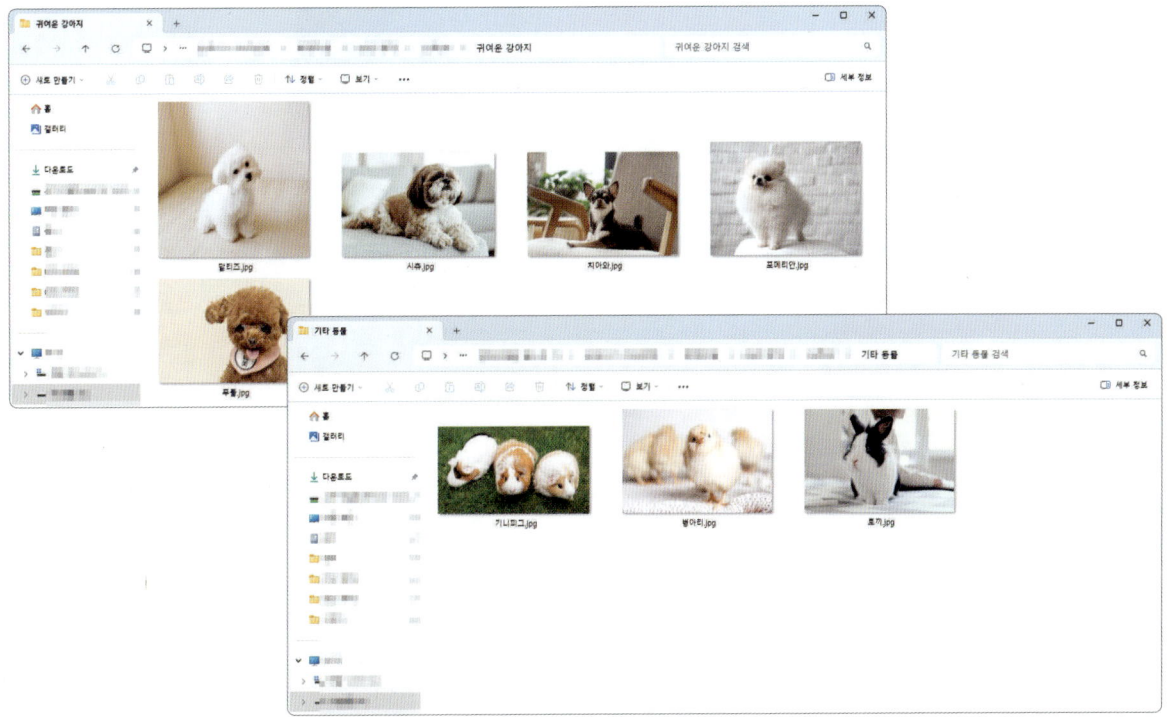

GAME 11 휴지통 사용설명서

| 학습목표 |
- 다양한 방법으로 파일을 선택할 수 있습니다.
- 파일을 삭제하고 복원할 수 있습니다.
- 휴지통을 비워 저장 공간을 확보할 수 있습니다.

오늘의 도착지점

🔑 예제 파일 : 11강_예제 폴더   🔑 완성 파일 : 없음

도착지 정보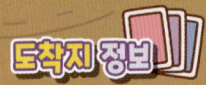

컴퓨터의 저장공간은 한정적으로 모든 파일을 보관할 수 없습니다. 따라서 사용하지 않는 파일들은 휴지통으로 보내 정리합니다. 실수로 휴지통에 보낸 파일을 다시 복원하거나 사용하지 않는 파일들을 영구 삭제해 컴퓨터의 저장공간을 넉넉하게 만드는 방법에 대해 알아 봅니다.

Step 01 다양한 방법으로 파일 선택하기

다양한 방법으로 파일을 선택해 봅니다.

① 파일탐색기에서 '11강 예제' 폴더를 실행합니다.

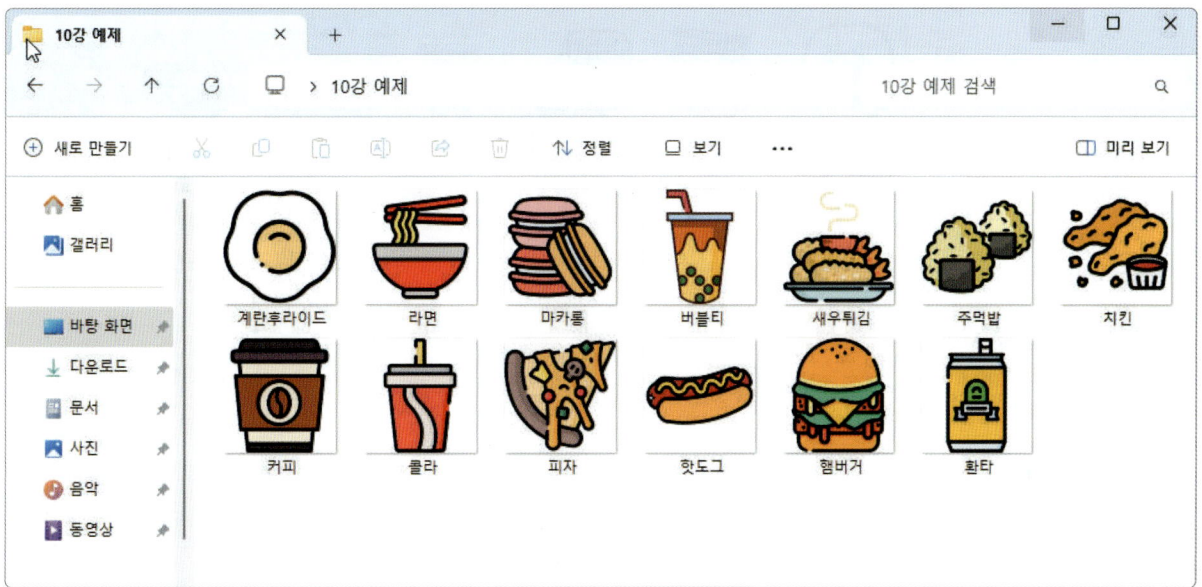

② 여러개의 파일 중에 필요한 파일들만 선택하기 위해 Ctrl 키를 계속 누른 상태에서 필요한 파일들을 클릭하여 선택해 봅니다.

이해 쏙! TIP!

선택해제를 하려면 폴더 내 빈 공간을 클릭하세요.

③ 이어서 나란히 놓인 여러개의 파일을 선택하기 위해 폴더에서 가장 처음에 위치한 '계란후라이드.png'를 클릭한 후 Shift 키를 누른 채 '치킨.png'를 클릭하여 연속 선택해 봅니다.

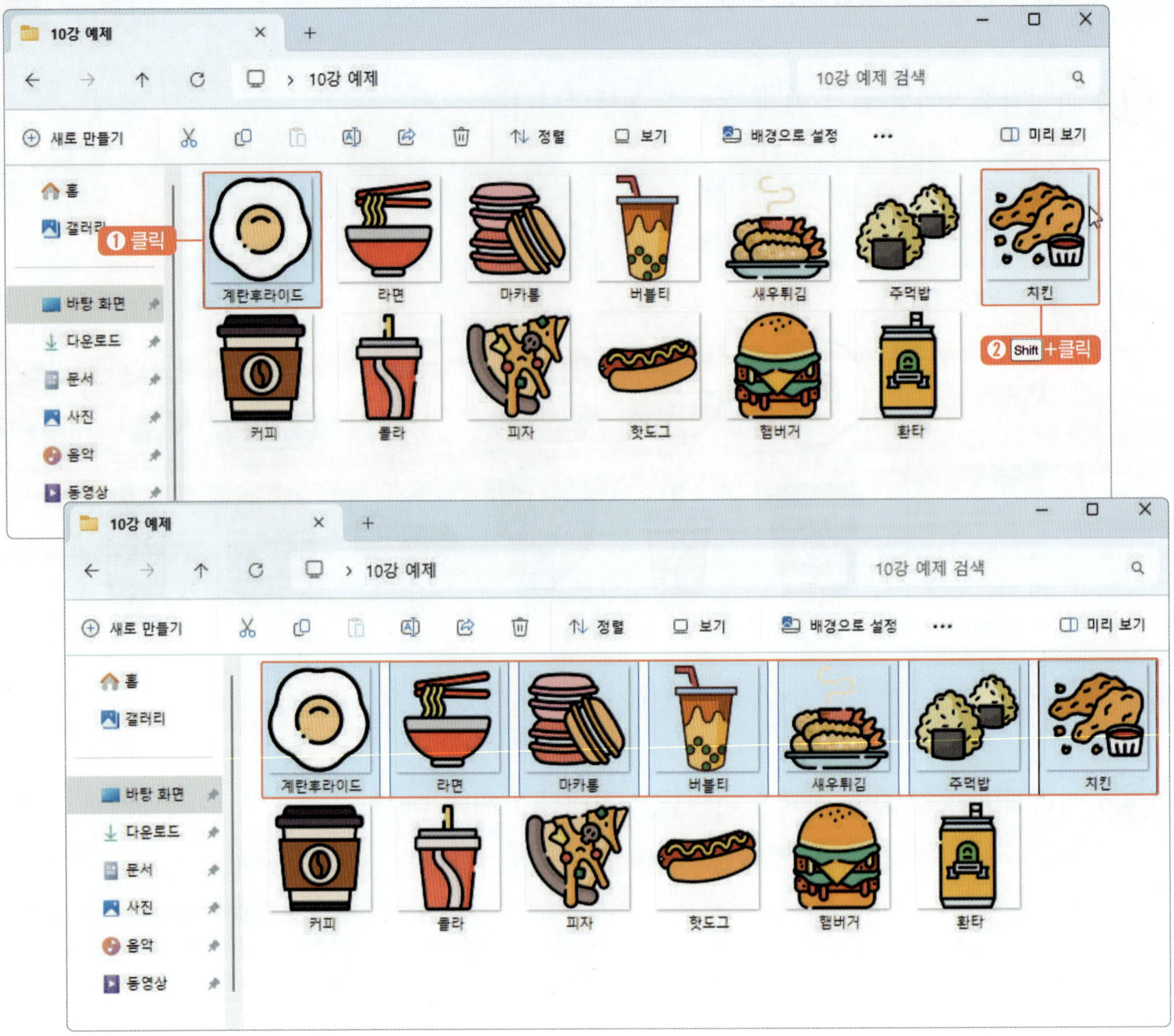

④ 폴더 안의 파일을 모두 선택하기 위해 Ctrl + A 키를 눌러 전체 선택해 봅니다.

Step 02   파일 삭제/복원하기

사용하지 않는 파일을 삭제, 복원하는 방법에 대해 알아봅니다.

① 파일을 '삭제'하기 위해 먹고 싶은 간식을 하나 클릭한 후 [삭제(🗑)]를 눌러 삭제합니다.

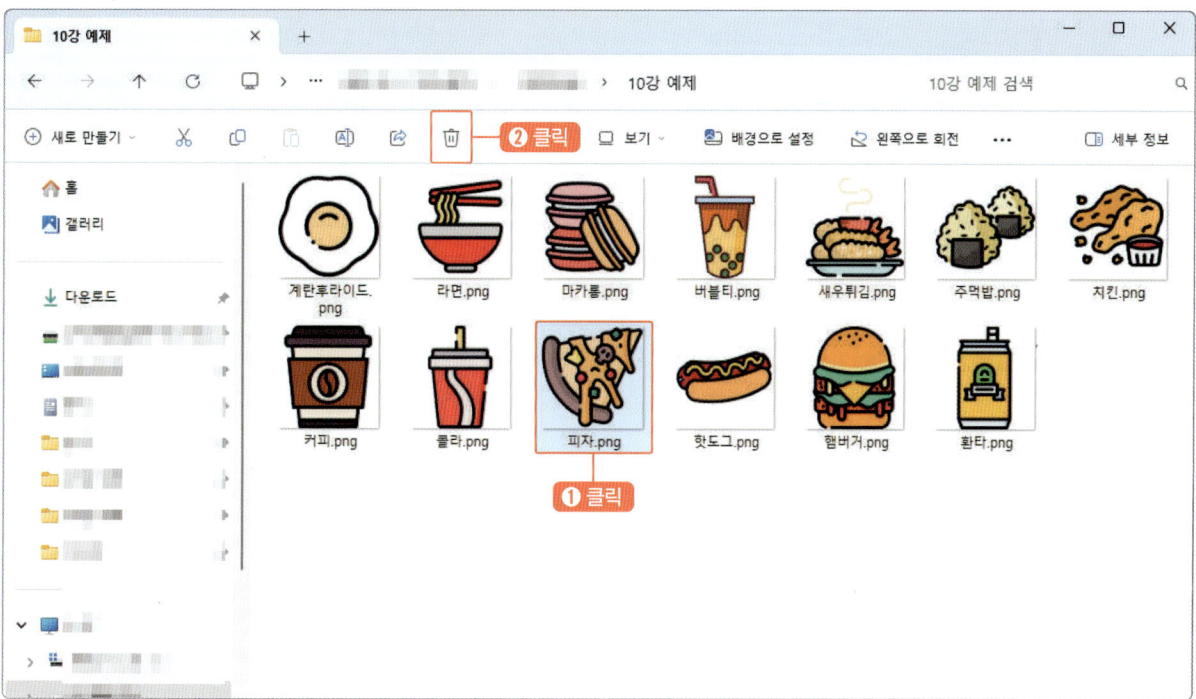

② 삭제한 파일을 '복원'하기 위해 파일 탐색기 창을 최소화한 후 바탕화면에서 휴지통을 더블클릭합니다.

③ '휴지통' 창이 열리면 삭제했던 파일에서 마우스 오른쪽 버튼을 클릭하고 메뉴창이 나타나면 [복원]을 클릭합니다.

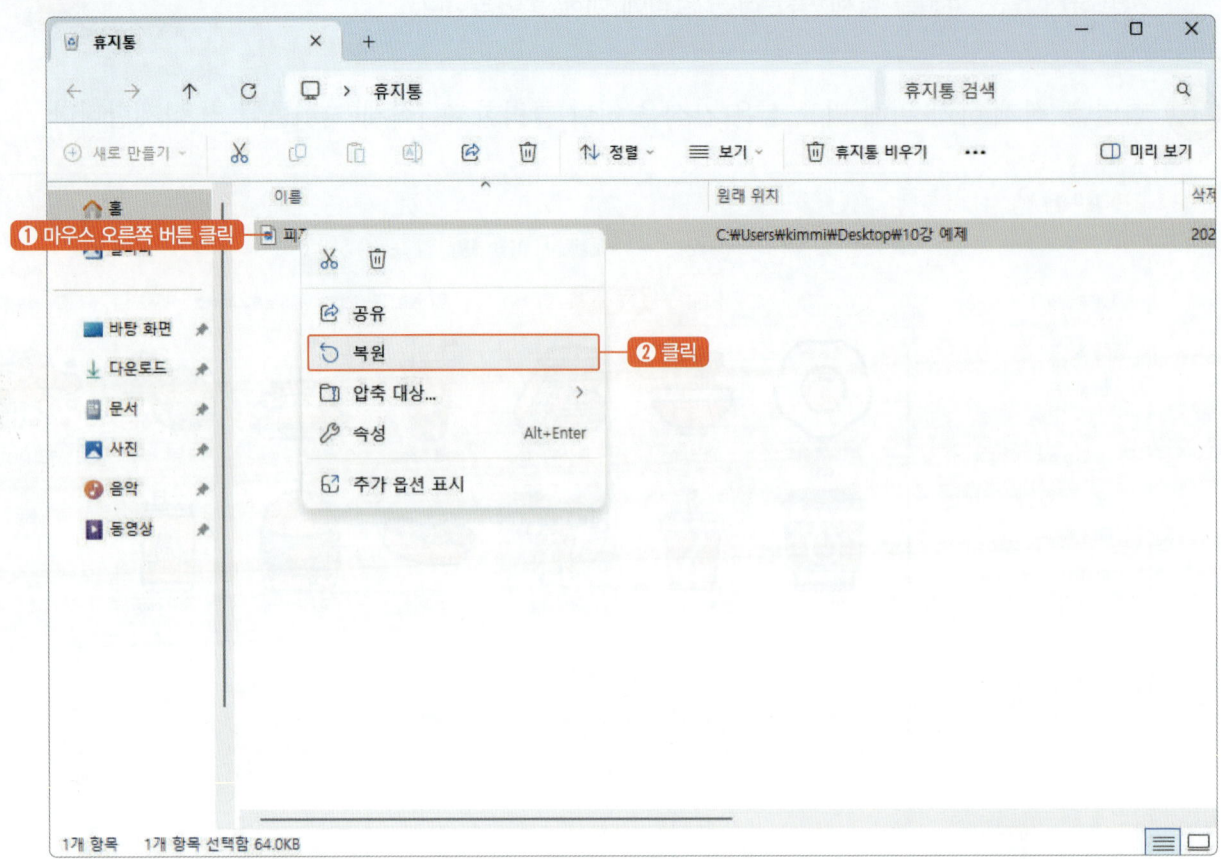

④ '11강 예제' 폴더로 돌아와 복원된 파일을 확인합니다.

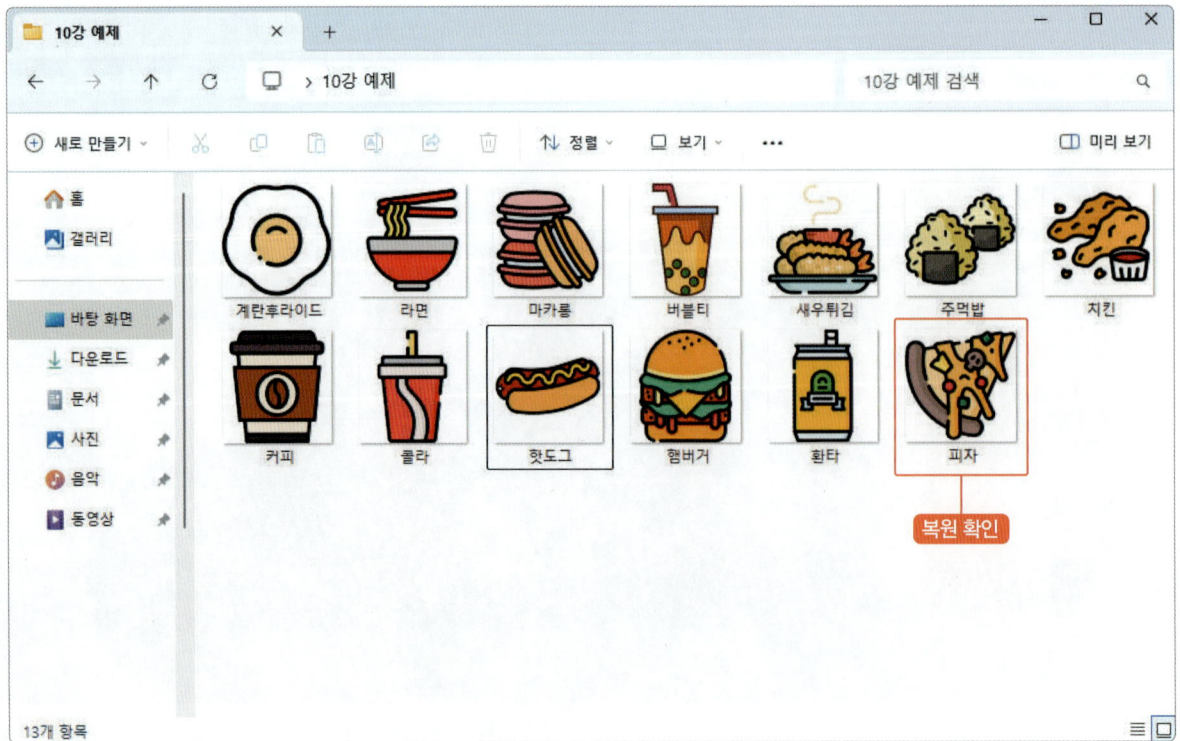

| Step 03 | **휴지통 비우기** |

휴지통을 비워 저장 공간을 확보하는 방법에 대해 알아봅니다.

① Ctrl + A 키를 눌러 파일을 전체 선택한 후 [삭제(🗑)]를 클릭하고 모두 삭제합니다.

② 휴지통을 열어 툴바에서 [휴지통 비우기]를 클릭한 후 [예]를 클릭하여 디스크 저장 공간을 늘립니다.

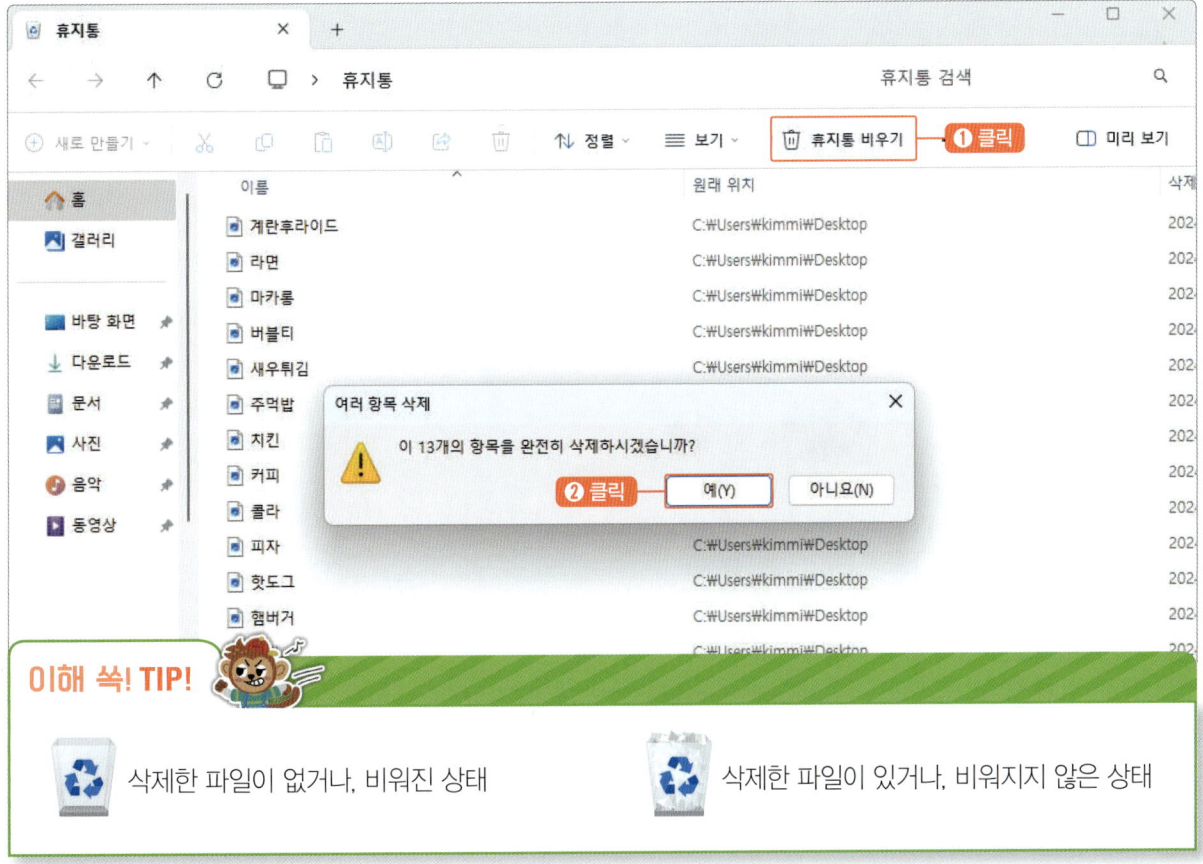

이해 쏙! TIP!

삭제한 파일이 없거나, 비워진 상태

삭제한 파일이 있거나, 비워지지 않은 상태

1 그림과 같이 파일을 선택한 후 '삭제'를 실행해 보세요.

예제 파일 : 11강_실력 예제 폴더　　완성 파일 : 없음

2 휴지통에서 '딸기' 파일만 복원한 후 '휴지통 비우기'를 실행해 보세요.

예제 파일 : 11강_실력 예제 폴더　　완성 파일 : 없음

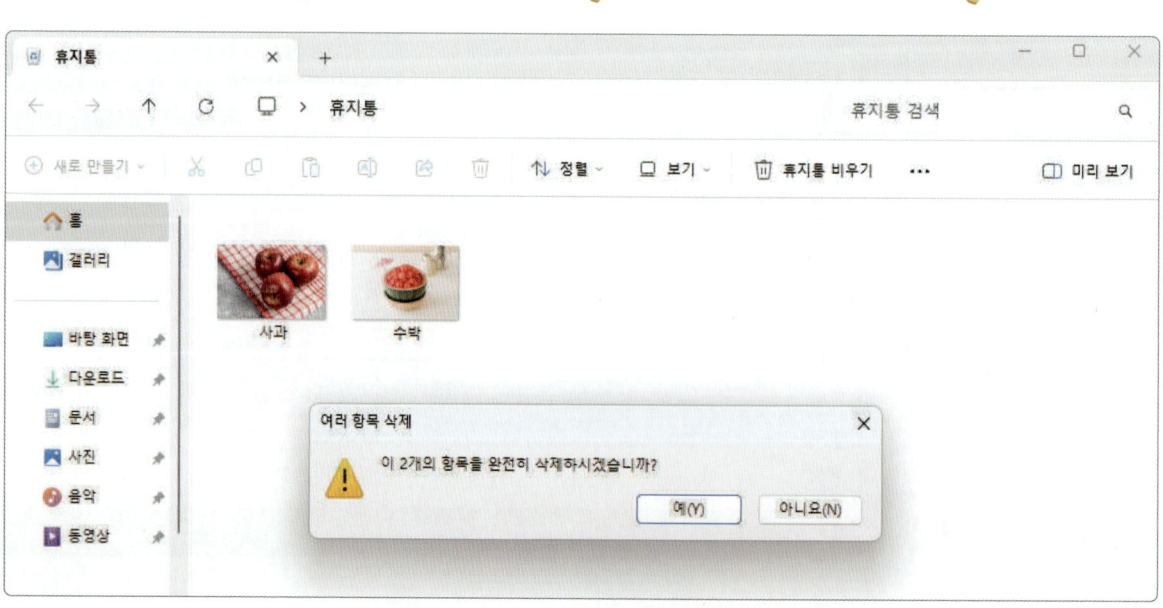

GAME 12 포인터를 꾸며요

| 학습목표 |
- 마우스의 편리한 기능에 대해 알 수 있습니다.
- 마우스 포인터 옵션을 설정할 수 있습니다.
- 마우스 포인터 모양을 변경할 수 있습니다.

오늘의 도착지점

🔑 예제 파일 : 없음   🔑 완성 파일 : 없음

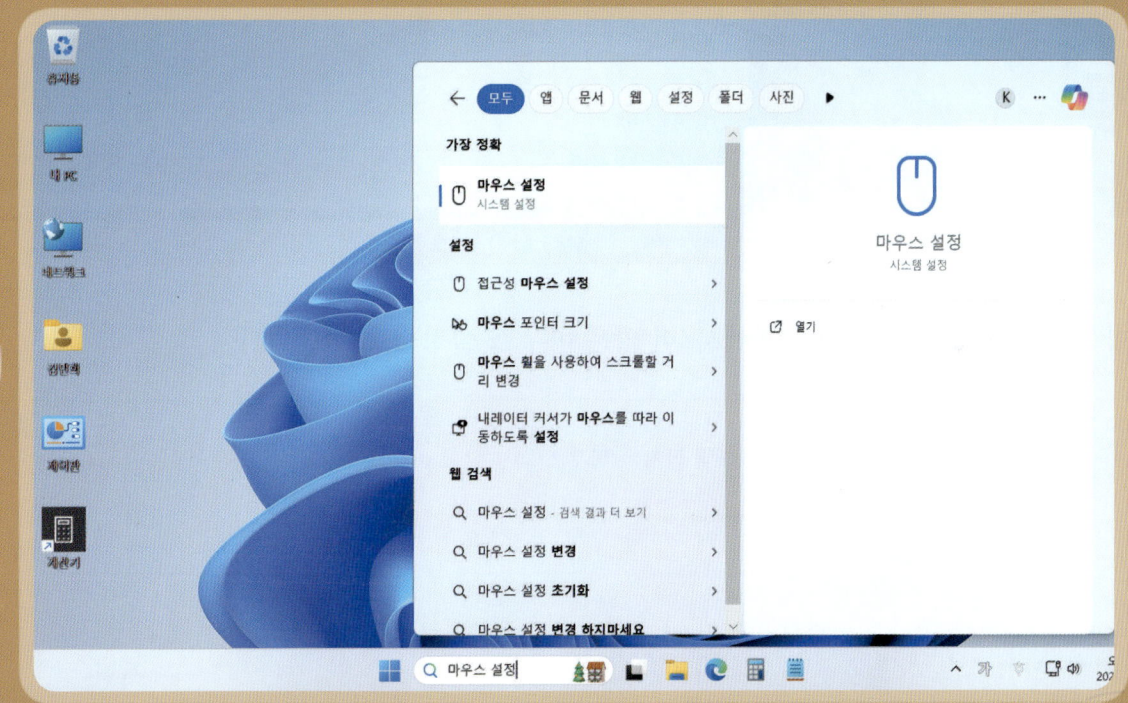

도착지 정보

마우스는 입력장치로 화면에서는 어디에 위치해있는지 알기 쉽게 '포인터' 혹은 '커서'라고도 부르는 아이콘으로 표현됩니다. '지시자'라는 뜻을 지니고 있는 포인터의 움직임으로 명령을 제대로 입력하고 있는지 확인할 수 있습니다. 화살표 모양으로 지정되어있는 포인터를 변경해 봅니다.

Step 01 마우스 편리한 기능 알아보기

마우스를 편리하게 사용할 수 있는 기능에 대해 알아봅니다.

① 작업 표시줄의 검색창에 '마우스 설정'을 입력한 후 나타나는 [마우스 설정] 아이콘을 클릭합니다.

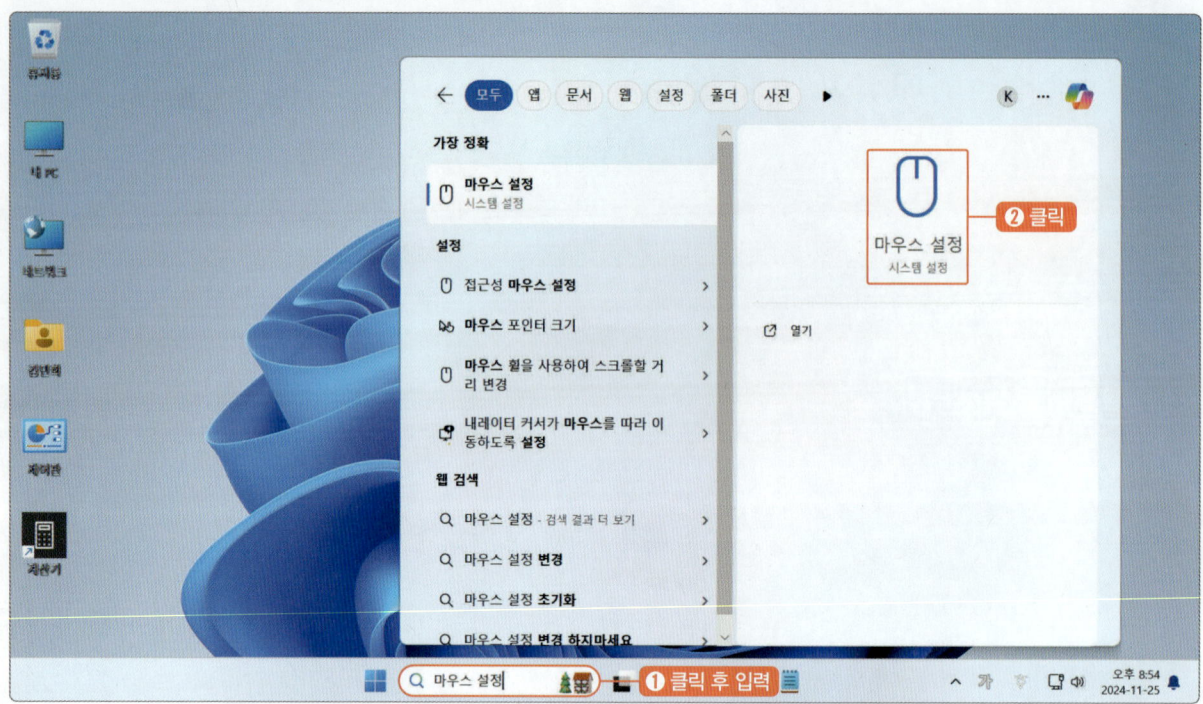

② '마우스' 창이 열리면 관련 설정에서 '더 많은 마우스 설정'을 클릭합니다.

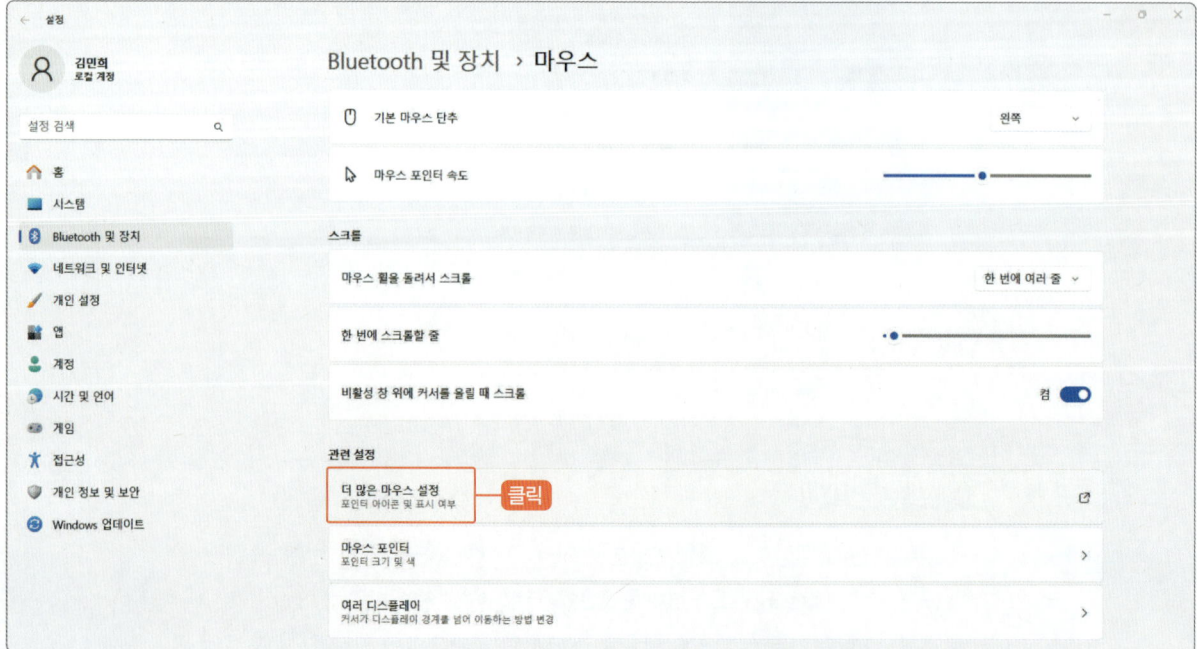

③ '마우스 속성' 창이 열리면 기능에 관한 탭을 클릭하여 어떠한 기능을 포함하고 있는지 알아봅니다.

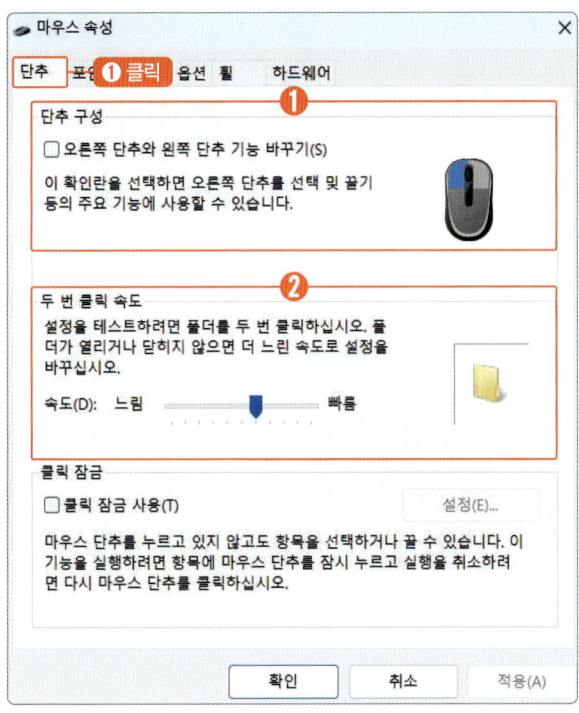 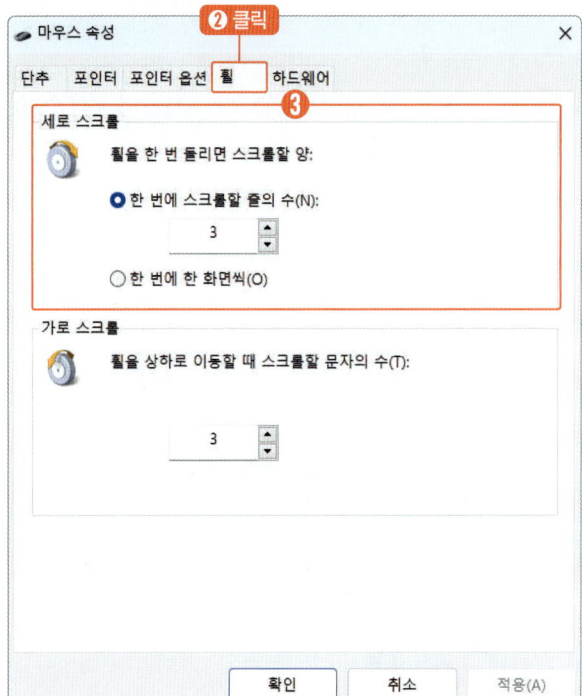

❶ **단추 구성**: '왼손잡이'를 위한 편의 기능으로 '오른쪽 단추와 왼쪽 단추 기능 바꾸기' 옵션을 선택하면 왼쪽 버튼과 오른쪽 버튼의 기능을 반대로 변경할 수 있습니다.

❷ **두 번 클릭 속도**: '속도 포인트'를 조절하여 더블 클릭 속도를 개인에 맞게 조정할 수 있습니다.

❸ **세로 스크롤**: '한 번에 스크롤할 줄의 수'는 마우스 휠을 돌렸을 때 화면이 이동하는 줄의 수를 의미합니다. 화면을 빠르게 이동하고 싶을 때 이 값을 높여 사용합니다.

 **이해 쏙! TIP!**

[단추] 탭과 [휠] 탭의 설정은 표준으로 설정되어 있어 사용자가 편리하게 사용하도록 설정되어 있어요. 공용으로 사용하는 컴퓨터에서는 기본 설정값을 변경하지 않고 사용하도록 해요.

Step 02 마우스 포인터 옵션 설정하기

마우스 포인터 옵션에 대해 알아봅니다.

① 마우스 속성 창에서 [포인트 옵션] 탭을 클릭하여 마우스 옵션에 대해 알아봅니다.

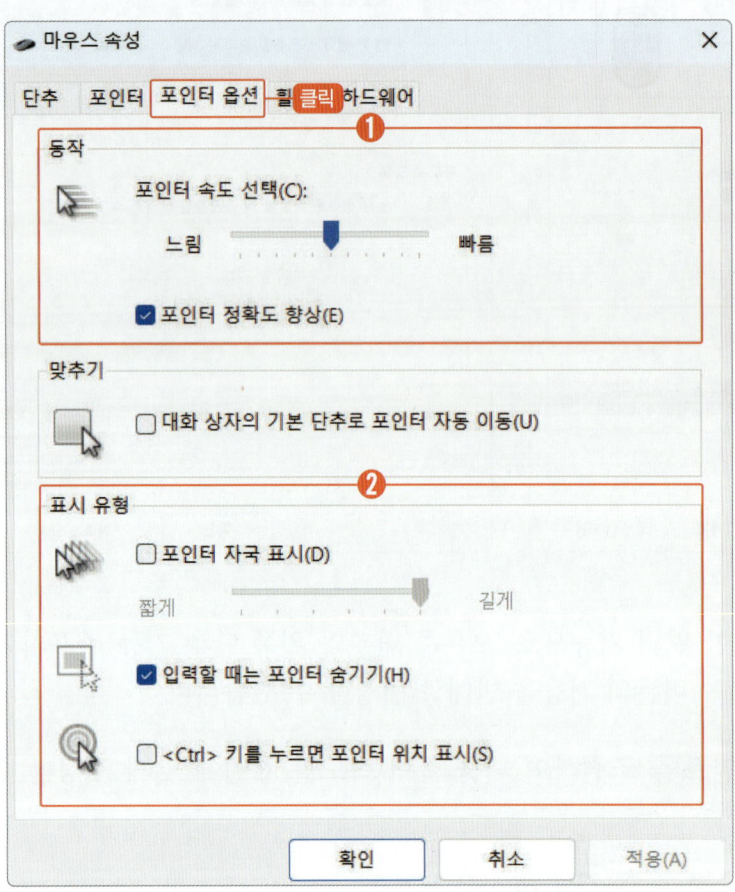

❶ **동작**: '포인터 속도 선택'을 조절하여 마우스 포인터의 이동 속도를 조절할 수 있습니다. 포인터의 동작이 빠를 경우, 사용자가 포인터를 찾지 못해 헤맬 수 있습니다.

❷ **표시 유형**: '포인터 자국 표시' 기능을 설정하면, 사용자가 마우스를 움직일 때 포인터의 경로를 따라 작은 점이나 자국이 남아 마우스를 어디에 두었는지를 시각적으로 나타내어, 포인터를 쉽게 찾을 수 있도록 도와줍니다.

Step 03 마우스 포인터 모양 변경하기

마우스 포인터 모양을 변경해 봅니다.

① 마우스 포인터 모양을 변경하기 위해 '마우스 속성' 창에서 [포인터] 탭을 클릭한 후 '사용자 지정' 목록에서 [일반 선택]을 클릭하고 [찾아보기]를 클릭합니다.

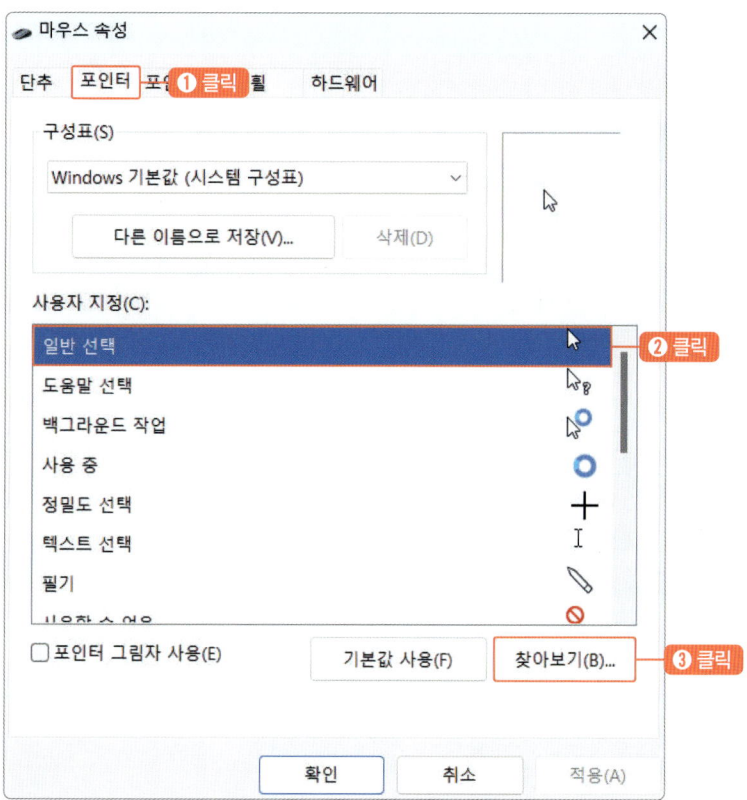

② '찾아보기' 창이 나타나면 원하는 모양의 커서를 선택하고 [열기]를 클릭합니다.

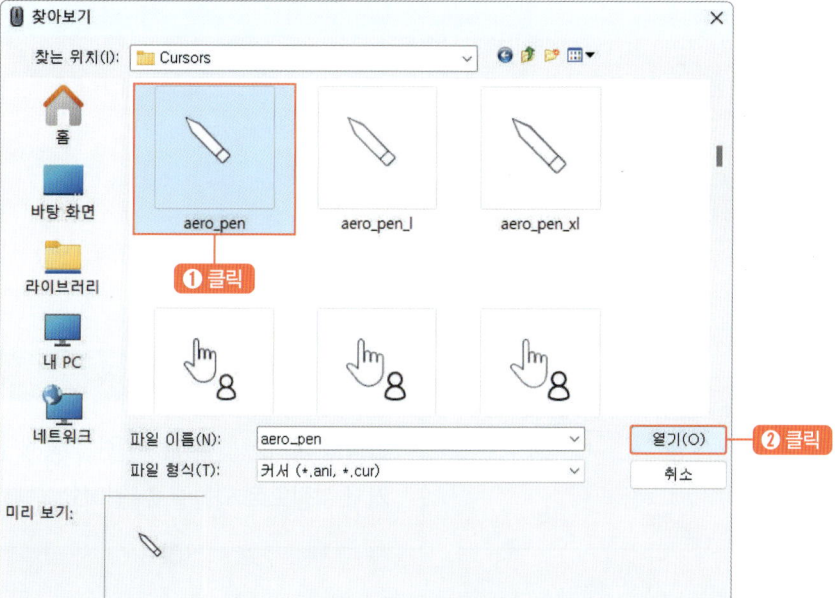

③ 마우스 속성 창에서 '일반 선택'의 변경된 아이콘을 확인한 후 [적용]을 클릭하여 변경된 마우스 포인터를 확인합니다.

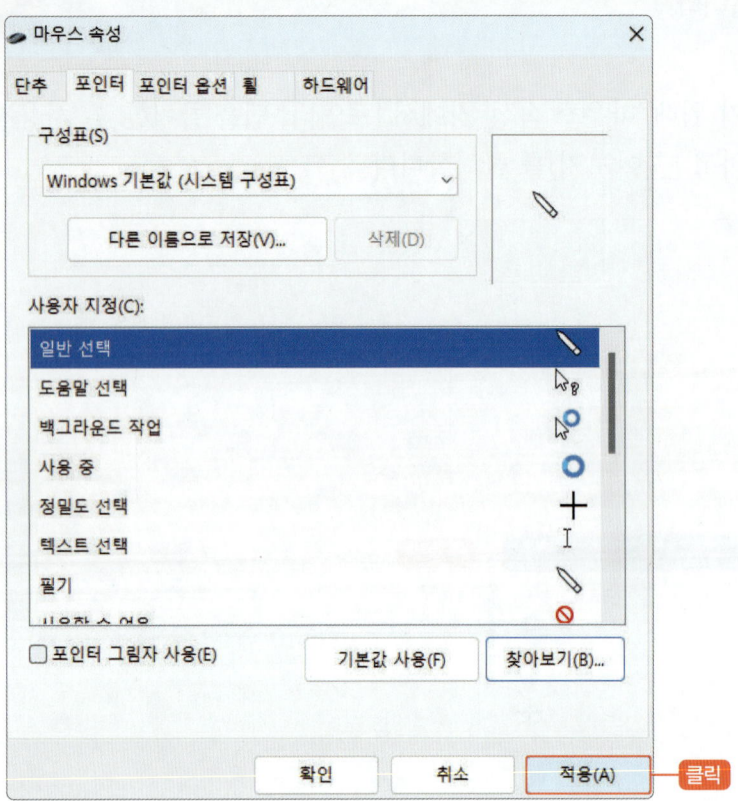

④ ①~③과 같은 방법으로 사용자 지정 목록의 아이콘을 변경하여 적용합니다.

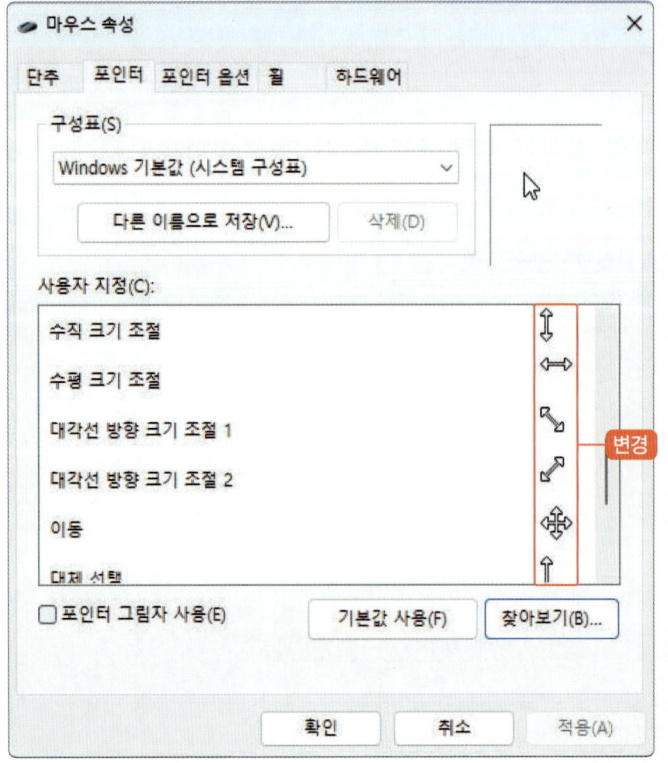

이해 쏙! TIP!

변경한 커서는 [기본값 사용]을 통해 원래의 커서 설정으로 되돌릴 수 있어요.

실력 UP! 한 칸 더 GO! GO!

1 '검색창'을 이용하여 '마우스 속성' 창을 실행해 보세요.

🔑 예제 파일 : 없음 🔑 완성 파일 : 없음

2 마우스 포인터 커서를 자유롭게 변경 적용한 후 다시 [Windows 기본값 (시스템 구성표)] 마우스 포인터로 변경해 보세요.

🔑 예제 파일 : 없음 🔑 완성 파일 : 없음

GAME 12 포인터를 꾸며요 _ **085**

GAME 13 기본앱과 수학공부

| 학습목표 |
- 메모장을 사용할 수 있습니다.
- 그림판을 사용할 수 있습니다.
- 계산기를 사용할 수 있습니다.

오늘의 도착지점

예제 파일 : 없음   완성 파일 : 13강_완성 폴더

500 + 500 =

10,000 - 5,000 =

5,000 + 5,000 =

도착지 정보

윈도우에는 특정한 업무를 위해 사용할 수 있는 소프트웨어를 '앱(APP)'이라고 부릅니다. '애플리케이션(Application)'의 줄임말로 윈도우에서 사용하는 응용 소프트웨어나 프로그램을 가리키기도 합니다. 윈도우에서 제공하는 기본 앱들을 활용해 봅니다.

Step 01 메모장 사용하기

메모장을 활용하여 간단한 문서를 작성해 봅니다.

① 작업표시줄의 검색창에 '메모장'을 입력한 후 [메모장] 앱을 클릭합니다.

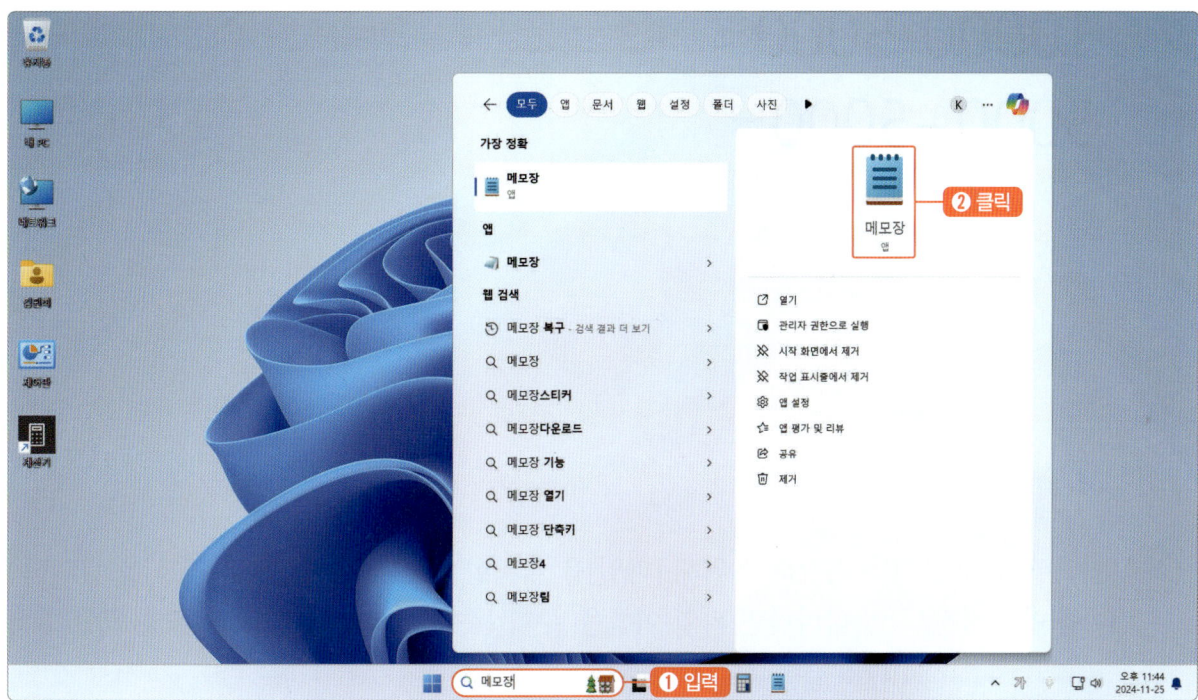

② '메모장' 앱이 실행되면 글자 크기를 변경하기 위해 [편집] 탭의 [글꼴]을 클릭한 후 '설정' 창이 나타나면 크기를 [48]로 변경하여 [뒤로]를 클릭합니다.

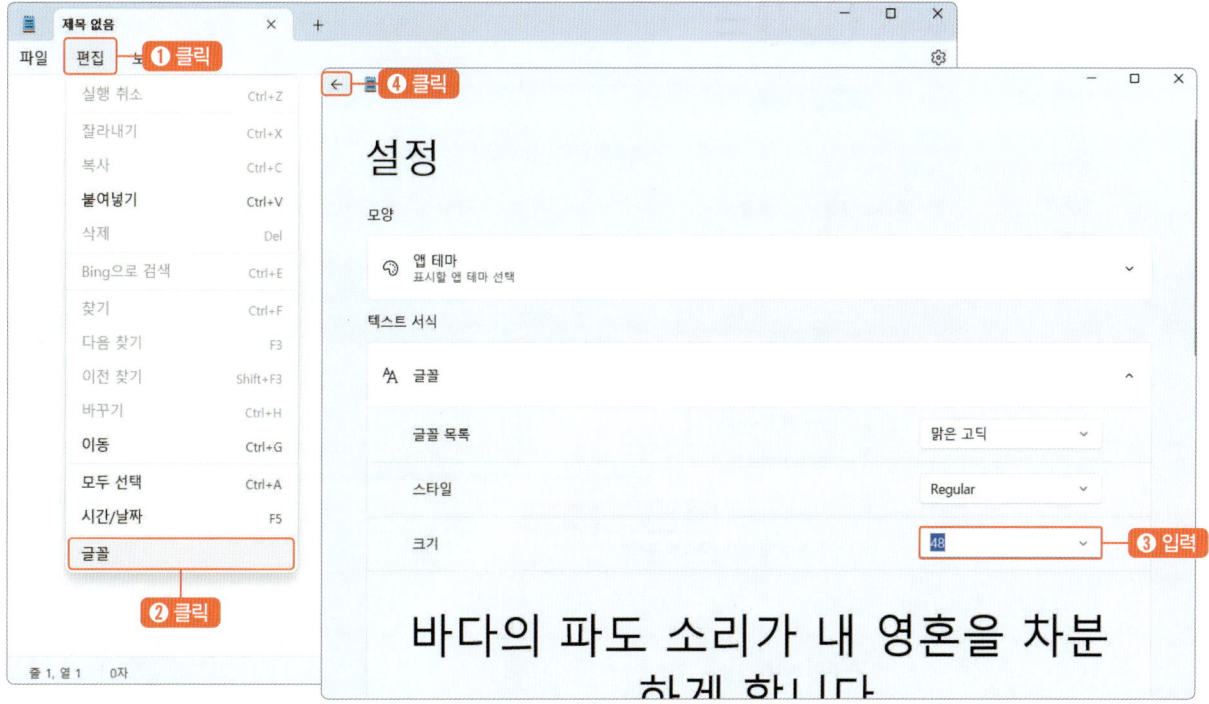

③ 메모장에 그림과 같이 '수학 문제'를 입력합니다.

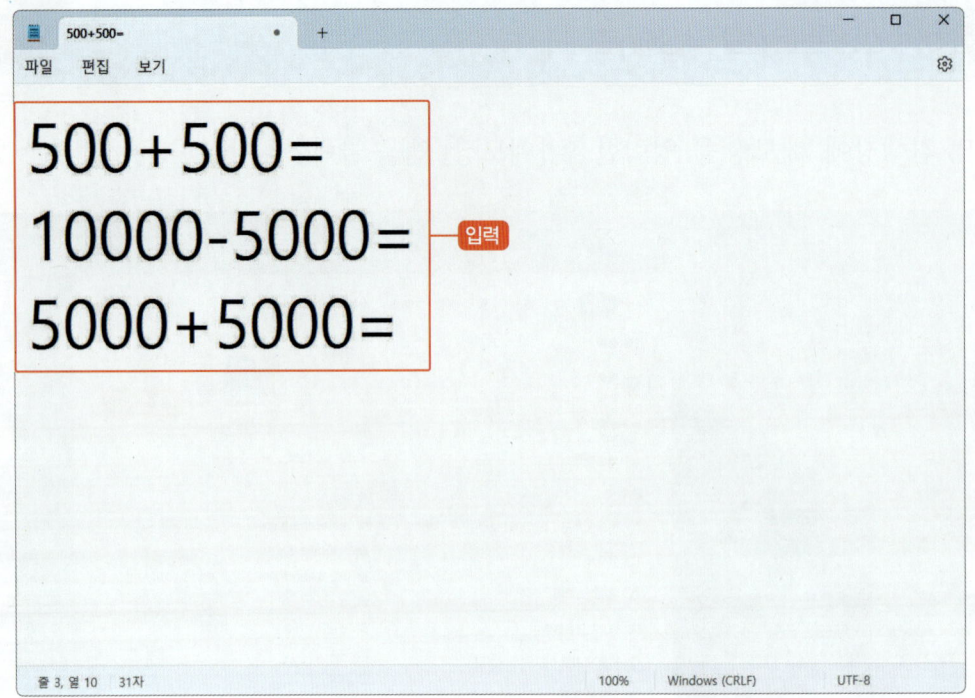

④ 입력한 수학 문제를 저장하기 위해 [파일]을 클릭한 후 [다른 이름으로 저장]을 클릭하여 '다른 이름으로 저장' 창이 나타나면 파일 이름을 '수학 문제'로 입력하고 [저장]을 클릭합니다.

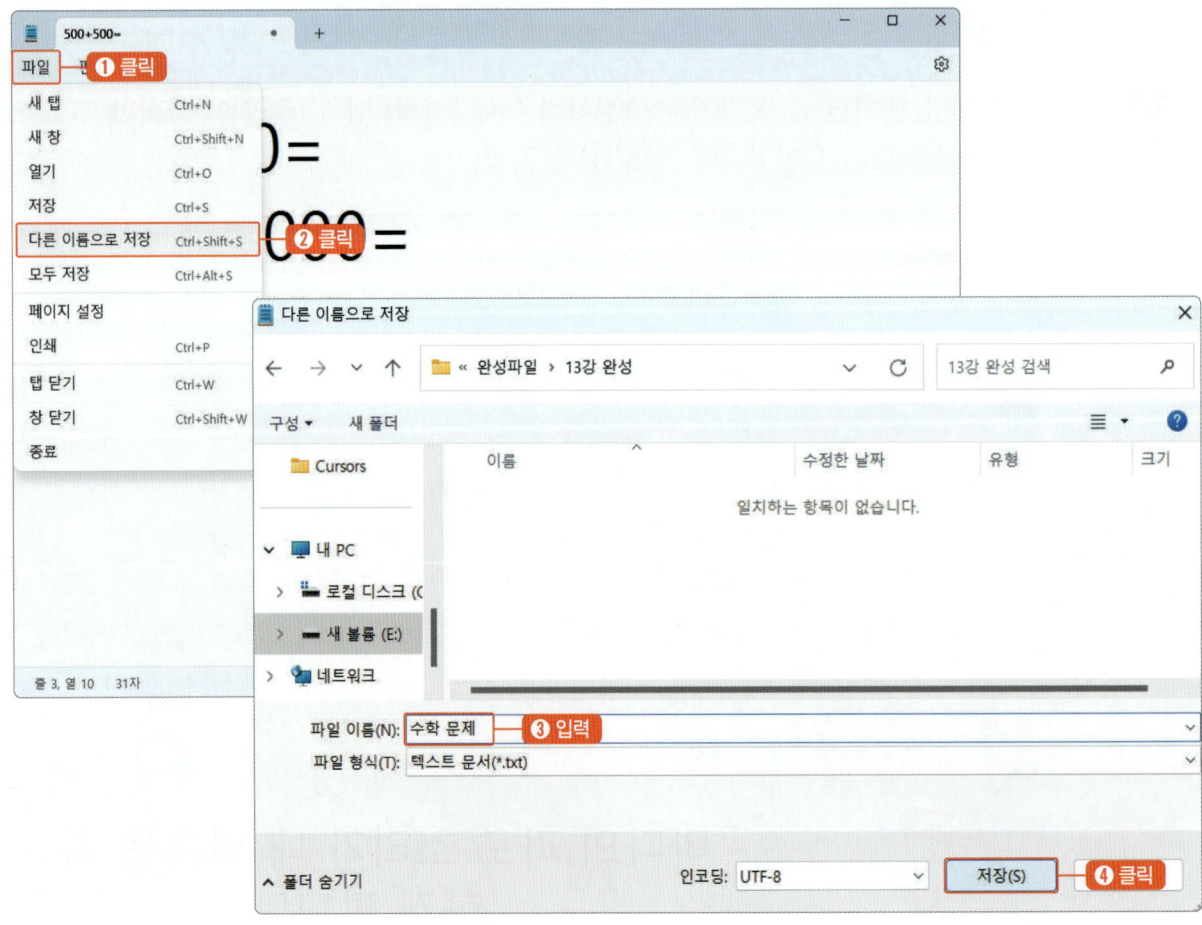

Step 02 그림판 사용하기

그림판을 활용하여 수학 문제를 그려 봅니다.

① 작업표시줄의 검색창에 '그림판'을 입력한 후 [그림판] 앱을 클릭합니다.

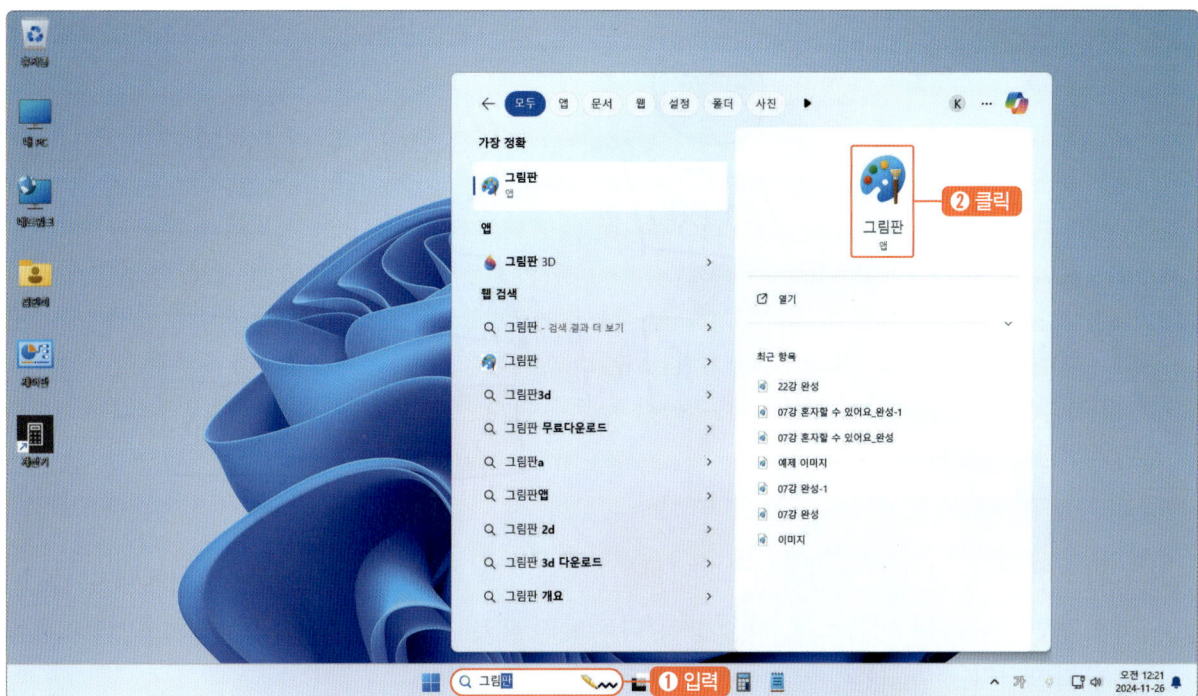

② '그림판'이 열리면 [브러시( )] 도구를 클릭한 후 [더보기( )]를 눌러 브러시 종류를 [브러시]로 선택합니다. 이어서 화면 왼쪽에서 브러시 크기를 조절한 후 색을 [검정]으로 클릭하고 그림과 같이 수학 문제를 그려 줍니다.

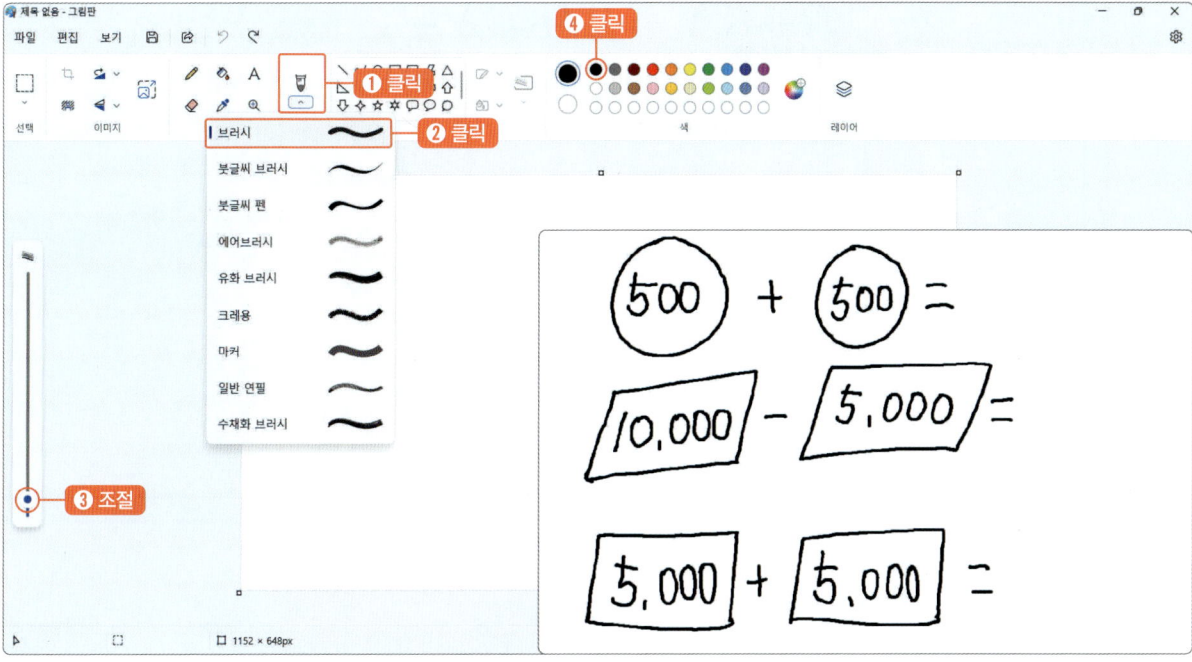

③ 색을 채우기 위해 도구에서 [채우기(🪣)]를 클릭한 후 색을 [연한 회색]으로 클릭하여 채울 부분을 클릭합니다. 동일한 방법으로 색을 모두 채워줍니다.

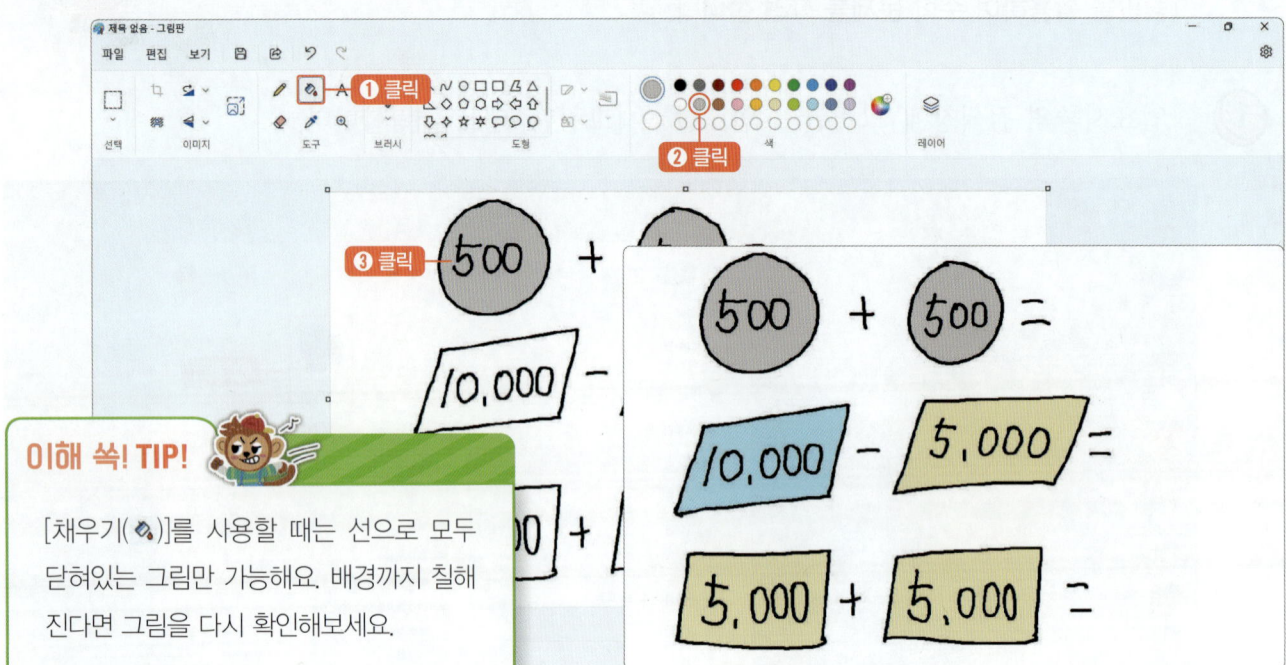

이해 쏙! TIP!
[채우기(🪣)]를 사용할 때는 선으로 모두 닫혀있는 그림만 가능해요. 배경까지 칠해 진다면 그림을 다시 확인해보세요.

④ 완성한 수학 문제를 저장하기 위해 [파일]을 클릭한 후 [다른 이름으로 저장]에서 [JPEG 그림]을 선택한 후 '다른 이름으로 저장'창이 나타나면 파일 이름을 '문제 그림'으로 입력하고 [저장]을 클릭합니다.

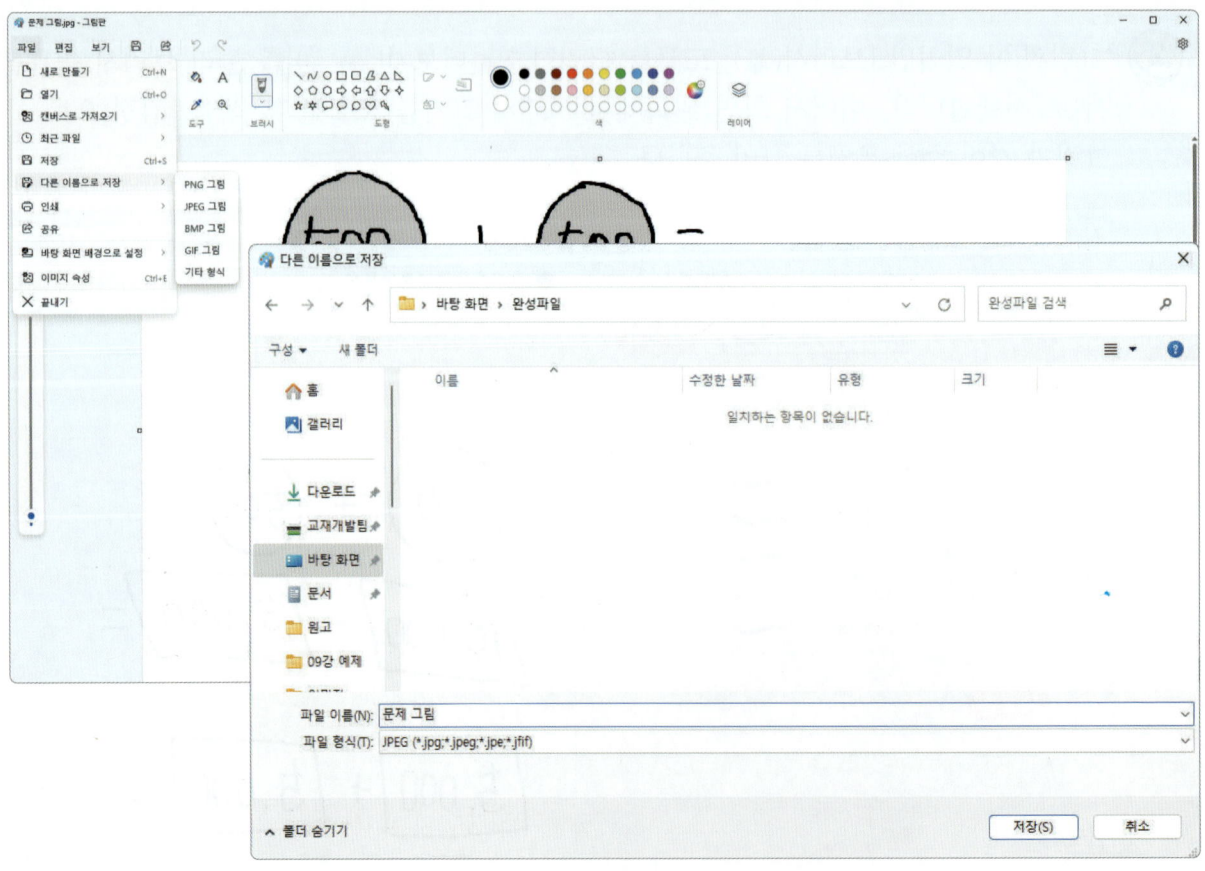

Step 03 계산기 사용하기

계산기를 활용하여 수학 문제를 직접 풀어 봅니다.

① 작업표시줄의 검색창에 [계산기]를 입력한 후 [계산기] 앱을 클릭합니다.

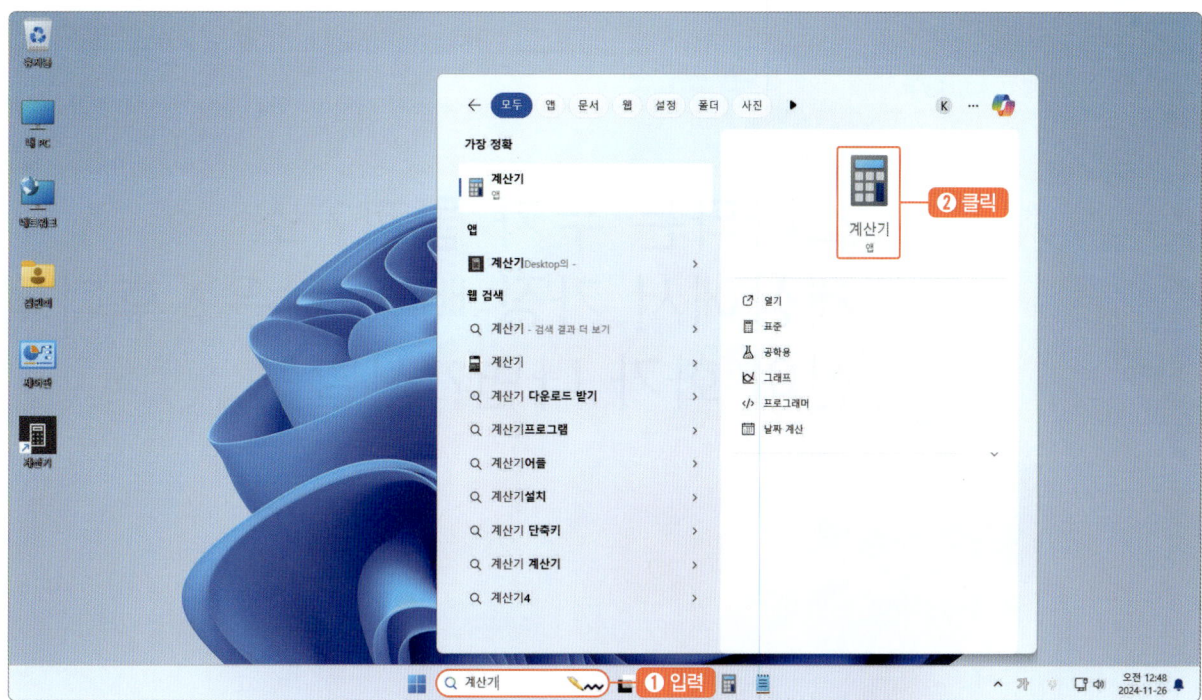

② '계산기'가 열리면 수학 문제를 그림과 같이 모두 풀어 봅니다.

 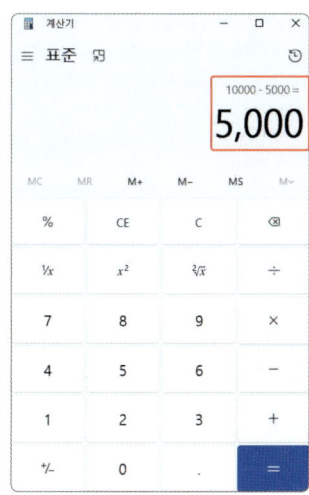 

이해 쏙! TIP!

- [()]를 누르면 입력했던 숫자나 계산이 모두 사라져요.
- 계산기를 실행한 후 키보드의 숫자키를 이용하여 계산해보세요.

1 '메모장'을 실행하여 넌센스 퀴즈를 입력한 후 저장해 보세요.

🔑 예제 파일 : 없음   🔑 완성 파일 : 13강_실력1(완성).txt

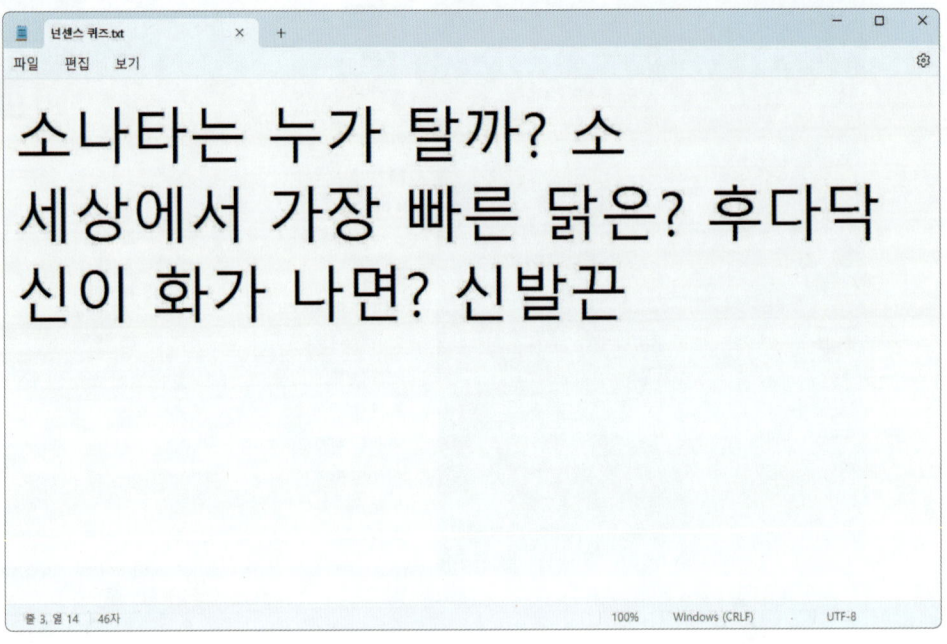

2 '계산기'를 실행하여 문제의 답을 작성해 보세요.

🔑 예제 파일 : 13강_실력2(예제).txt   🔑 완성 파일 : 13강_실력2(완성).txt

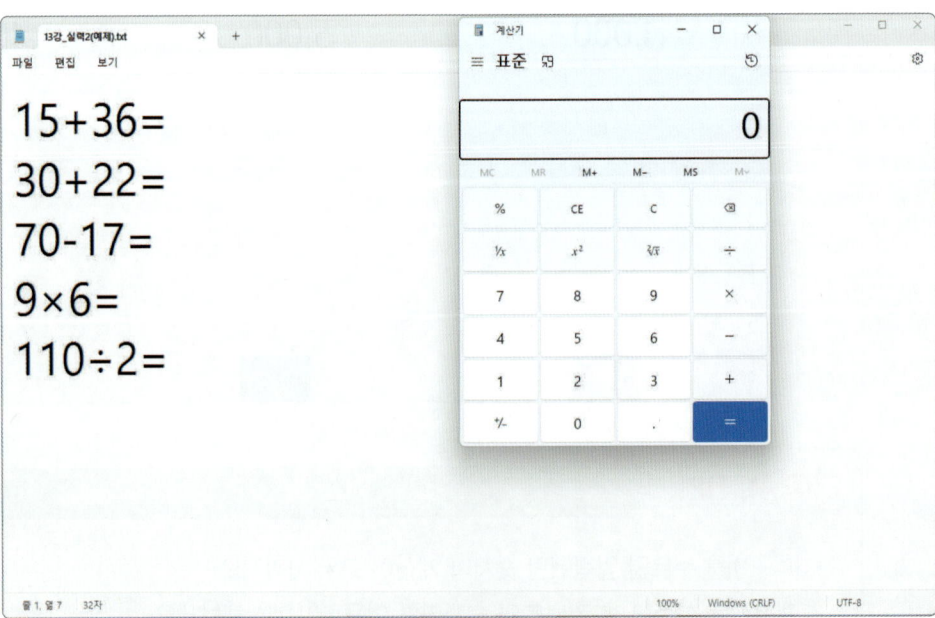

GAME 14 내 얼굴 지폐

| 학습목표 |
- 캡처 도구로 이미지를 캡처할 수 있습니다.
- 캡처 도구의 기능을 활용할 수 있습니다.
- 그림판으로 이미지를 합성할 수 있습니다.

오늘의 도착지점

🔑 예제 파일 : 14강_예제 폴더   🔑 완성 파일 : 14강_완성.jpg

도착지 정보

우리가 사용하는 '지폐'는 나라를 상징하기에 역사적으로 위대한 일을 하여 후세에도 길이 기억될 인물을 새겨 넣었습니다. 지폐 속 인물이 될 나를 생각해보며 윈도우의 캡처도구와 그림판을 사용하여 내 얼굴이 들어간 지폐를 만들어 봅니다.

Step 01 캡처도구로 이미지 캡처하기

캡처 도구를 사용해 원하는 이미지를 선택해 캡처합니다.

① 파일 탐색기를 실행하고 '14강 예제' 폴더에서 '이미지1.jpg'파일을 더블클릭합니다.

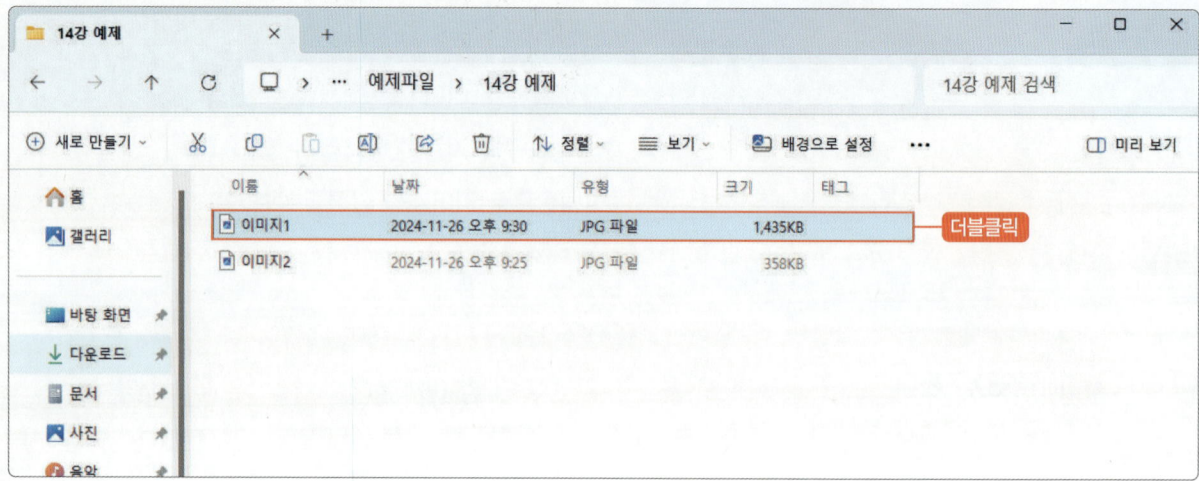

② '이미지1.jpg'가 열린 상태에서 캡처 도구를 실행하기 위해 작업표시줄의 검색창에 '캡처 도구'를 입력한 후 [캡처 도구] 앱을 클릭합니다.

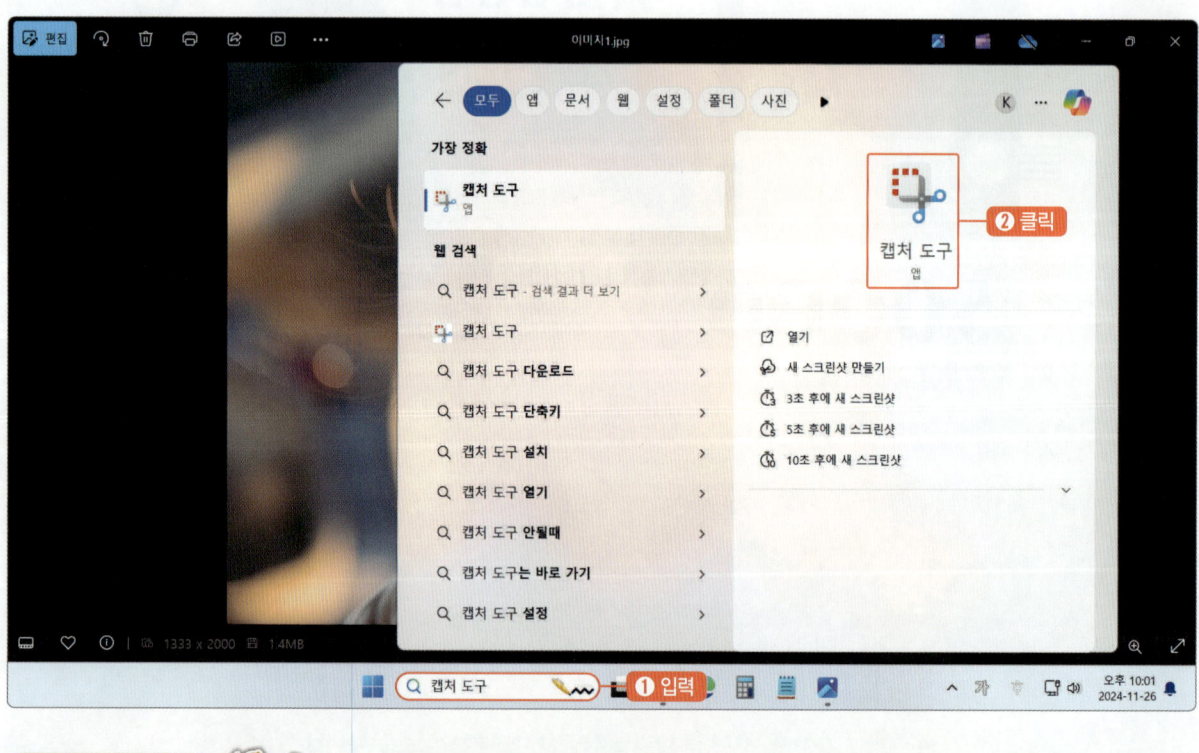

이해 쏙! TIP!

캡처한 화면은 이미지로 저장하거나 복사하여 다른 프로그램에 붙여넣을 수 있습니다.

③ '캡처 도구'가 실행되면 [캡처 모드( )]를 클릭한 후 [자유형]을 선택하여 [새 캡처]를 클릭합니다.

④ 화면이 '캡처' 상태로 변경되면 '이미지1.jpg'의 '얼굴' 부분을 그림과 같이 마우스로 드래그합니다.

이해 쏙! TIP!

[자유형]으로 캡처하는 경우, 캡처를 멈추려면 시작한 위치까지 드래그하거나, 종료하고싶은 위치에서 드래그를 멈추면 돼요.

Step 02 캡처 도구의 스케치 기능

캡처 도구의 다양한 스케치 기능에 대해 알아봅니다.

① '캡처 도구'의 [볼펜(▼)] 도구를 클릭한 후 색을 [부드러운 분홍]으로 선택한 후 다시 [볼펜(▼)] 도구를 클릭하여 크기 조절 포인트를 드래그하여 조절합니다.

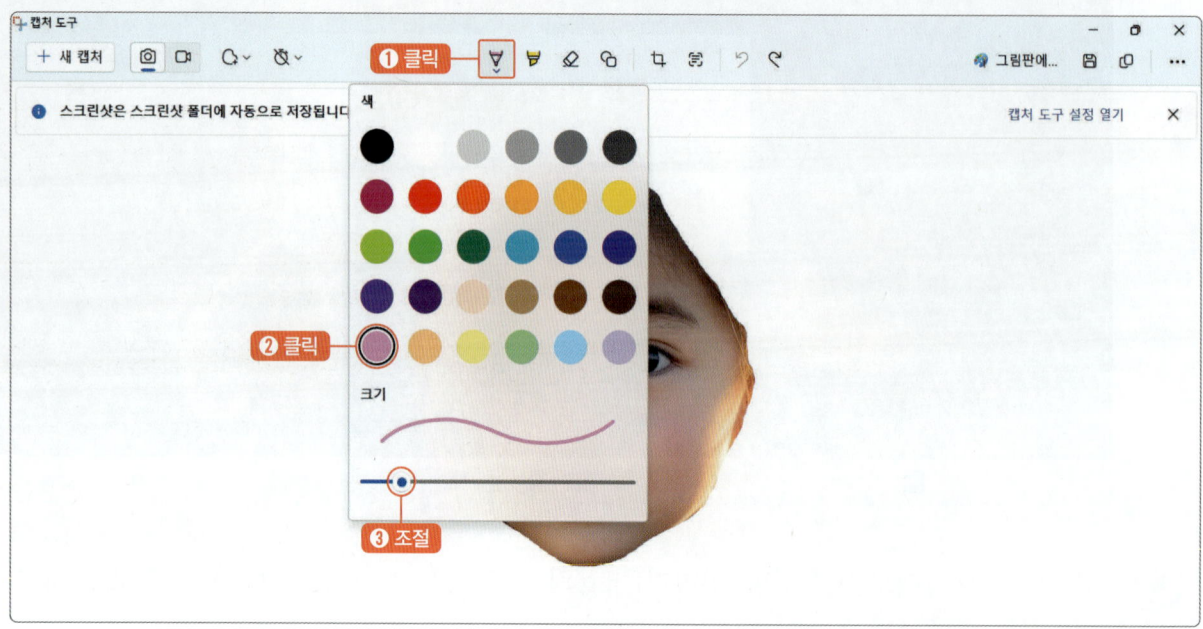

② 선택한 [볼펜(▼)] 도구로 양 볼에 그림을 그려준 후 [형광펜(▼)]을 클릭한 후 ①과 같은 방법으로 [노랑] 색을 선택하여 얼굴 전체에 칠해줍니다.

이해 쏙! TIP!

스케치 기능을 취소하고 싶을 때는 상단에 있는 [실행 취소(↶)]를 클릭하여 실행 전으로 돌립니다.

Step 03 그림판으로 이미지 합성하기

캡처한 이미지를 그림판을 활용하여 합성해 봅니다.

① 캡처도구에서 [복사(□)]를 클릭한 후 [그림판에서 편집]을 클릭합니다.

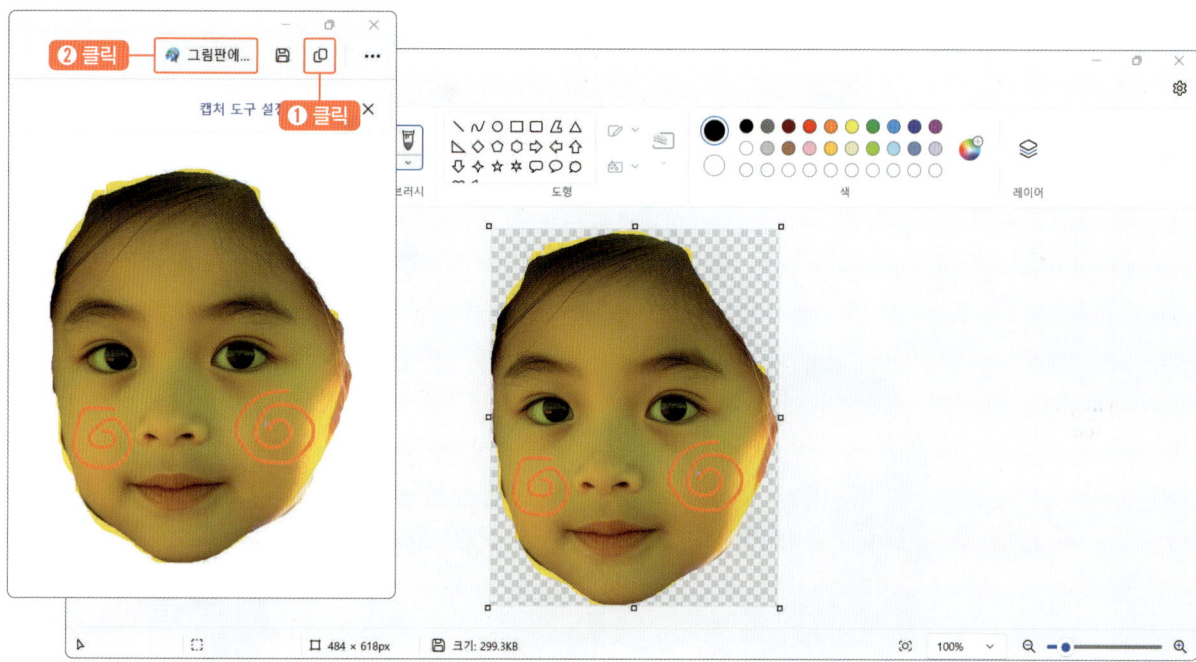

② '그림판'에서 [파일] 탭의 [캔버스로 가져오기]를 클릭한 후 [파일에서]를 선택합니다. '파일로부터 붙여넣기' 창이 나타나면 '이미지2.jpg'를 선택하고 [열기]를 클릭합니다.

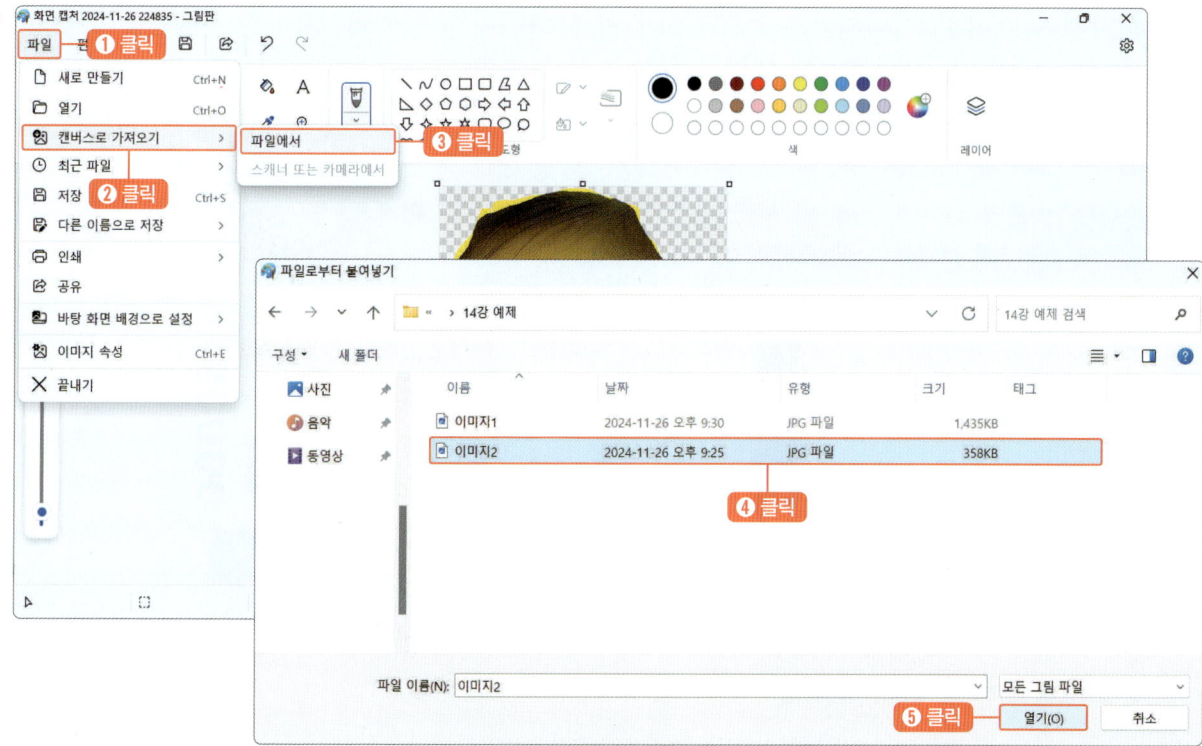

GAME 14 내 얼굴 지폐 _ 097

③ '이미지2.jpg'를 불러온 후 캡처 도구에서 복사한 이미지를 붙여넣기 위해 Ctrl + V 키를 누릅니다.

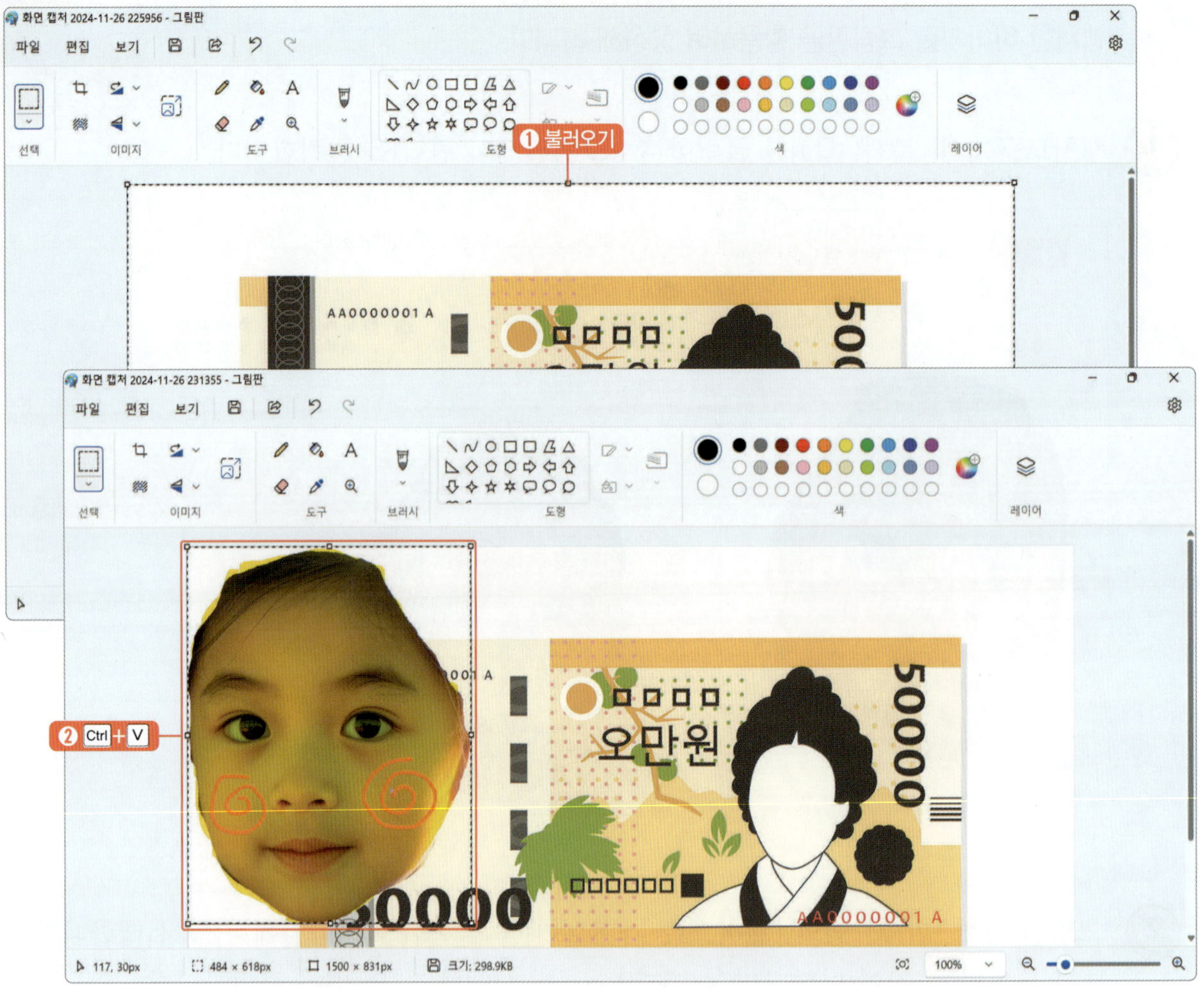

❶ 불러오기

❷ Ctrl + V

④ 지폐가 그려진 '이미지2.jpg'에 맞추어 얼굴 이미지를 그림과 같이 크기를 조절하고 이동하여 이미지 합성을 완료합니다.

크기 조절

이해 쏙! TIP!

'14강 예제' 폴더 속의 '이미지3~4.jpg'를 활용해서 다른 금액 지폐도 만들어 보세요.

실력 UP! 한칸 더 GO! GO!

1 캡처 도구를 활용하여 이미지 속 얼굴을 캡처하고 꾸며 보세요.

🔑 예제 파일 : 14강_실력 예제 폴더   🔑 완성 파일 : 14강_실력1(완성).jpg

2 캡처 도구에서 '그림판에서 편집'을 활용하여 합성해 보세요.

🔑 예제 파일 : 14강_실력 예제 폴더
🔑 완성 파일 : 14강_실력2(완성).jpg

 **이해 쏙! TIP!**

'14강_실력예제' 폴더 속의 다른 이미지를 활용해서 귀여운 옷을 입은 나를 만들어 보세요.

세계의 기상정보

| 학습목표 |
- 위젯을 활용하여 날씨 정보를 확인할 수 있습니다.
- 지도에서 날씨를 확인할 수 있습니다.
- 세계 여러 나라의 날씨를 확인할 수 있습니다.

오늘의 도착지점

예제 파일 : 없음   완성 파일 : 없음

도착지 정보

여행을 떠나기 전 여행지의 날씨를 알고 있다면 미리 우산을 챙겨 가거나 기온에 맞는 옷차림으로 여행지를 구경할 수 있을 것입니다. 현재 날씨 뿐만 아니라 앞으로의 날씨를 알아보고 지도를 통해 세계의 날씨에 대해 알아 봅니다.

Step 01 위젯으로 날씨 알아보기

위젯을 활용하여 이번주 우리 동네 일기 예보를 확인해 봅니다.

① 작업표시줄의 [위젯]을 클릭한 후 위젯 창이 나타나면 '날씨'에서 [전체 일기 예보 보기]를 클릭합니다.

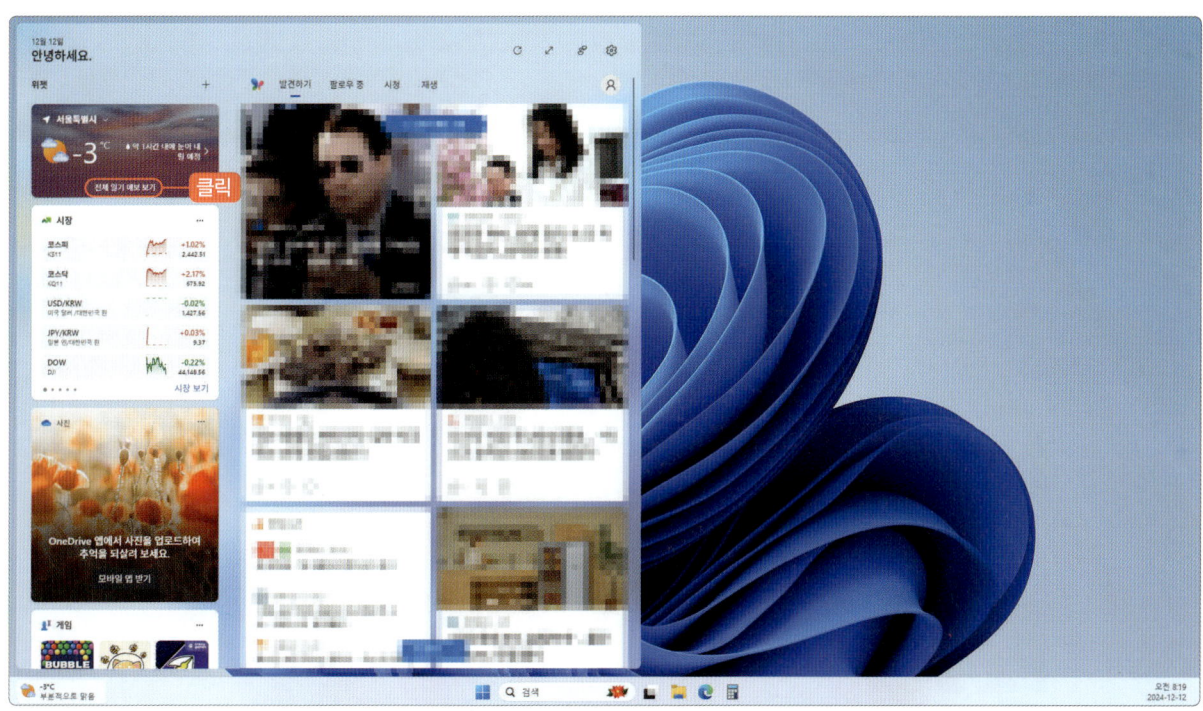

② '일기예보' 창이 열리면 왼쪽 탭에서 [시간별]을 클릭한 후 우리 동네 날씨의 오늘 시간별 날씨와 이번주 일기 예보를 확인합니다.

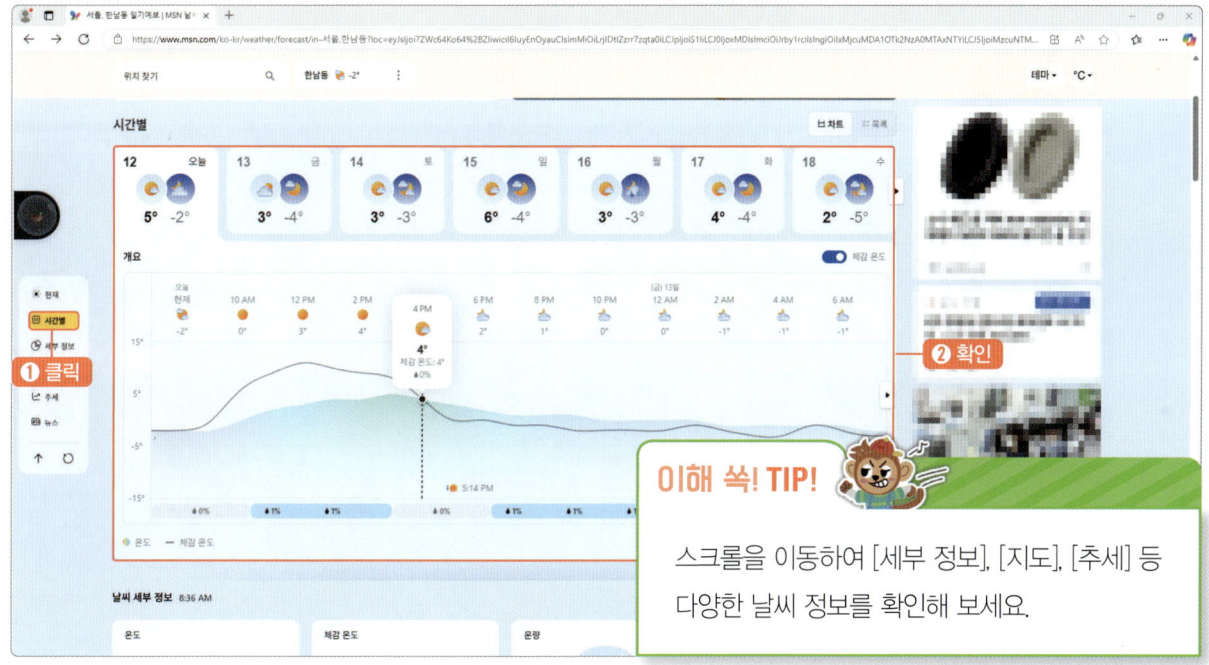

이해 쏙! TIP!

스크롤을 이동하여 [세부 정보], [지도], [추세] 등 다양한 날씨 정보를 확인해 보세요.

Step 02 지도에서 날씨 확인하기

지도를 열어 날씨 정보에 대해 확인할 수 있습니다.

① 화면에서 스크롤을 올려 상단의 [지도] 탭을 클릭한 후 지도로 변경되면 오른쪽 숨기기를 클릭하여 창을 닫습니다.

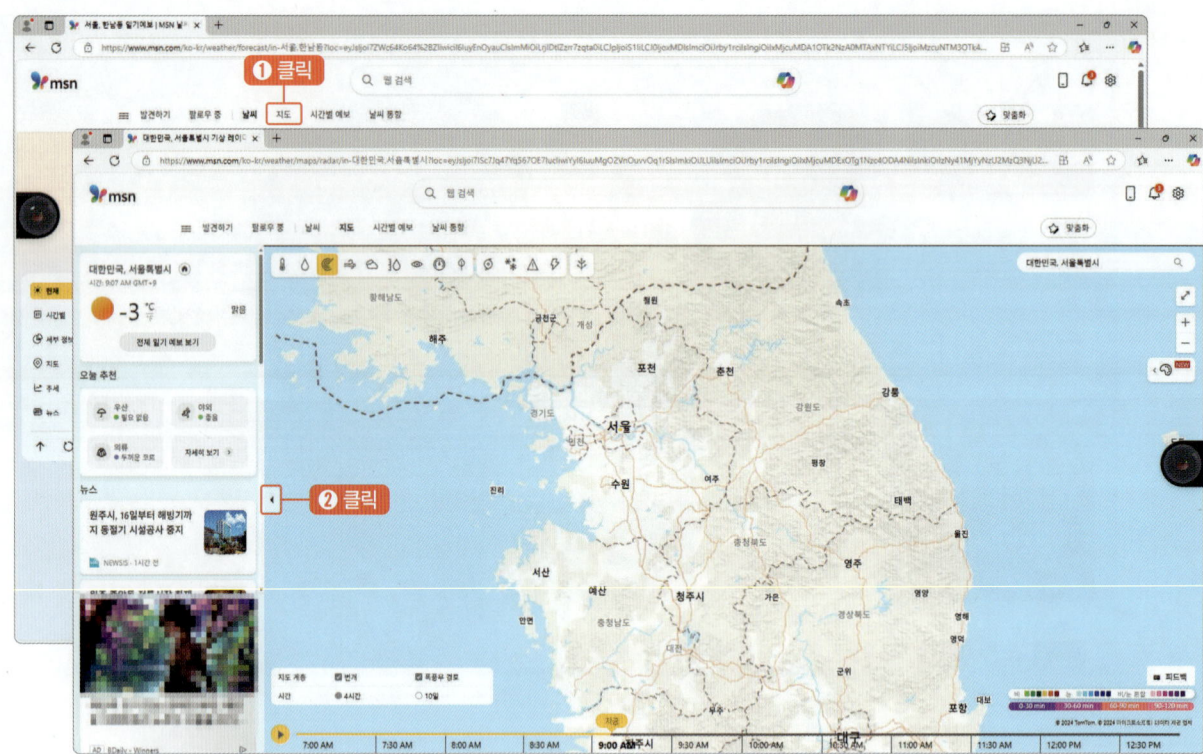

② 지도에서 [바람( )]을 클릭한 후 스크롤을 이용하여 지도를 축소하고 드래그하여 이동하며 우리나라 주위의 바람의 방향을 확인합니다.

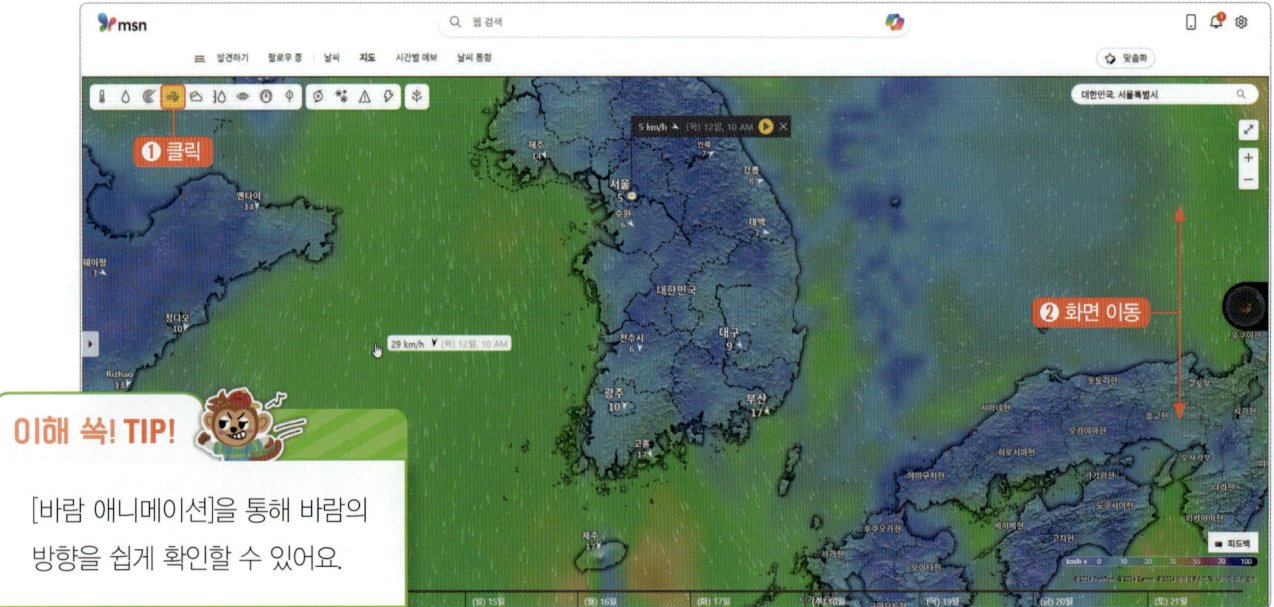

이해 쏙! TIP!
[바람 애니메이션]을 통해 바람의 방향을 쉽게 확인할 수 있어요.

Step 03 지도에서 여러 나라 둘러보기

가보고싶은 나라를 지도에서 찾아보고 날씨를 알아봅니다.

1 현재 위치가 쓰여진 검색창에 '프랑스 파리'를 검색하여 해당하는 위치를 클릭하고, [구름(☁)]을 클릭합니다.

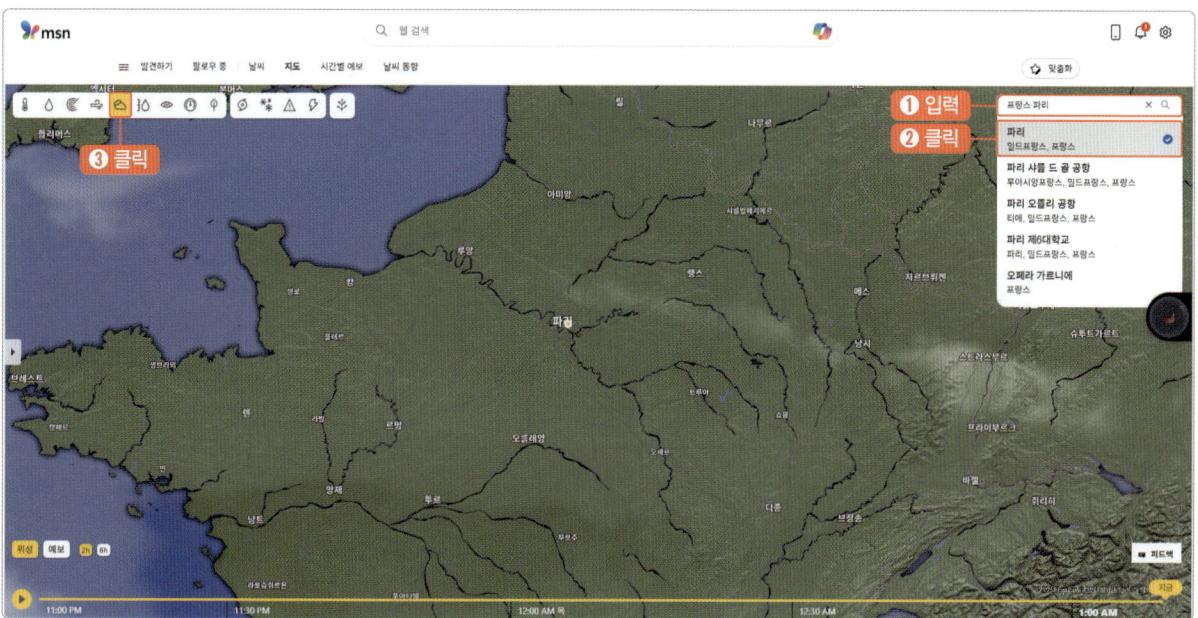

2 [예보]를 클릭한 후 [자동 재생]을 클릭하여 시간별로 변화하는 구름을 확인합니다.

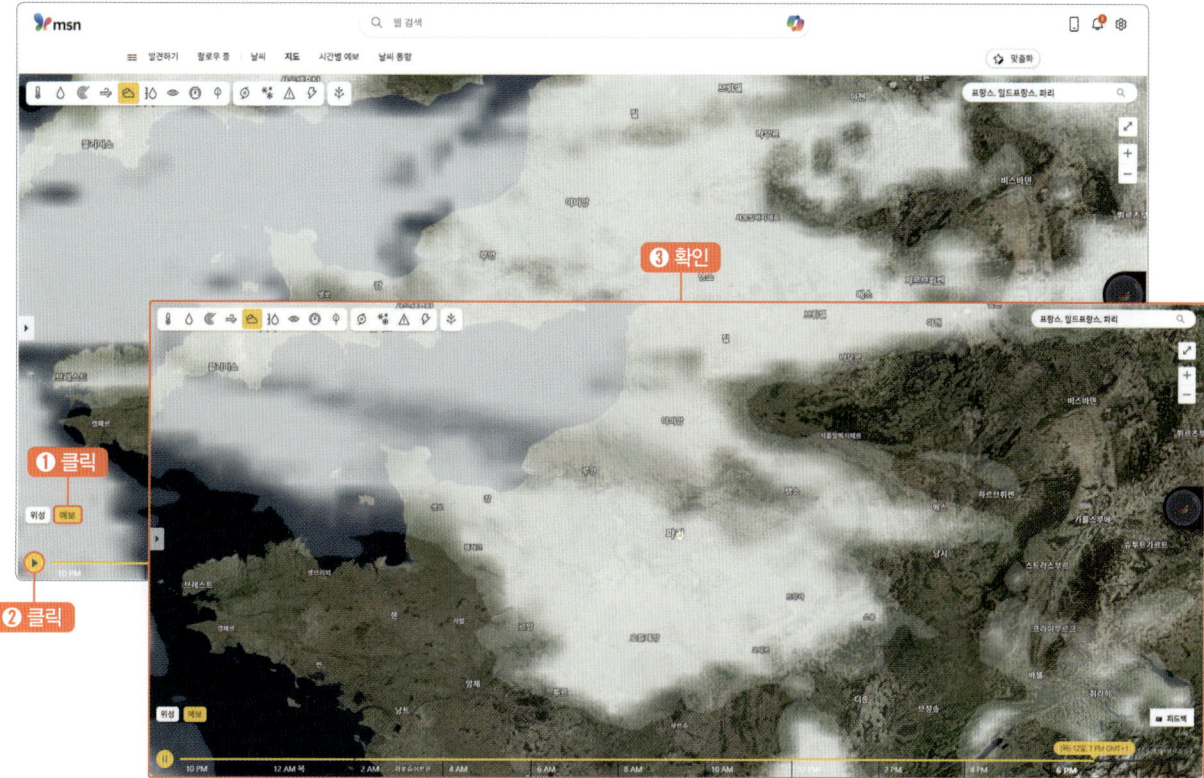

GAME 15 세계의 기상정보 _ **103**

③ 이어서 [기온( )]을 클릭한 후 선택한 나라의 현재 기온을 확인합니다.

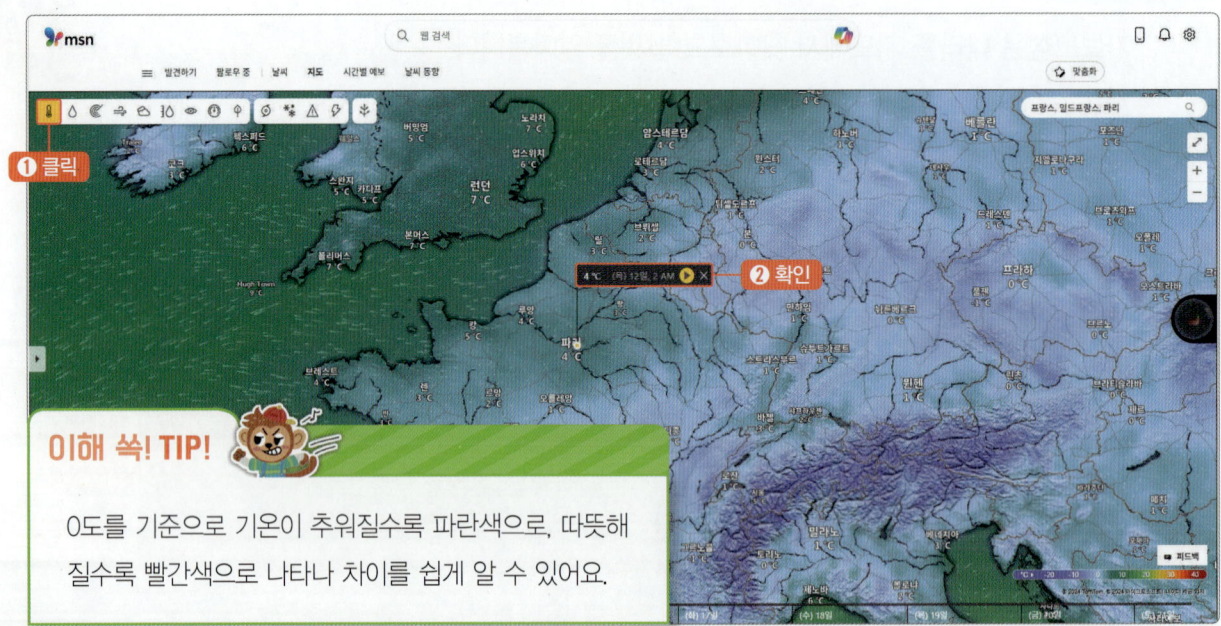

이해 쏙! TIP!
0도를 기준으로 기온이 추워질수록 파란색으로, 따뜻해 질수록 빨간색으로 나타나 차이를 쉽게 알 수 있어요.

④ 자유롭게 원하는 나라의 이름을 검색하여 그 나라의 기온이나 습도 등의 날씨 정보를 확인합니다.

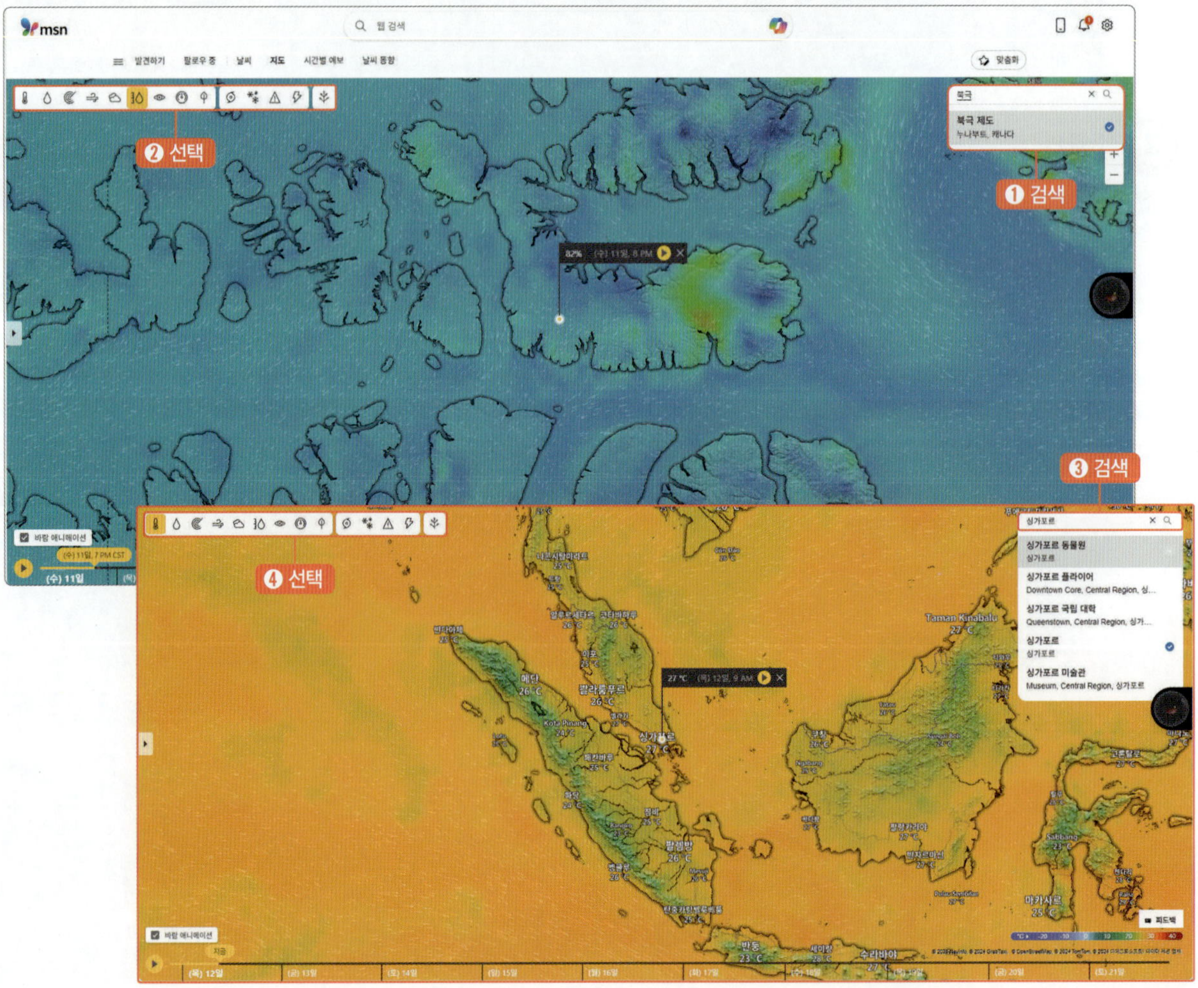

1 위젯을 활용하여 '이집트 카이로의 2024년 7월 기온'을 확인해 보세요.

 예제 파일 : 없음   완성 파일 : 없음

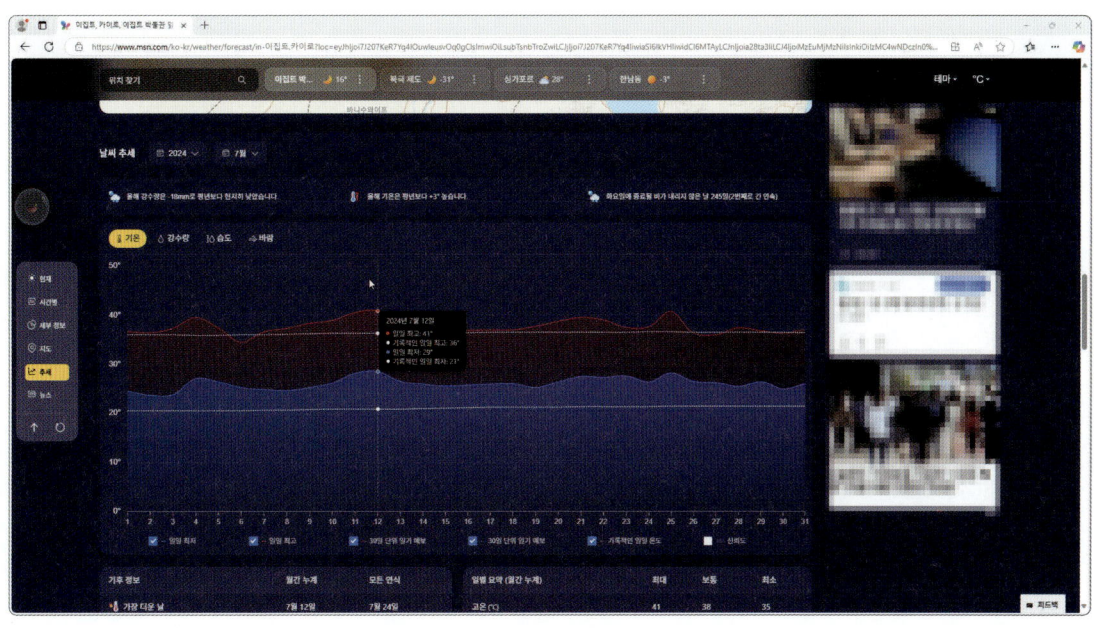

2 지도에서 '남극세종과학기지의 위치와 기온'을 확인해 보세요.

예제 파일 : 없음   완성 파일 : 없음

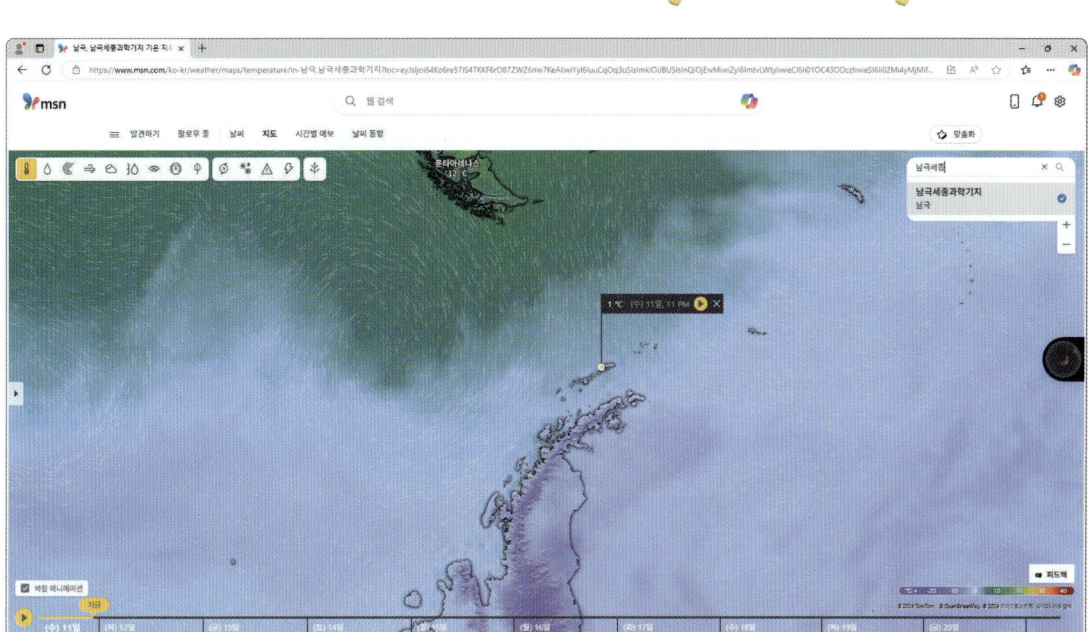

GAME 16 엣지 들춰보기

| 학습목표 |
- 기본 웹 브라우저 화면 구성을 알 수 있습니다.
- 기본 웹 브라우저 디스플레이 테마를 설정할 수 있습니다.
- 이미지 편집기를 사용할 수 있습니다.

오늘의 도착지점

예제 파일 : 없음   완성 파일 : 16강_완성.jpg

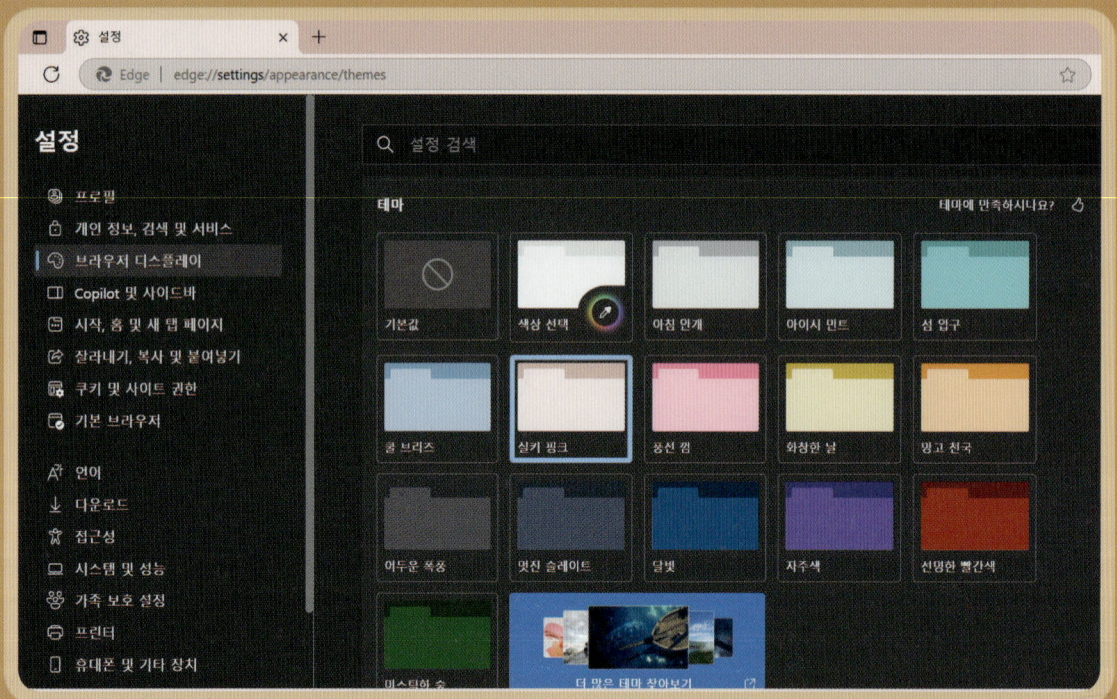

인터넷을 이용한 웹 사이트나 문서에 접근하려면 '웹 브라우저'라는 프로그램이 필요합니다. 브라우저(Browser)는 '둘러본다'라는 의미를 담고 있어 웹 사이트를 둘러보는 프로그램이라는 이름이기도 합니다. Windows11의 기본 웹 브라우저인 '마이크로소프트 엣지'를 활용해 봅니다.

Step 01 웹 브라우저 화면 구성 알아보기

마이크로소프트 엣지 웹 브라우저의 화면 구성에 대해 알아봅니다.

① 작업 표시줄에서 [Microsoft Edge(　)]를 클릭하여 웹 브라우저 화면 구성에 대해 살펴봅니다.

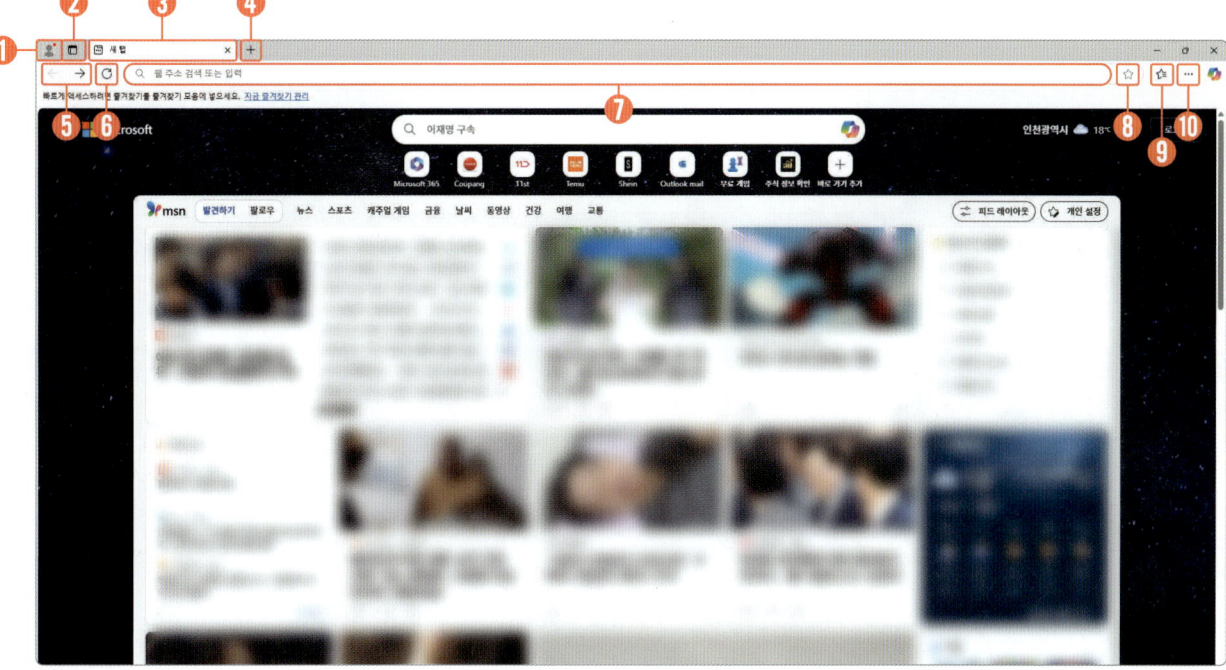

❶ **프로필**: 현재 Windows 11에 로그인된 계정의 프로필이 표시됩니다.

❷ **탭 작업 메뉴**: 탭의 위치를 가로 또는 세로로 변경하고, 검색 기록을 확인하며, 열린 탭을 컬렉션에 추가할 수 있습니다.

❸ **제목 표시줄**: 현재 사이트의 제목이 표시됩니다.

❹ **새 탭**: 새로운 탭을 추가할 수 있습니다.

❺ **뒤로/앞으로**: 이전 페이지 또는 다음 페이지로 이동할 수 있습니다.

❻ **새로 고침**: 현재 페이지를 새로 고침하여 다시 로드할 수 있습니다.

❼ **주소 표시줄**: 현재 보고 있는 사이트의 주소가 표시됩니다.

❽ **이 페이지를 즐겨찾기에 추가**: 현재 열려 있는 사이트를 즐겨찾기에 추가할 수 있습니다.

❾ **즐겨찾기**: 즐겨찾기 목록을 확인할 수 있습니다.

❿ **설정 및 기타**: Microsoft Edge의 다양한 기능을 설정하고 추가할 수 있습니다.

웹 브라우저

웹 페이지를 둘러볼 수 있게 해주는 프로그램을 '웹 브라우저'라고 해요. 마이크로소프트 엣지(Edge)는 윈도우11에 기본적으로 내장되어 있는 웹 브라우저 앱이에요.

Step 02 웹 브라우저 디스플레이 테마 설정하기

개인 취향에 맞추어 웹 브라우저의 디스플레이 테마를 설정합니다.

① 실행한 'Microsoft Edge'창에서 [설정 및 기타(⋯)]를 클릭한 후 메뉴창이 나타나면 [설정]을 클릭합니다.

② '설정' 창이 열리면 [브라우저 디스플레이]를 클릭한 후 [테마]를 클릭합니다.

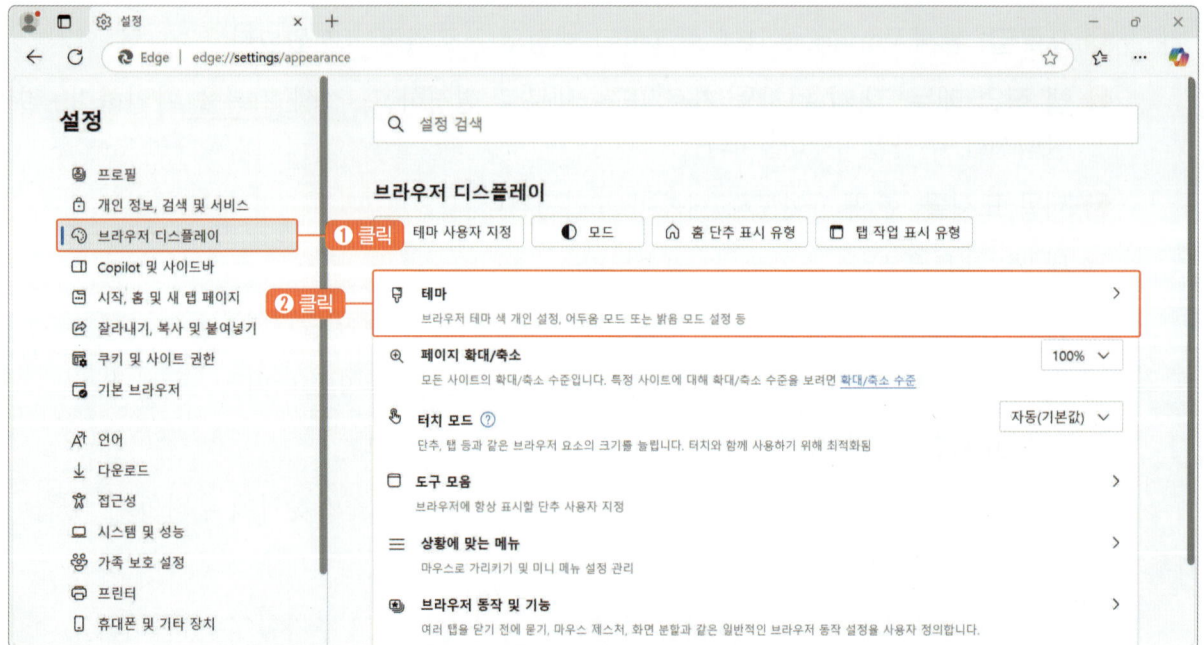

웹 브라우저 디스플레이

사용자가 웹 브라우저의 외관을 개인의 취향에 맞게 변경할 수 있도록 도와주는 기능으로, 다양한 색상과 배경 이미지를 선택하여 브라우저의 분위기를 바꿀 수 있게 해줘요.

③ '테마' 창이 열리면 브라우저의 전체적인 모양을 변경하기 위해 [전체적인 모양]에서 [어둡게]를 클릭합니다.

이해 쏙! TIP!

'어둡게'로 설정하면 밝은 배경에 비해 눈에 덜 자극적이라서 장시간 사용할 경우 눈의 피로를 줄이는데 도움을 줘요.

④ '브라우저'의 테마를 변경하기 위해 '테마'에서 원하는 테마를 클릭해보고 변경되는 요소들을 확인합니다.

⑤ 다양한 테마를 다운로드하기 위해 [더 많은 테마 찾아보기]를 클릭합니다.

⑥ '추가 기능' 창이 새 탭으로 열리면 화면을 아래로 이동하여 '다른 테마'에서 원하는 테마를 클릭한 후 [테마 얻기]를 클릭합니다. 팝업창이 나타나면 [테마 추가]를 클릭한 후 적용합니다.

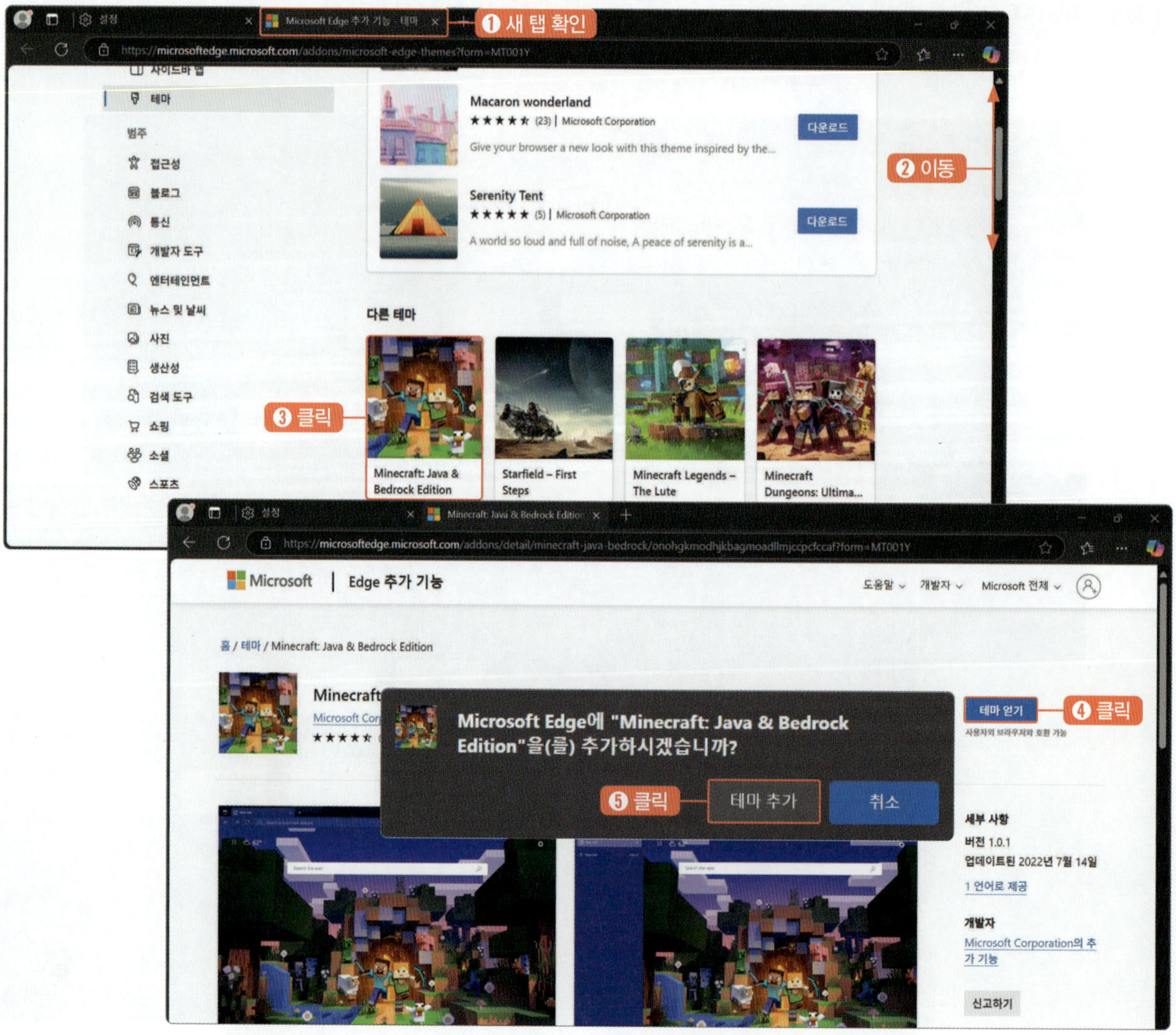

Step 03 이미지 편집하기

엣지 웹 브라우저의 이미지 편집 기능을 활용해 봅니다.

① 새 탭을 추가한 후 [주소 표시줄]에 '귀여운 캐릭터'를 입력하고 Enter 키를 누릅니다. '귀여운 캐릭터-검색' 창이 나오면 [이미지] 탭을 클릭합니다.

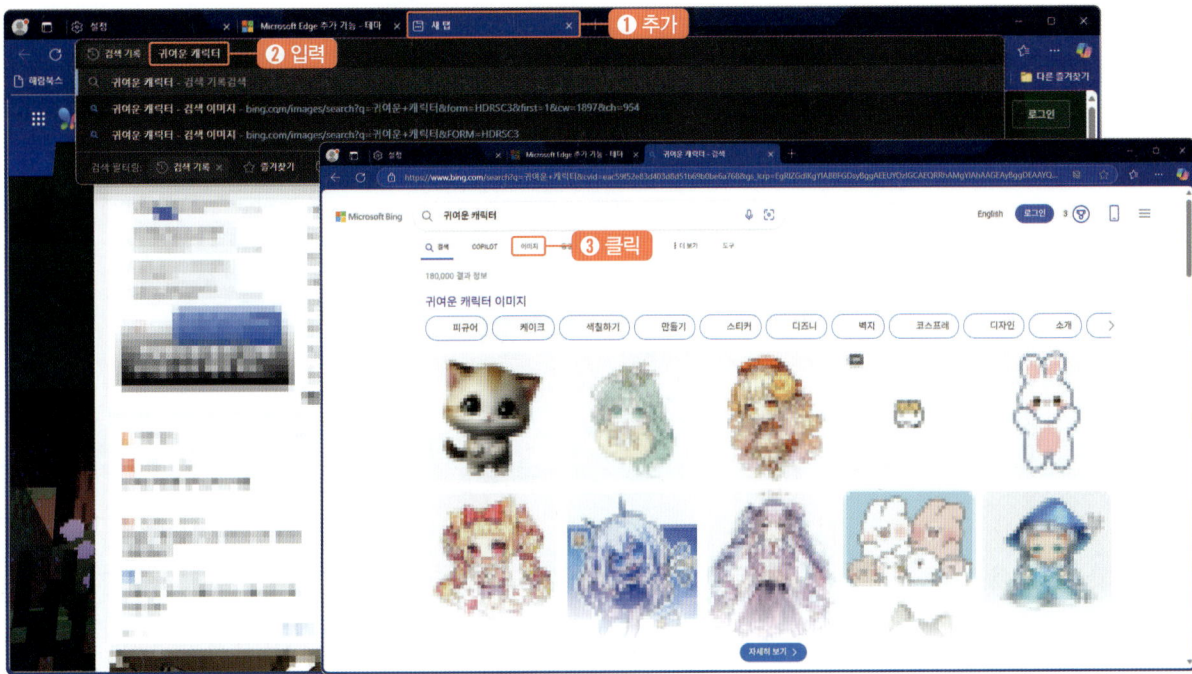

② '귀여운 캐릭터' 이미지가 나타나면 사용할 이미지를 고르고 이미지 위에서 마우스 오른쪽 버튼을 클릭하여 메뉴창이 나오면 [이미지 편집]을 클릭합니다.

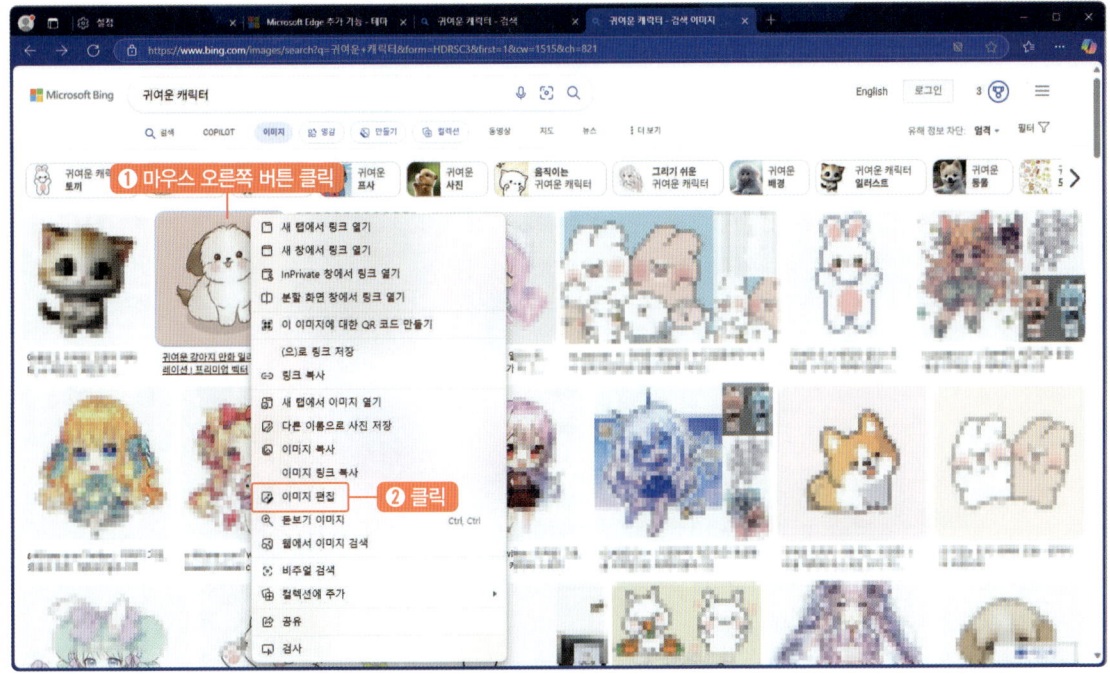

③ '이미지 편집' 창이 나타나면 [필터]를 클릭한 후 오른쪽 창에서 [흑백(&W)]을 설정하고 [변경 내용]을 클릭합니다.

④ 이어서 [펜]을 클릭하고 색을 선택하여 이미지를 꾸며줍니다. 이미지를 모두 꾸며주었다면 [저장]-[저장]을 클릭하여 작품을 완성합니다.

이해 쏙! TIP!

[이미지 편집] 기능에서 '필터'와 '스케치' 기능을 자유롭게 사용해서 나만의 사진을 꾸며보세요.

실력 UP! 한 칸 더 GO! GO!

1 '브라우저 디스플레이 테마'를 그림과 같이 적용해 보세요.

🔑 예제 파일 : 없음   🔑 완성 파일 : 없음

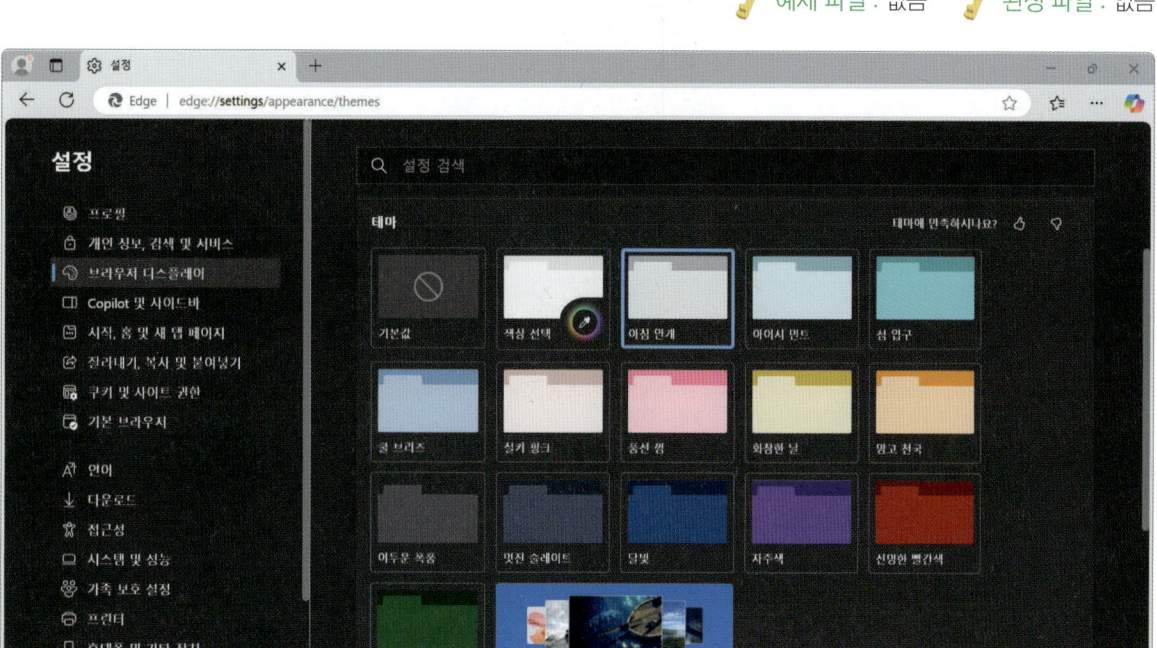

2 브라우저의 '이미지 편집' 기능을 활용하여 그림과 같이 편집해 보세요.

🔑 예제 파일 : 없음   🔑 완성 파일 : 16강_실력2(완성).png

GAME 17 꾹~ 압축해요

| 학습목표 |
- 웹 브라우저를 사용하여 검색할 수 있습니다.
- 압축 프로그램을 설치할 수 있습니다.
- 파일을 압축하고 풀어볼 수 있습니다.

오늘의 도착지점

예제 파일 : 17강_예제 폴더   완성 파일 : 없음

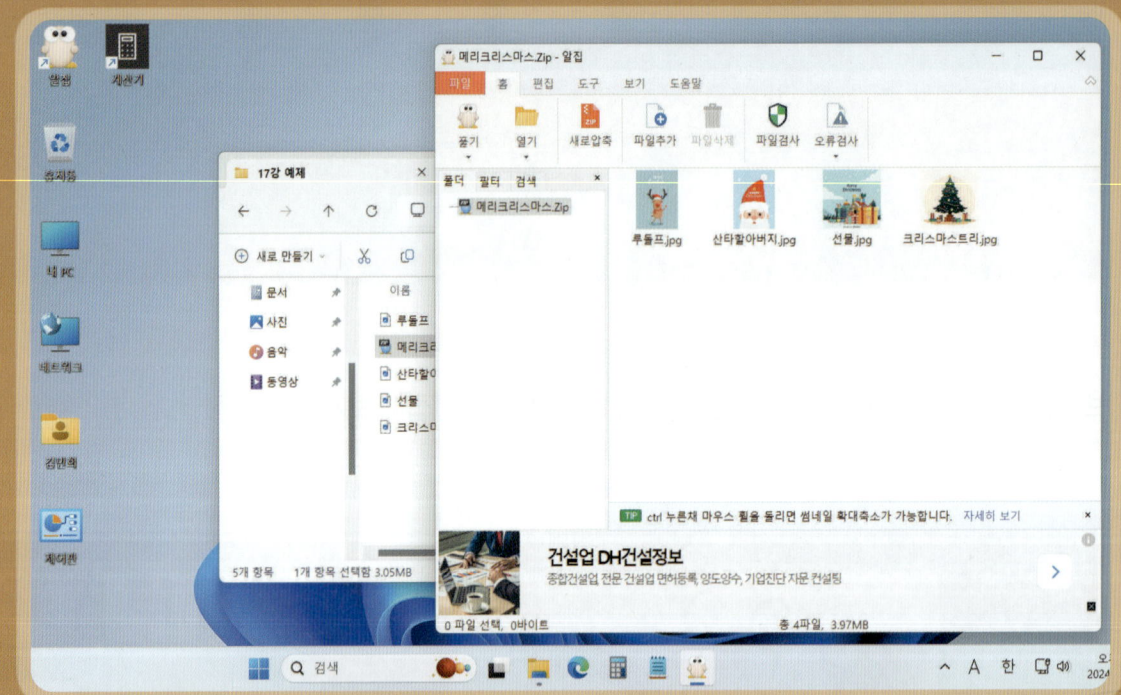

도착지 정보

사물함이나 가방 안이 가득 차있다면 새로운 물건을 넣기 어려운 것처럼 컴퓨터도 정해진 용량이 있어 파일이나 폴더를 정리하지않고 계속 생성해 방치한다면 새로운 파일을 만들기 어려워집니다. 압축프로그램을 사용하여 컴퓨터 용량을 효율적으로 사용하는 방법을 알아봅니다.

| Step 01 | **웹 브라우저에서 정보 검색하기**

마이크로소프트 엣지 웹 브라우저에서 정보를 검색합니다.

① 작업 표시줄에서 Microsoft Edge 웹 브라우저를 클릭하여 실행합니다.

② 검색창에 '알집'을 입력한 후 Enter 키를 누르고 마우스 휠을 돌려 화면을 아래로 이동하여 [알집 | 공식 다운로드 - 알툴즈]를 클릭하고 웹 사이트에 접속합니다.

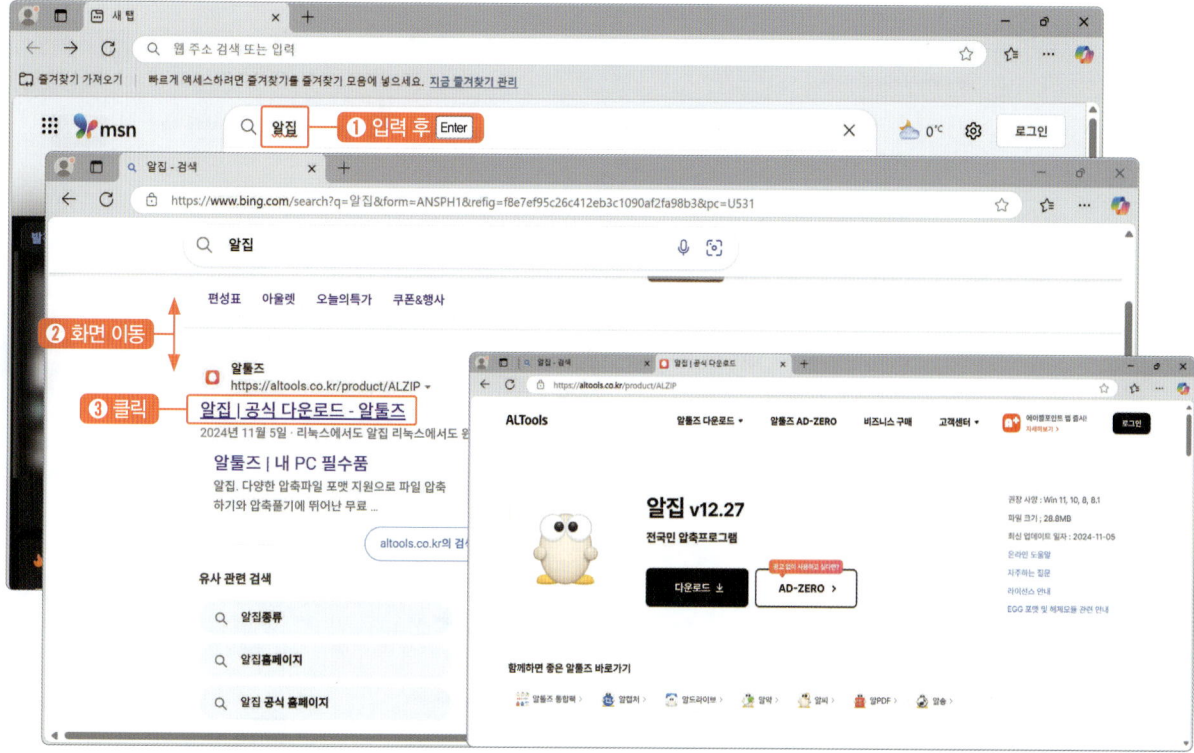

GAME 17 꾹~ 압축해요 _ 115

Step 02 압축 프로그램 설치하기

압축 프로그램을 설치해 봅니다.

① 알집을 설치하기 위해 [다운로드]를 클릭합니다. 다운로드가 완료되어 '다운로드' 창이 나타나면 [파일 열기]를 클릭하고 '허용하기'메시지 창이 나타나면 [예]를 클릭합니다.

② '알집 12.27 설치' 창이 열리면 [동의]를 클릭하고 '알매니저'창이 나타나면 '추가' 설치 프로그램을 해제한 후 [설치를 시작합니다.]를 클릭합니다.

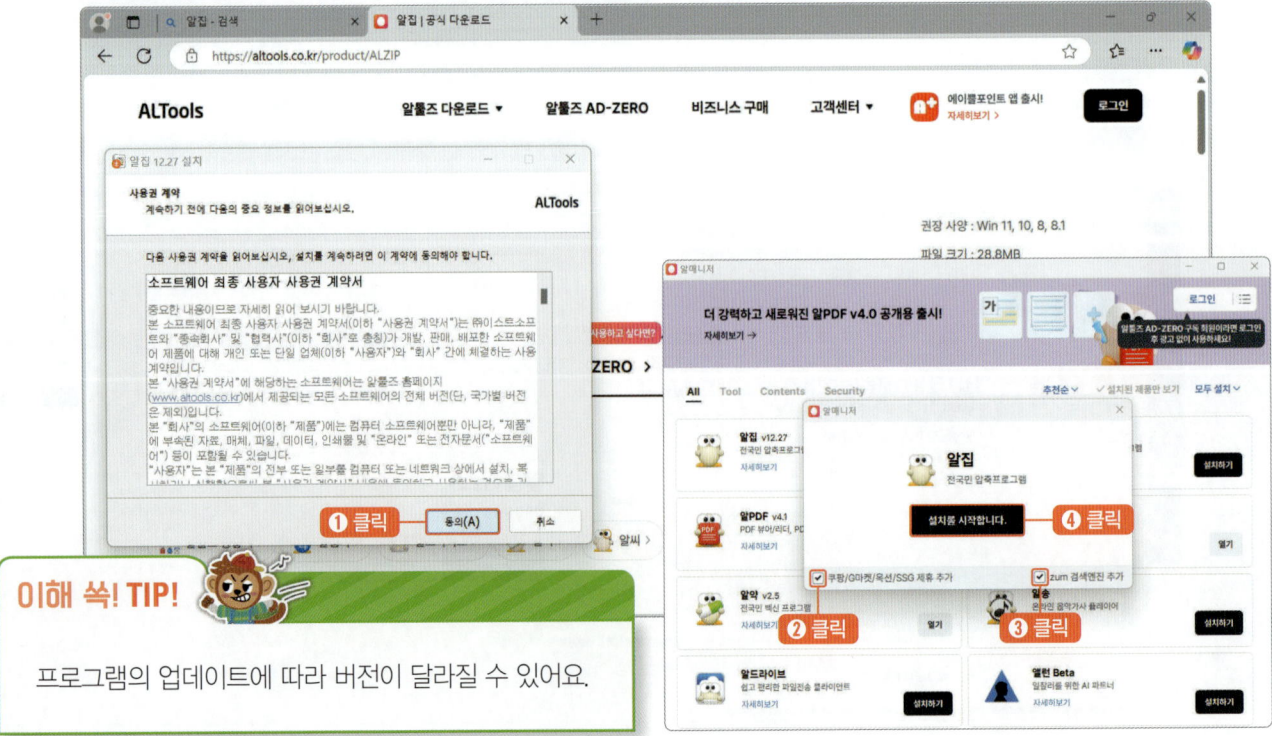

이해 쏙! TIP!

프로그램의 업데이트에 따라 버전이 달라질 수 있어요.

③ 설치가 완료되면 [확인]을 클릭한 후 실행된 모든 창을 닫습니다.

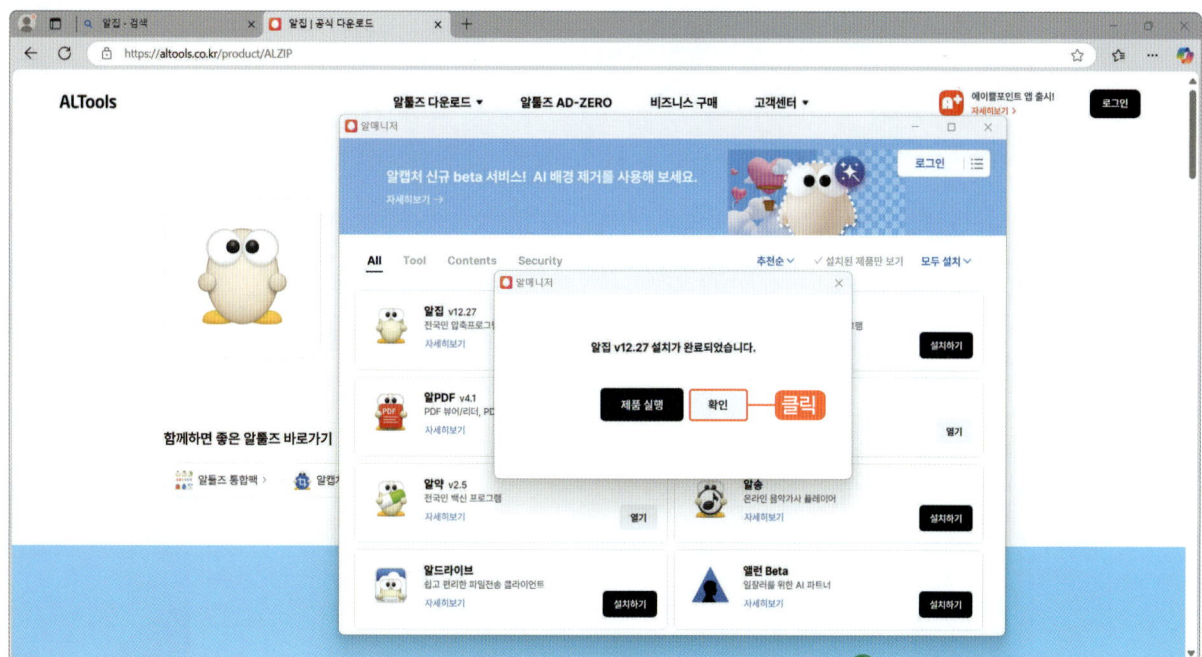

압축 프로그램과 압축을 하는 이유

- **압축 프로그램**: 필요에 따라 여러개의 파일들을 하나로 묶고 크기를 줄여주는 프로그램
- **압축을 하는 이유**: ① 여러개의 파일을 단 하나의 파일로 묶을 수 있어요.
  ② 파일을 관리하기 편해져요.
  ③ 웹상에서 전송할 때 전송속도가 빨라져요.
  ④ 차지하는 용량이 줄어들어요

| Step 03 | **파일 압축하고 풀어보기** |

알집을 활용하여 파일을 압축하고 풀어봅니다.

① 작업표시줄의 파일탐색기를 클릭하여 '17강 예제' 폴더를 찾아 실행합니다.

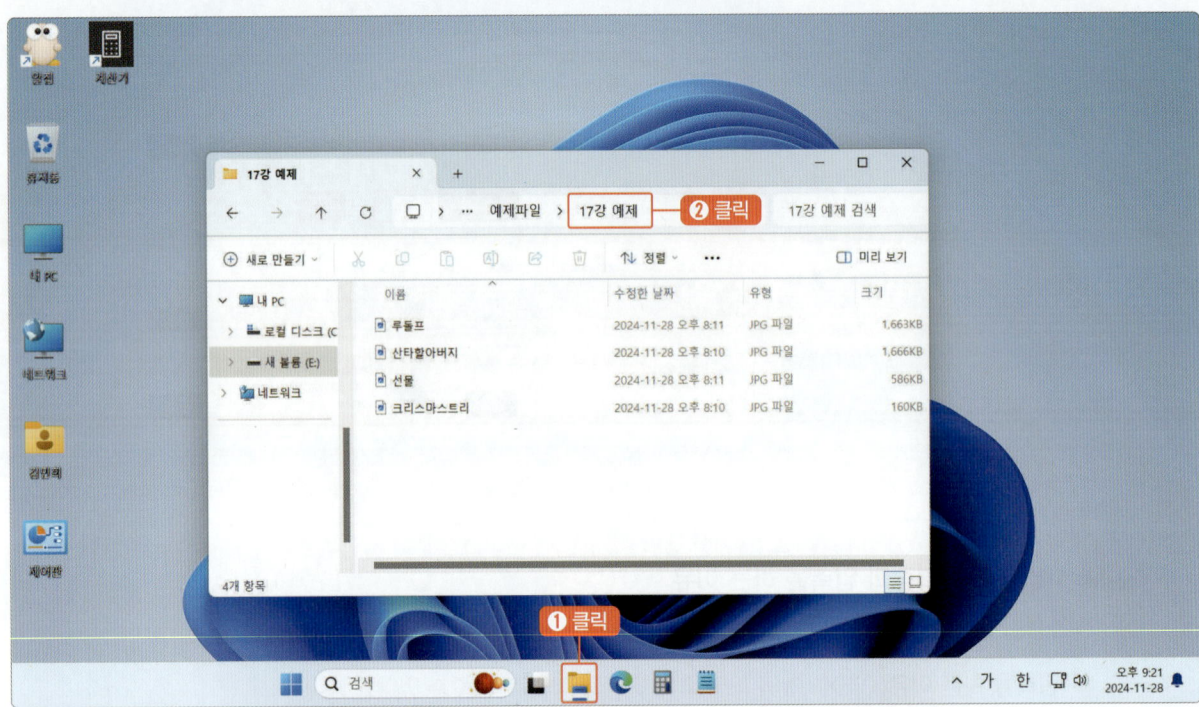

② Ctrl + A 키를 눌러 전체 선택한 후 마우스 오른쪽 버튼을 눌러 메뉴창이 나타나면 [알집]-[알집으로 압축하기]를 클릭하고 폴더 속 파일을 전부 압축합니다.

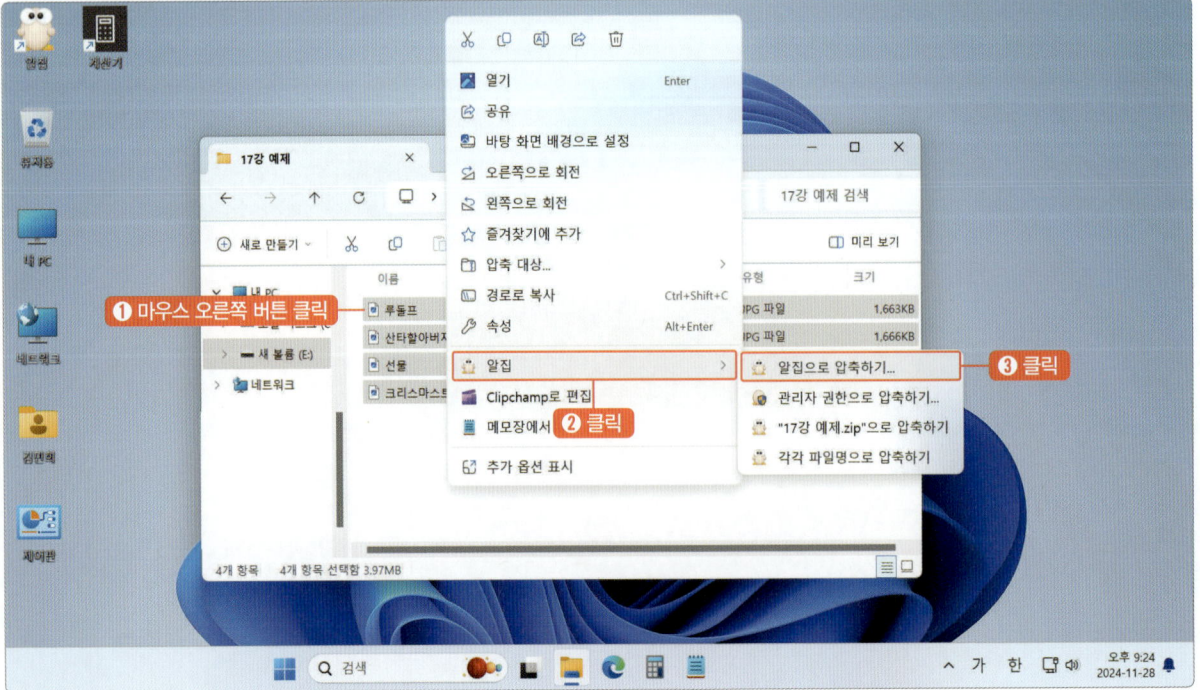

③ '새로압축' 창이 나타나면 '파일명'에서 '17강 예제.Zip'부분을 찾아 삭제하고 '메리크리스마스.Zip'를 입력한 후 [압축]을 클릭하고 '압축 완료' 창이 나타나면 [닫기]를 클릭합니다.

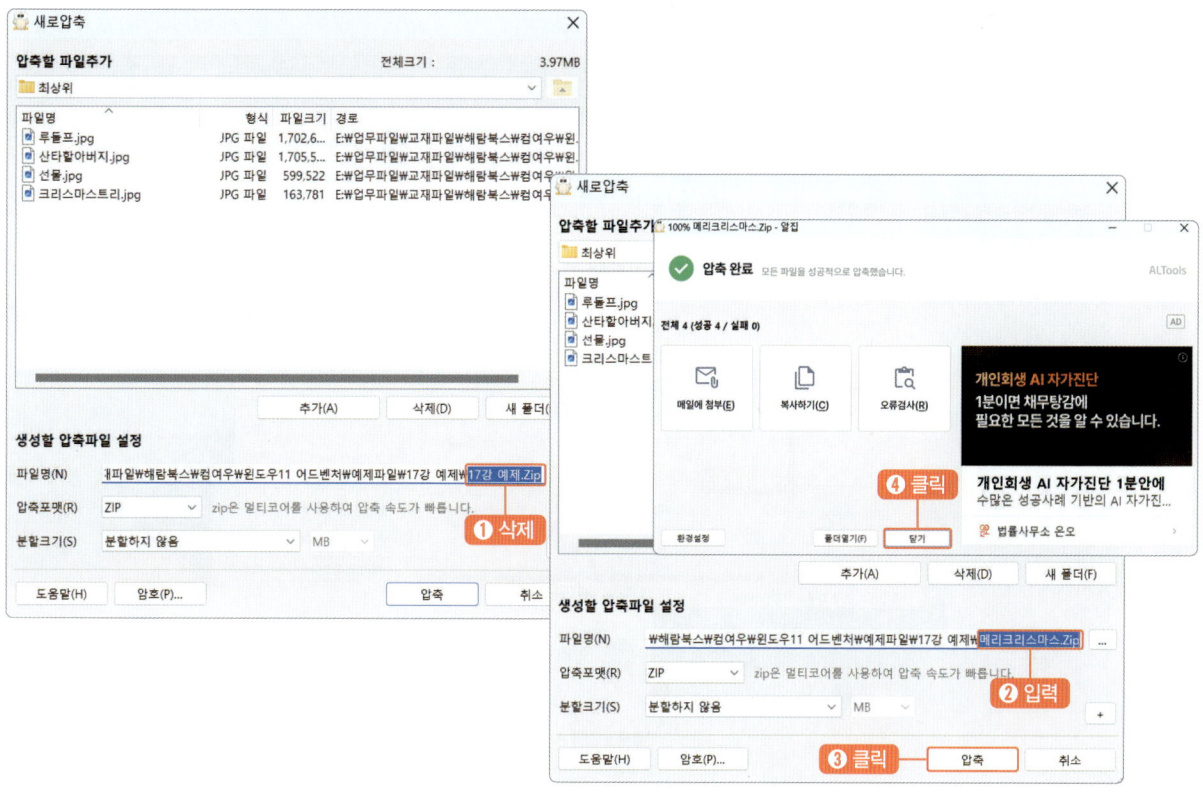

④ 압축된 '메리크리스마스.Zip' 파일을 더블클릭한 후 '알집' 창이 열리면 압축된 파일의 내용을 확인하고 [닫기]를 클릭합니다.

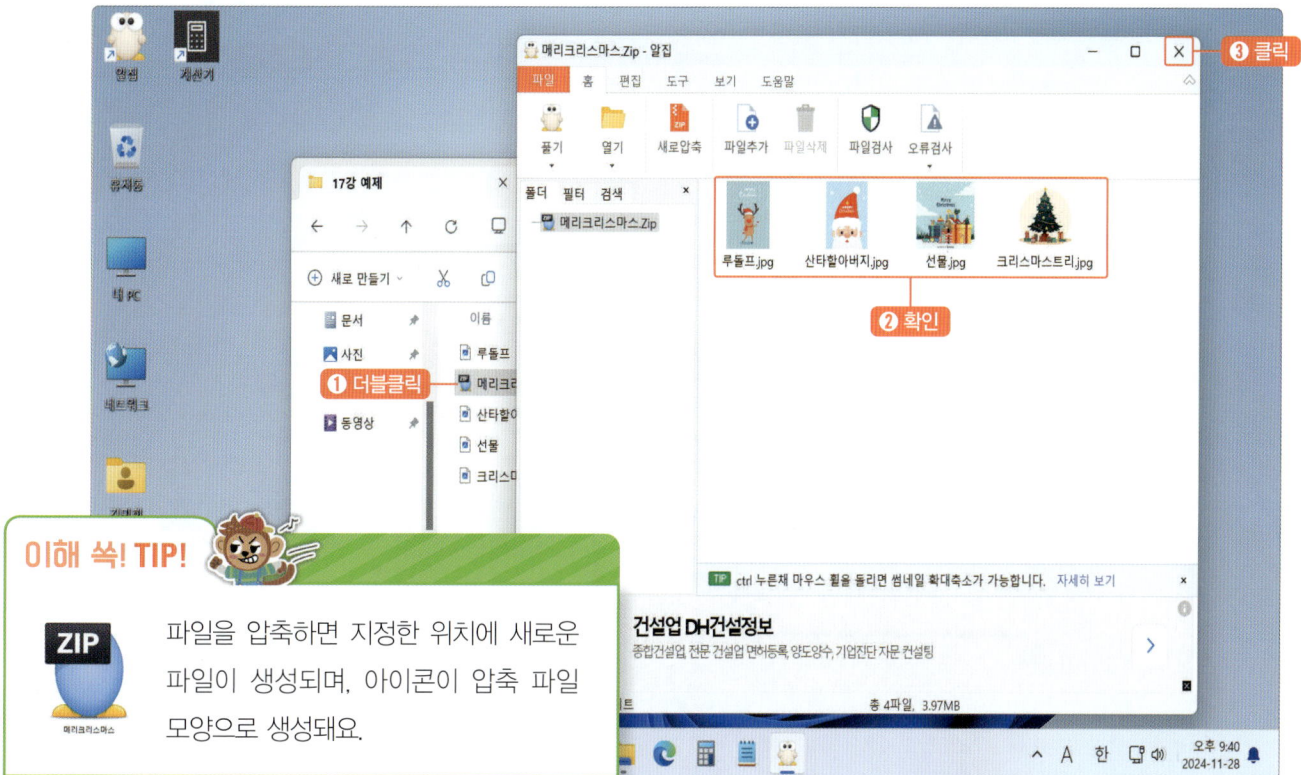

이해 쏙! TIP!

파일을 압축하면 지정한 위치에 새로운 파일이 생성되며, 아이콘이 압축 파일 모양으로 생성돼요.

⑤ '메리크리스마스.Zip' 압축 파일을 선택한 후 마우스 오른쪽 버튼을 클릭합니다. 메뉴창이 나타나면 [알집]을 클릭하고 ["메리크리스마스"에 압축풀기]를 클릭한 후 '압축 풀기 완료' 창이 나타나면 [닫기]를 클릭합니다.

⑥ 압축이 풀린 폴더를 연 후 내부 파일을 확인합니다.

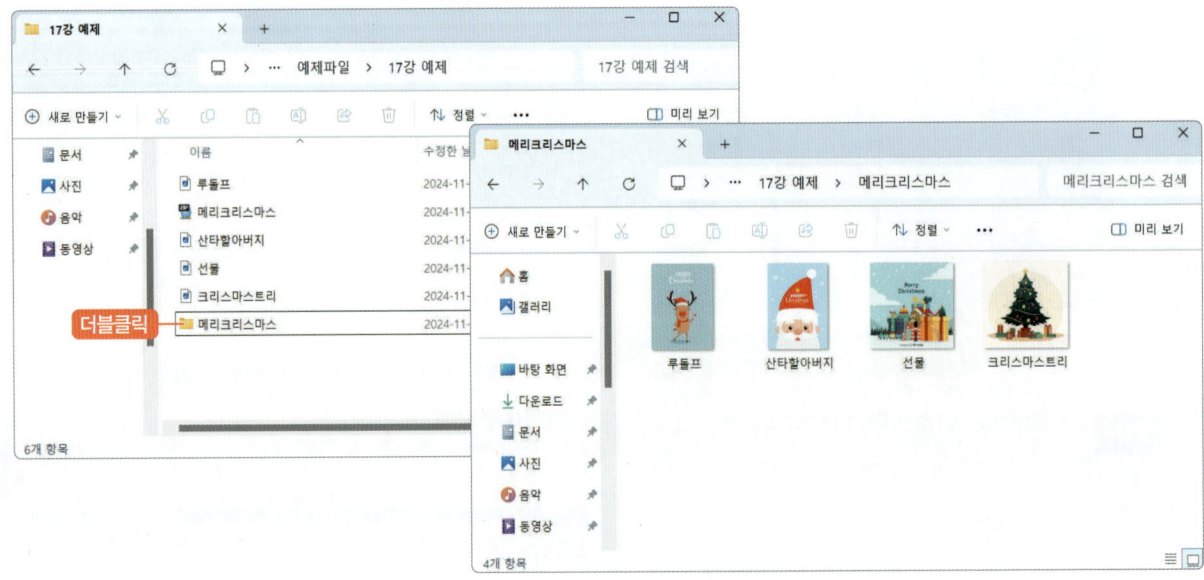

120 _ [컴속마블] 퀘스트 팡팡! 윈도우11 어드벤처

실력 UP! 한 칸 더 GO! GO!

1 파일을 모두 선택하여 파일명을 '과일'로 압축해 보세요.

🔑 예제 파일 : 17강_실력 예제 폴더   🔑 완성 파일 : 없음

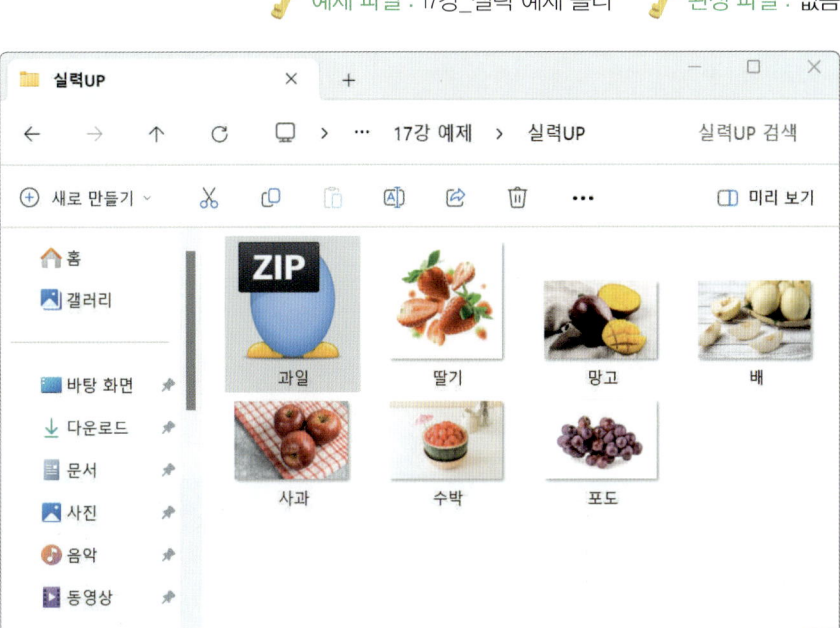

2 압축한 '과일' 파일을 다시 압축풀기합니다.   🔑 예제 파일 : 17강_실력 예제 폴더   🔑 완성 파일 : 없음

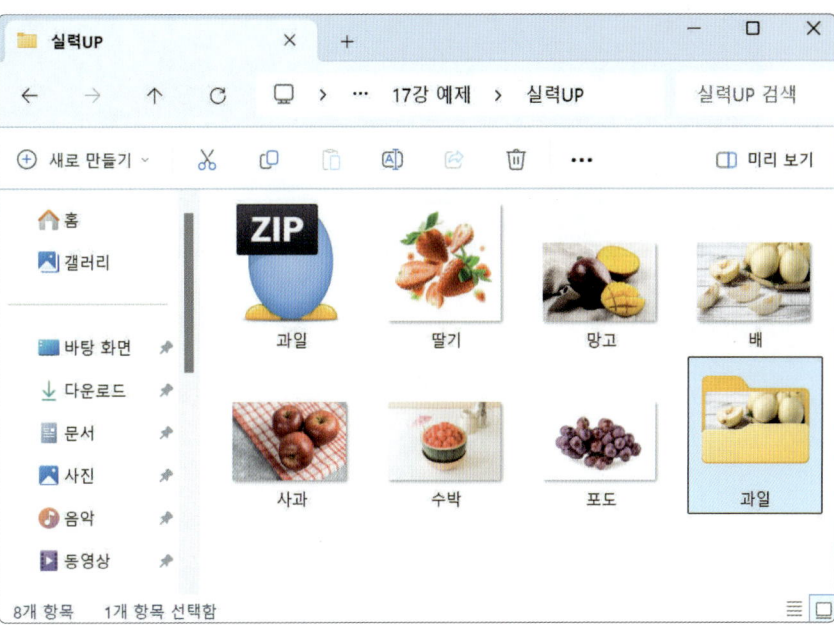

GAME 18 소중한 개인정보

| 학습목표 |
- 웹 브라우저에서 개인정보 보호 설정을 할 수 있습니다.
- 웹 브라우저의 쿠키를 삭제할 수 있습니다.

오늘의 도착지점

예제 파일 : 없음　　완성 파일 : 없음

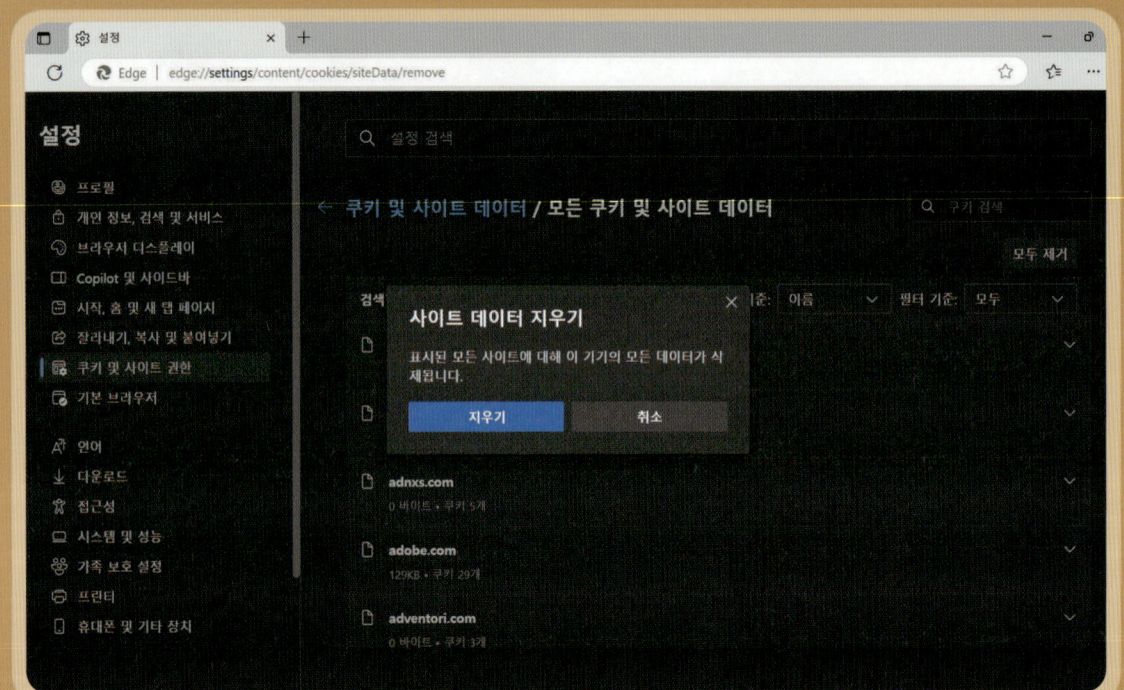

도착지 정보

웹 브라우저는 가상의 통신망을 통해 연결되며, 지구 반대편에 있는 사람과도 정보를 공유할 수 있습니다. 정보 공유가 쉬워진 만큼 이름과 주소, 전화번호, 사진 등의 개인적인 정보가 유출된다면 개인의 안전에 큰 위험이 될 것입니다. 웹 브라우저에서 개인정보를 보호할 수 있는 방법에 대해 알아 봅니다.

Step 01 개인정보 보호하기

추적 방지 기능과 보안 기능을 설정해 개인정보를 보호해 봅니다.

① 작업 표시줄에서 Microsoft Edge 웹 브라우저를 클릭하여 실행한 후 [설정 및 기타(⋯)]를 클릭하여 [설정]을 클릭합니다.

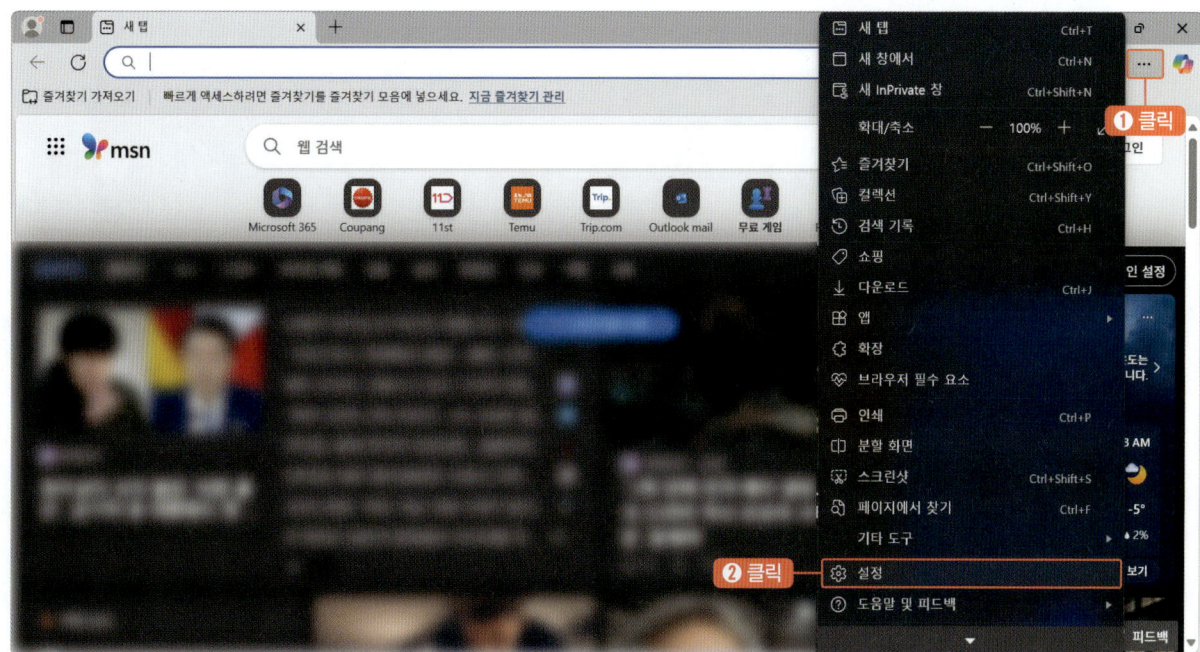

② '설정' 창이 열리면 [개인 정보, 검색 및 서비스]를 클릭한 후 [추적 방지]를 클릭합니다.

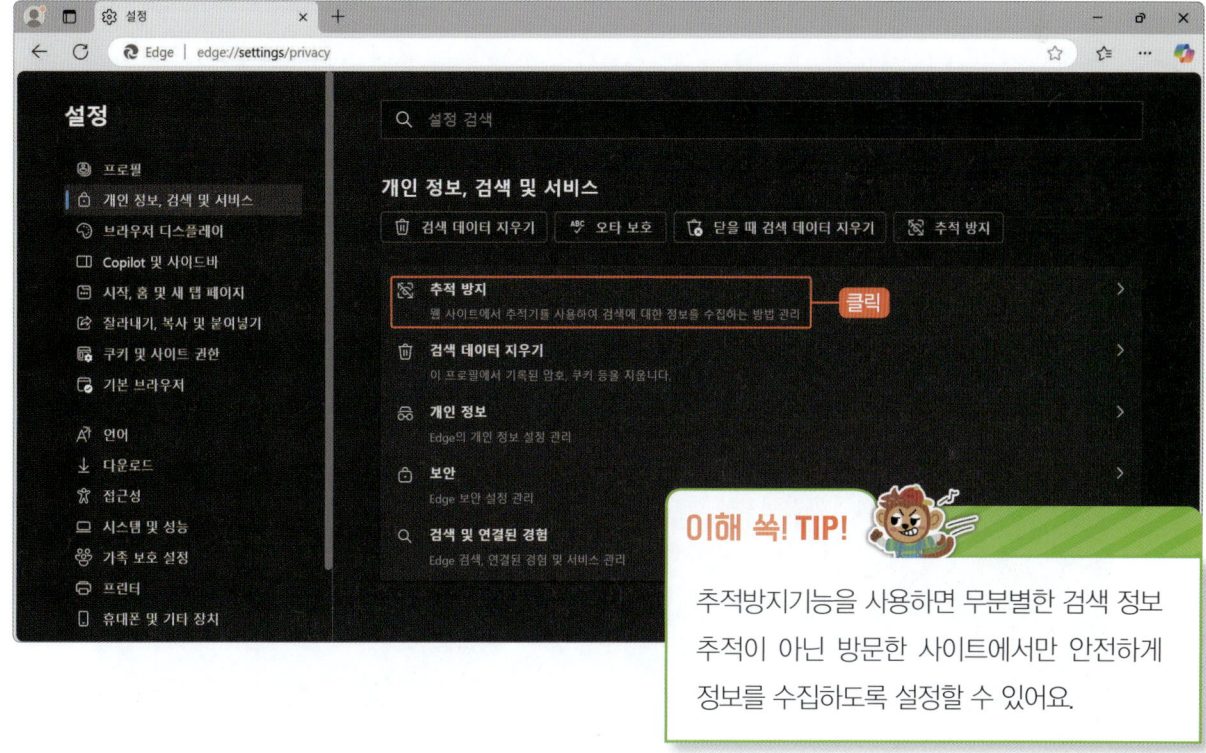

이해 쏙! TIP!

추적방지기능을 사용하면 무분별한 검색 정보 추적이 아닌 방문한 사이트에서만 안전하게 정보를 수집하도록 설정할 수 있어요.

③ 추적 방지 기능을 '엄격'으로 지정하기 위해 '추적 방지'에서 [엄격]을 클릭한 후 [차단된 추적기]를 클릭하여 차단된 사이트를 확인합니다.

④ 이어서 보안 수준을 설정하기 위해 [개인 정보, 검색 및 서비스]를 클릭한 후 [보안]을 클릭합니다.

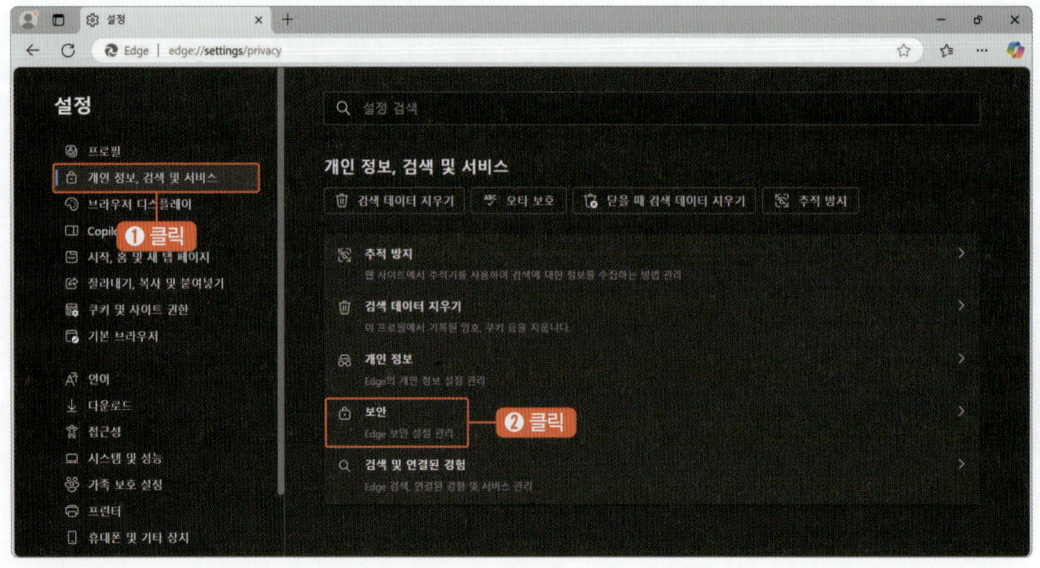

⑤ '보안' 창이 나타나면 '사용자 동의 없이 설치된 앱 차단'을 클릭하여 활성화합니다.

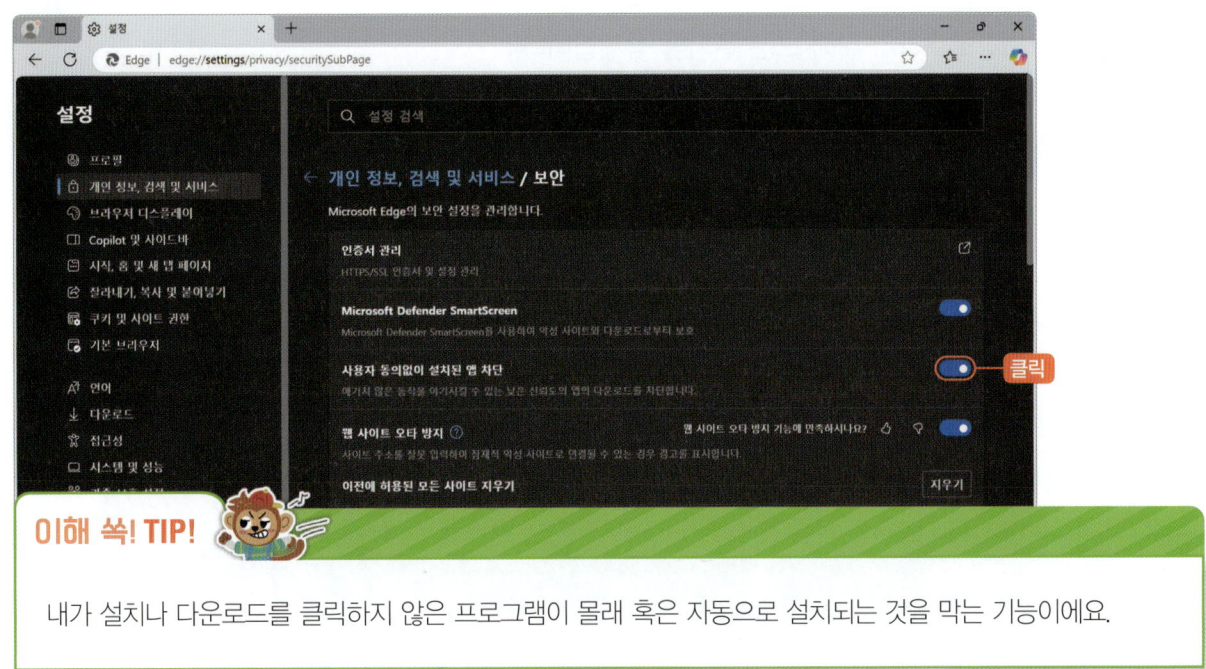

이해 쏙! TIP!

내가 설치나 다운로드를 클릭하지 않은 프로그램이 몰래 혹은 자동으로 설치되는 것을 막는 기능이에요.

⑥ 이어서 마우스 휠을 굴려 화면을 아래로 이동한 후 '웹에서 보안 강화'를 [활성화]한 후 [엄격]을 클릭합니다.

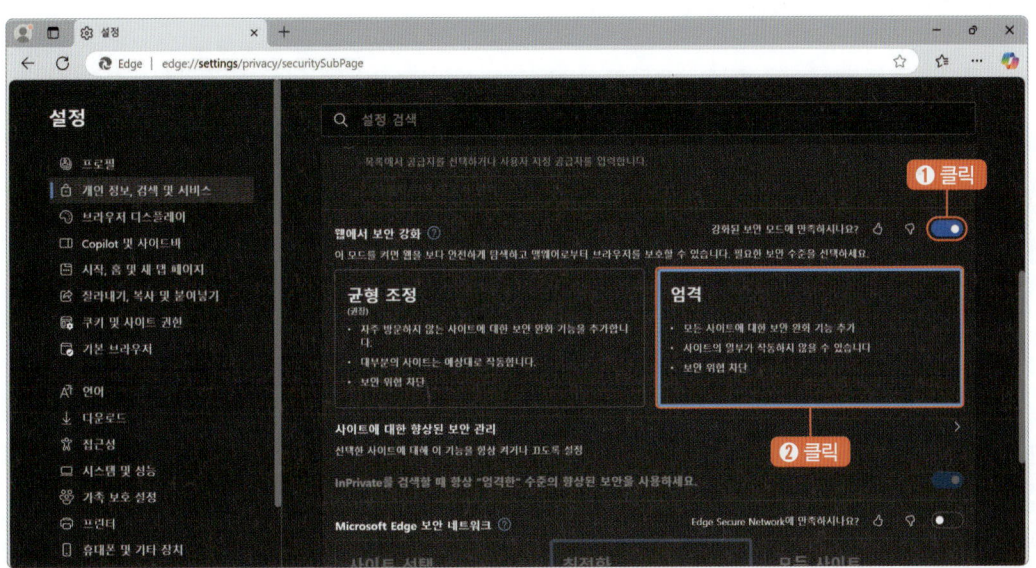

웹에서 보안 강화와 맬웨어(Malware)

- 맬웨어: "악성 소프트웨어"의 줄임말로, 컴퓨터 시스템이나 네트워크에 피해를 주기 위해 설계된 소프트웨어
- 맬웨어의 종류: 여러 형태로 존재하며, 대표적으로 바이러스, 웜, 트로이 목마, 랜섬웨어, 스파이웨어가 있음
- 맬웨어의 특징: 사용자 정보를 훔치거나, 시스템을 손상시키거나, 데이터를 암호화하여 금전을 요구함
- 맬웨어 예방법: 신뢰할 수 있는 보안 소프트웨어를 사용하고, 의심스러운 링크나 파일을 피하는 것

Step 02 모든 쿠키 삭제하기

개인정보를 보호하기 위해 모든 쿠키를 삭제합니다.

① 이어서 [쿠키 및 사이트 권한]을 클릭한 후 [모든 쿠키 삭제]를 클릭합니다.

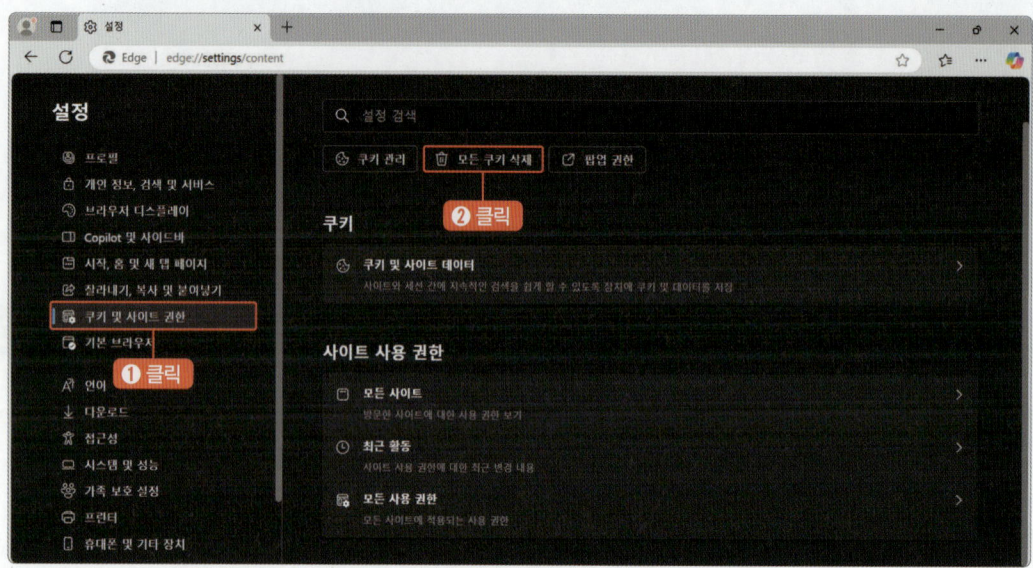

② '사이트 데이터 지우기' 창이 나타나면 [지우기]를 클릭합니다.

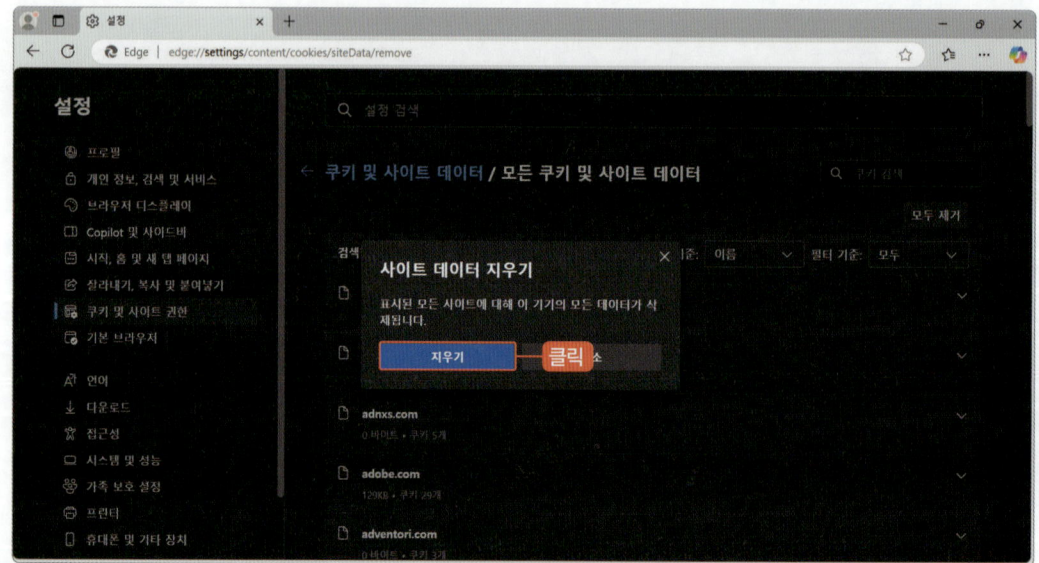

쿠키와 쿠키 삭제 이유

- **쿠키**: 웹 사이트를 접속할 때 자동적으로 만들어지는 임시 파일
- **쿠키 삭제 이유**: 사용자의 검색어, 방문 사이트 등 개인정보와 관련된 사이트 정보를 보관하고 있어 주기적으로 삭제하는 것이 좋아요.

실력 UP! 한 칸 더 GO! GO!

1 웹 브라우저에서 개인 정보 보호 설정을 점검하고 [확인]란에 체크해 보세요.

개인 정보 보호 항목	점검 내용	확인
쿠키 설정 확인	엣지 브라우저의 쿠키 설정에서 '타사 쿠키 차단' 옵션이 활성화되어 있는지 확인합니다.	
추적 방지 기능 활성화	'추적 방지' 기능이 켜져 있는지 확인하고, '엄격'으로 설정되어 있는지 점검합니다.	
암호 관리	저장된 비밀번호가 있는지 확인하고, 비밀번호 설정을 비활성으로 변경합니다.	
웹에서 보안 강화	웹을 보다 안전하게 탐색하고 맬웨어로부터 브라우저를 보호할 수 있도록 보안을 엄격으로 하였는지 확인합니다.	
사용자 동의없이 설치된 앱 차단	예기치 않은 동작을 야기시킬 수 있는 낮은 신뢰도의 앱의 다운로드를 차단할 수 있도록 합니다.	
정기적인 업데이트 확인	엣지 브라우저가 최신 버전으로 업데이트되어 있는지 확인하여 보안 취약점을 방지합니다.	

GAME 19 움직이는 사진

| 학습목표 |
- 움직이는 사진 프로그램을 설치할 수 있습니다.
- 프로그램에서 움직이는 사진을 만들 수 있습니다.
- 사용 후 프로그램을 제거할 수 있습니다.

오늘의 도착지점

🔑 예제 파일 : 19강_예제 폴더   🔑 완성 파일 : 19강_예제 폴더

나랑 친구할래?

나랑 친구할래?

나랑 친구할래?

나랑 친구할래?

도착지 정보

산책하는 강아지의 모습이 귀여워 사진을 찍었을 때, 사진에는 순간 멈춰있는 모습으로 보여 그 모습이 충분히 전달되지 않기도 합니다. 사진이 움직일 수 있다면 더욱 생동감있는 자료가 될 것입니다. 이미지들을 연속하여 배치해 '움직이는 사진'을 만들어 봅니다.

Step 01 프로그램 설치하기

움직이는 사진을 만드는 프로그램을 설치해 봅니다.

① Microsoft Edge 웹 브라우저에서 '포토스케이프X 다운로드'를 검색한 후 검색 결과 창에서 그림과 같이 [다운로드]를 클릭합니다.

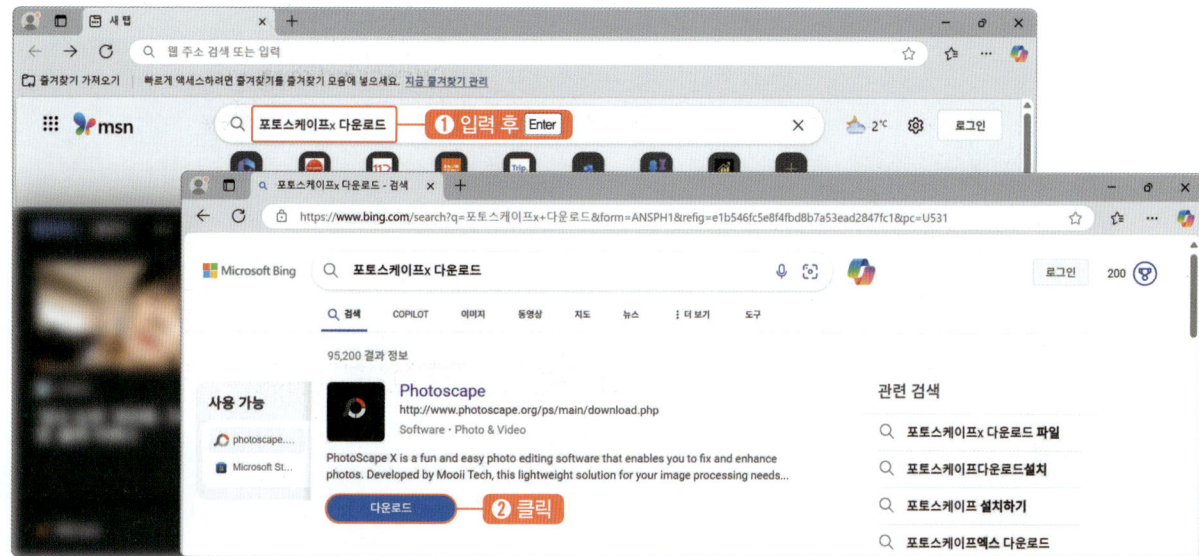

② 새 탭이 열리면 화면을 아래로 이동하여 [PhotoScape X for Windows 10]을 클릭합니다. '마이크로소프트 스토어' 탭이 열리면 다시 [다운로드]를 클릭한 후 [파일 열기]를 클릭해 설치를 진행합니다.

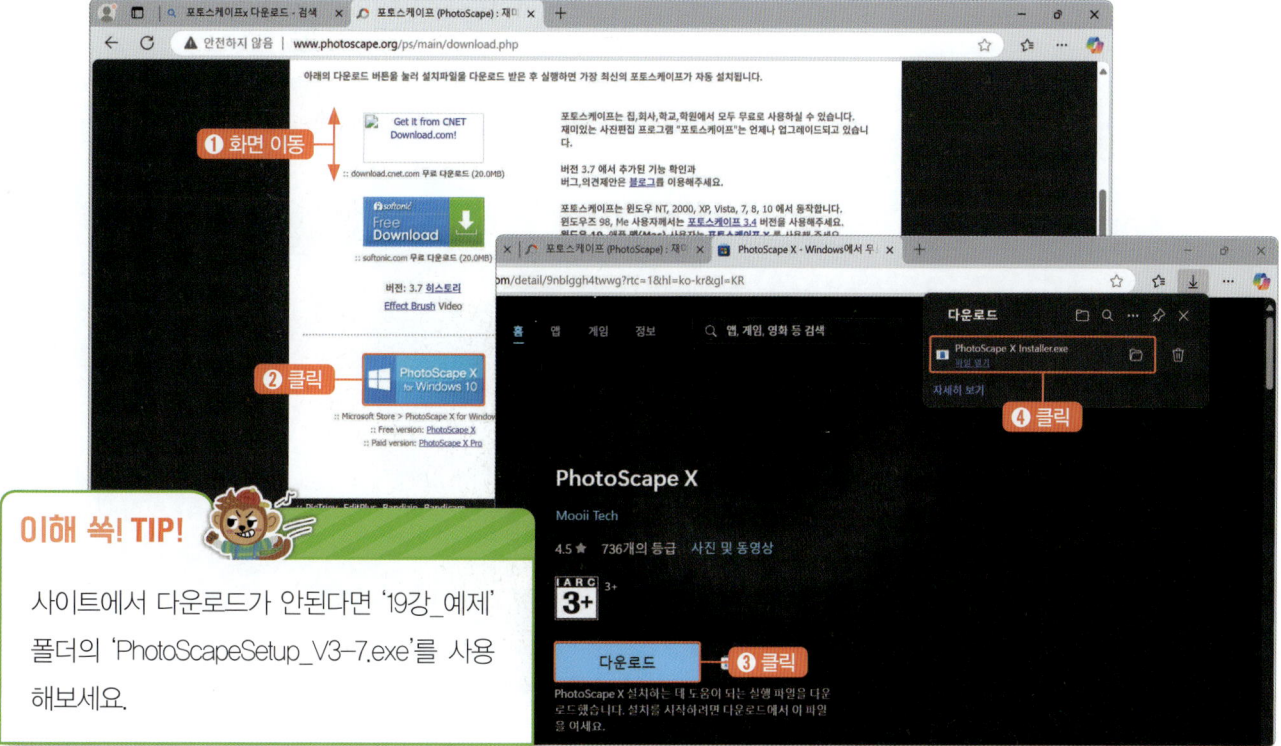

> **이해 쏙! TIP!**
> 사이트에서 다운로드가 안된다면 '19강_예제' 폴더의 'PhotoScapeSetup_V3-7.exe'를 사용해보세요.

Step 02 움직이는 사진 만들기

프로그램을 활용하여 움직이는 사진을 만들어 봅니다.

① 설치가 완료되면 자동으로 실행된 '포토스케이프X'의 상단 메뉴에서 [GIF 애니메이션]을 클릭합니다.

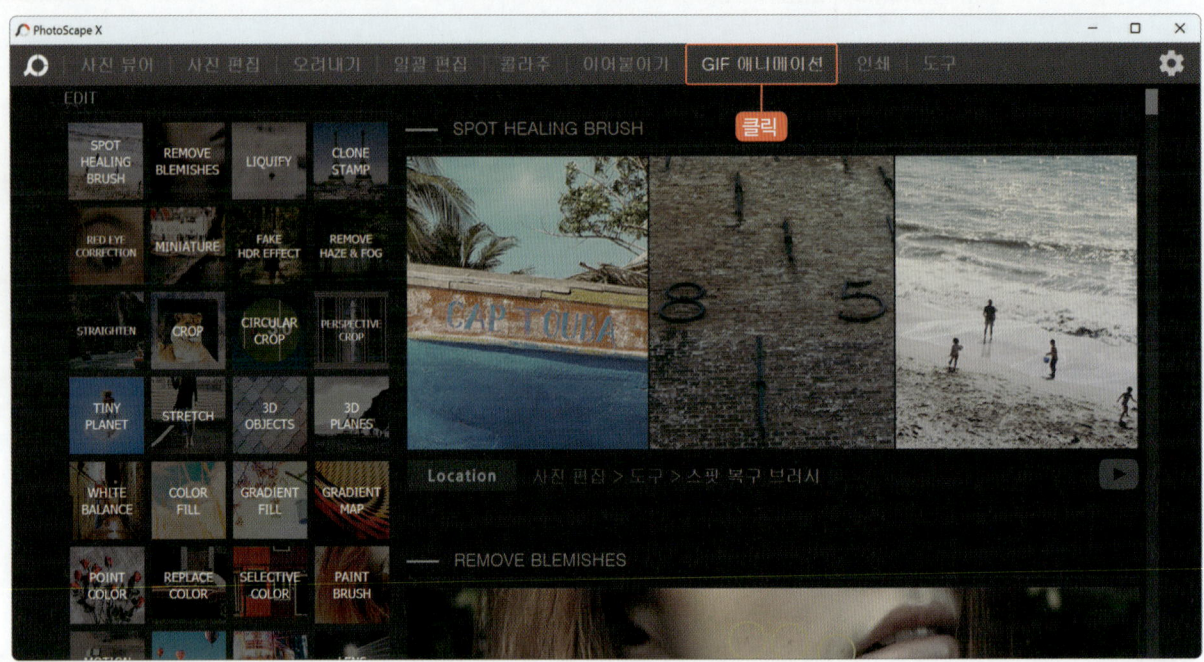

② 'GIF 애니메이션' 창이 나타나면 [폴더]에서 '19강_예제'를 클릭합니다. 폴더를 클릭하면 나타나는 파일목록에서 '이미지1.jpg'를 드래그하여 그림과 같이 작업창에 놓습니다.

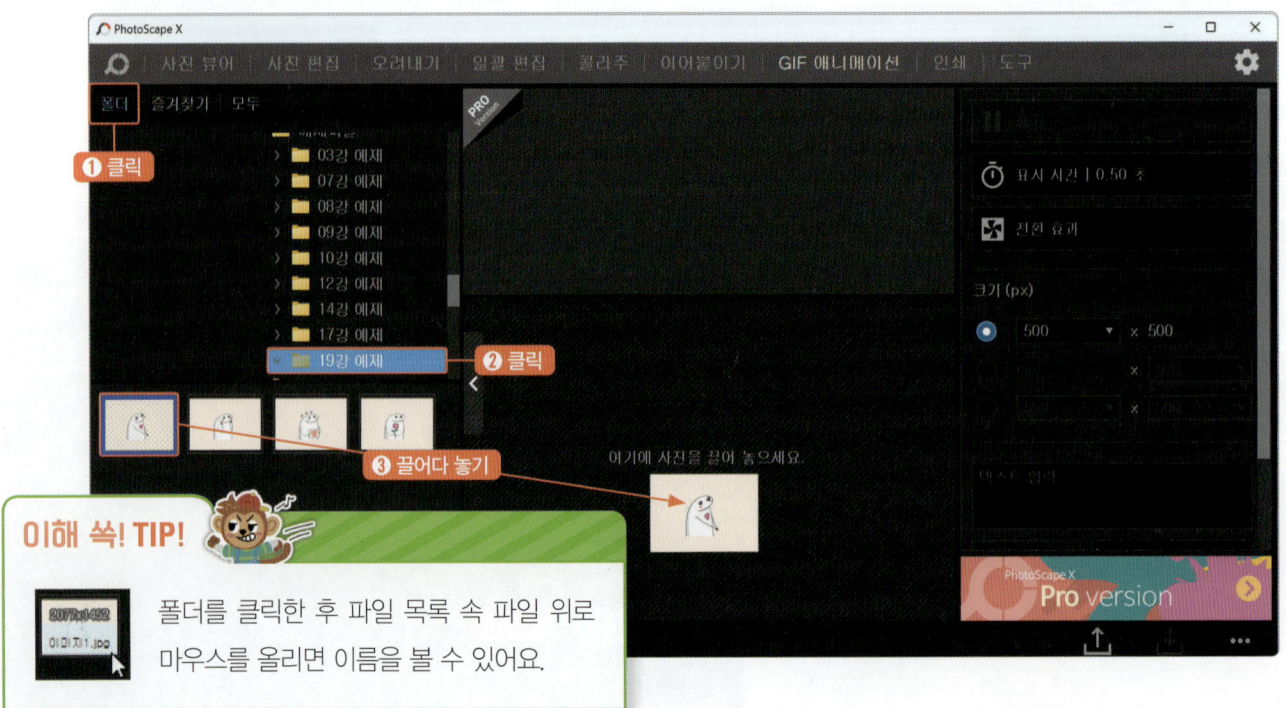

이해 쏙! TIP! 폴더를 클릭한 후 파일 목록 속 파일 위로 마우스를 올리면 이름을 볼 수 있어요.

③ ②와 같은 방법으로 '이미지2~4' 파일도 작업 창에 드래그하여 추가합니다.

④ '전환 효과'를 추가하기 위해 '이미지4.jpg'를 클릭한 후 [전환 효과]를 클릭하고 [디졸브]를 선택하여 [모든 프레임에 적용]을 클릭합니다.

전환 효과

- **전환 효과**: 하나의 장면에서 다음 장면으로 넘어갈 때 사용되는 시각적인 효과
- **위로 전환**: 한 장면이 위로 사라지면서 다음 장면이 아래에서 나타나요.
- **아래로 전환**: 한 장면이 아래로 사라지면서 다음 장면이 위에서 나타나요.
- **왼쪽으로 전환**: 한 장면이 왼쪽으로 사라지면서 다음 장면이 오른쪽에서 나타나요.
- **오른쪽으로 전환**: 한 장면이 오른쪽으로 사라지면서 다음 장면이 왼쪽에서 나타나요.
- **디졸브**: 한 장면이 사라지며 동시에 다음 장면이 점차 나타나요.

⑤ 창의 오른쪽 메뉴에서 '텍스트 입력' 창을 클릭한 후 '나랑 친구할래?'를 입력하고 '텍스트 위치'를 [가운데 아래]로 지정합니다.

⑥ 완료되면 [저장(⬇)]을 눌러 완성된 작품을 확인하고 [저장]을 클릭하여 파일 이름을 '나랑 친구할래'로 입력한 후 [저장]을 클릭하고 [닫기]를 클릭합니다.

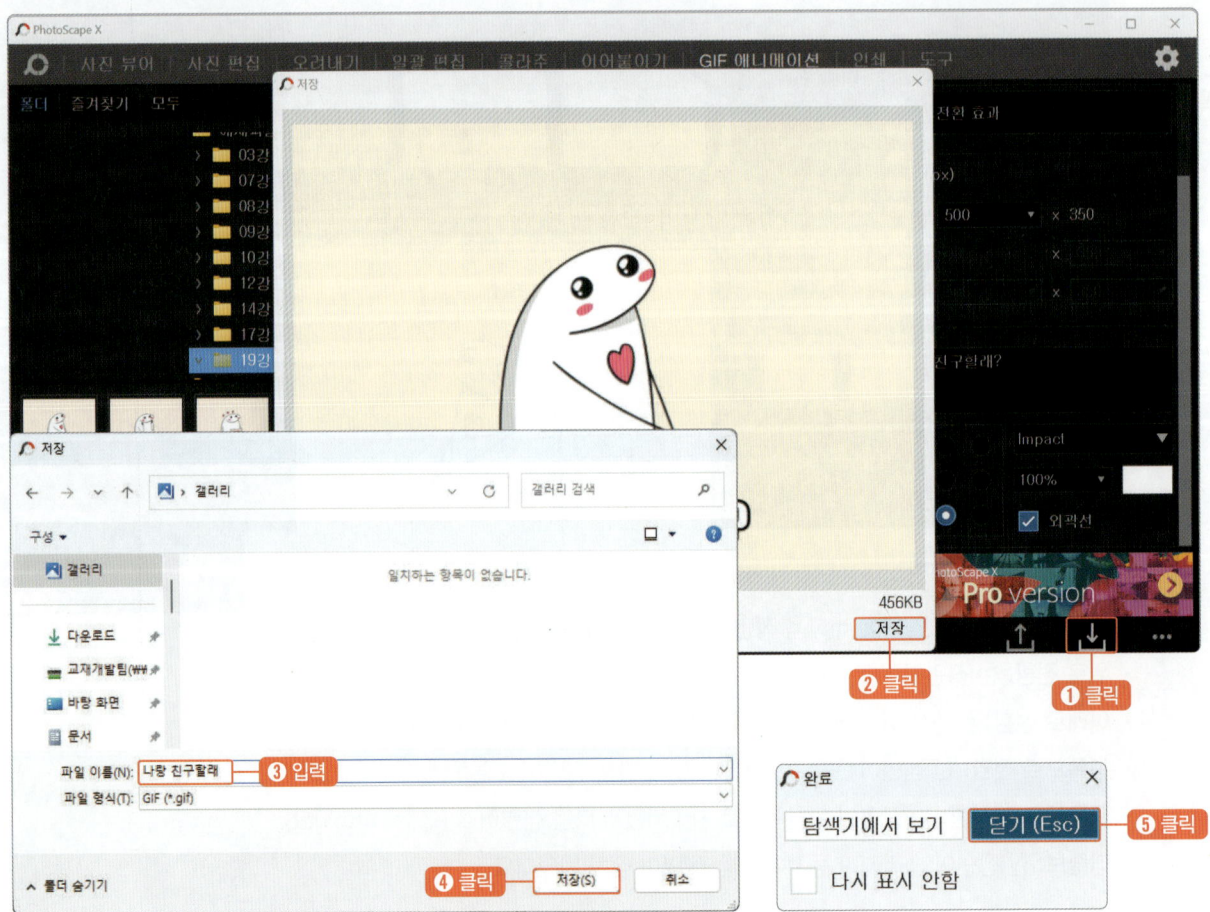

Step 03 사용하지 않는 앱 제거하기

자주 사용하지 않는 앱을 안전하게 제거해 봅니다.

① 포토스케이프X 앱을 종료한 후 [시작]에서 [모든 앱]을 클릭합니다.

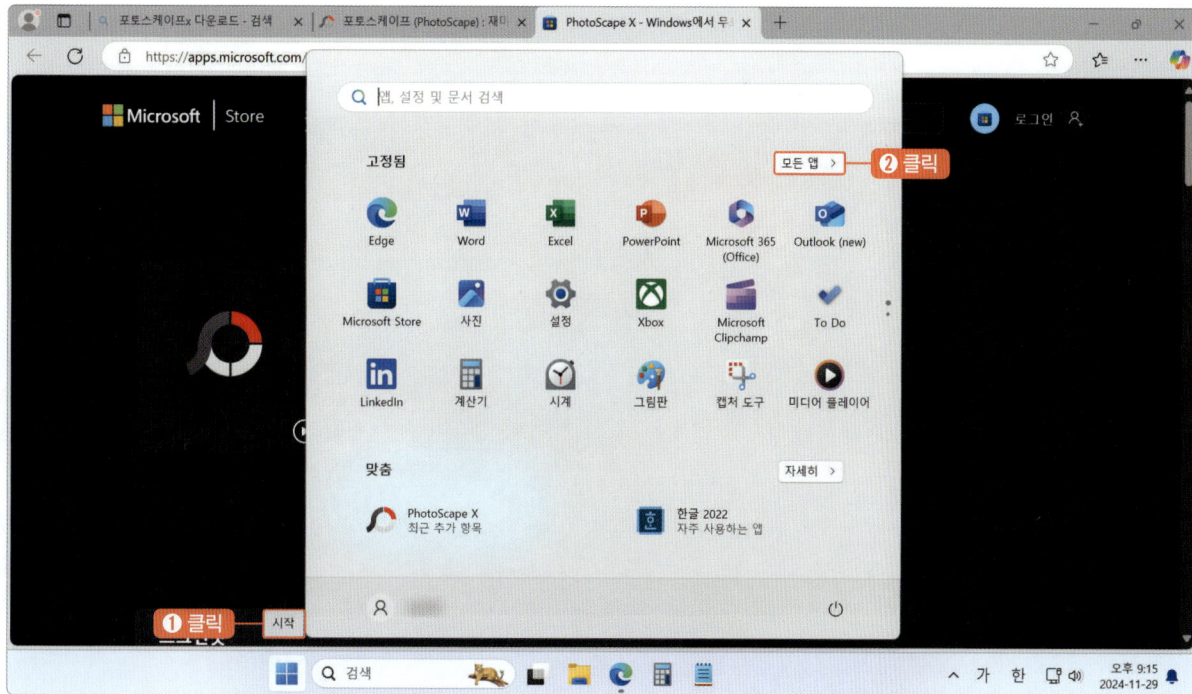

② '모든 앱' 창이 나타나면 마우스 휠을 돌려 화면을 아래로 이동하고 'PhotoScape X'를 찾아 마우스 오른쪽 버튼을 누릅니다. 메뉴창이 나타나면 [제거]를 클릭한 후 이어서 [제거]를 클릭하여 프로그램 제거를 완료합니다.

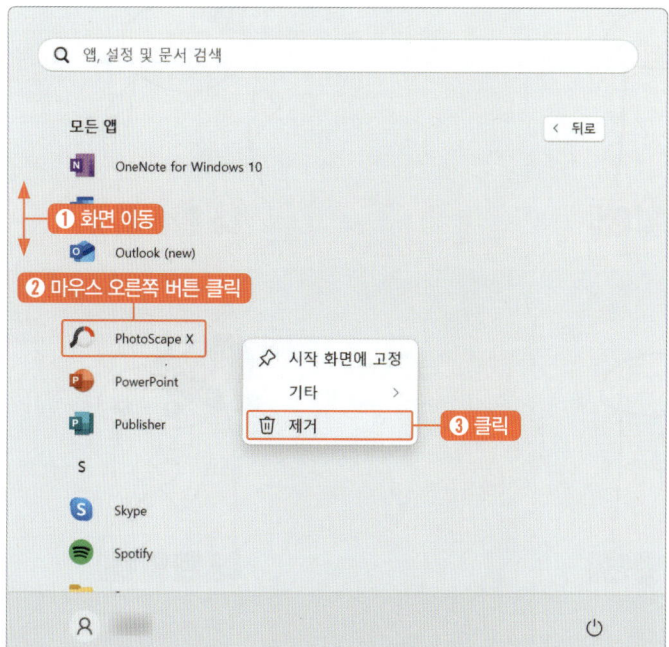

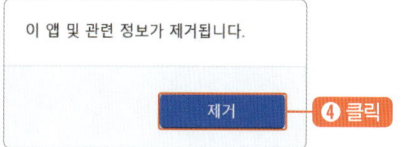

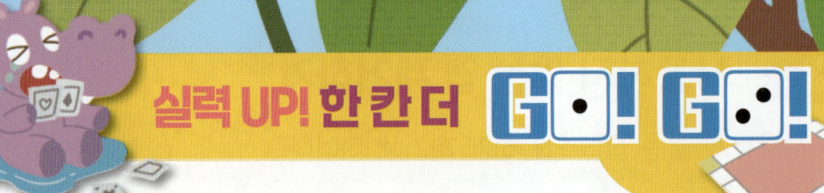

1️⃣ '포토스케이프X' 앱을 다시 설치하여 'GIF 애니메이션'을 실행해 보세요.

🔑 예제 파일 : 19강_실력 예제 폴더   🔑 완성 파일 : 없음

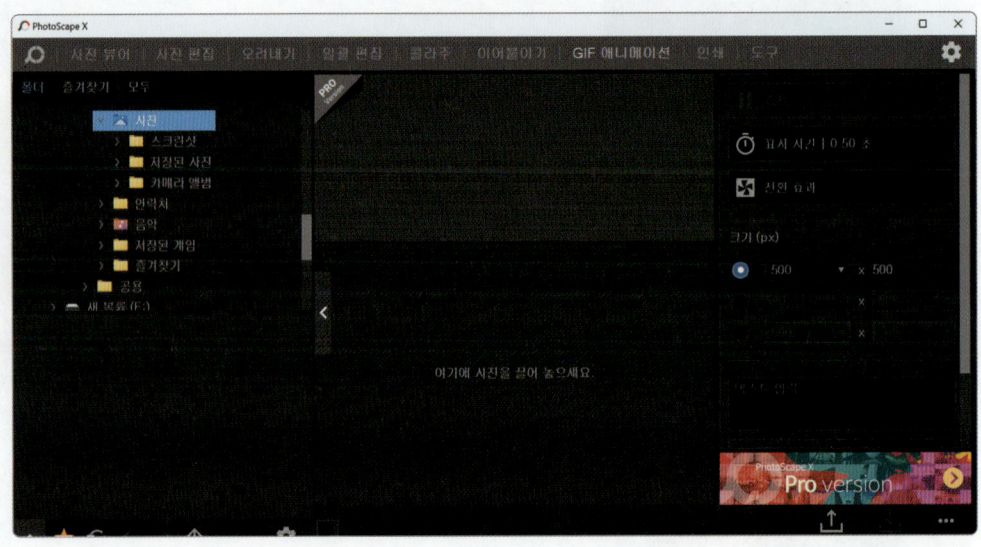

2️⃣ 예제 파일을 활용하여 움직이는 사진을 완성해 보세요.

🔑 예제 파일 : 19강_실력 예제 폴더   🔑 완성 파일 : 19강_실력2(완성).gif

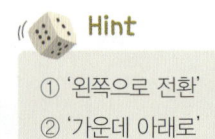

Hint
① '왼쪽으로 전환'
② '가운데 아래로'

취향 톡톡! 글꼴

| 학습목표 |
- 웹 사이트를 검색하여 접속할 수 있습니다.
- 글꼴을 다운로드할 수 있습니다.
- 글꼴을 Windows에 추가할 수 있습니다.

오늘의 도착지점

예제 파일 : 20강_예제 폴더   완성 파일 : 없음

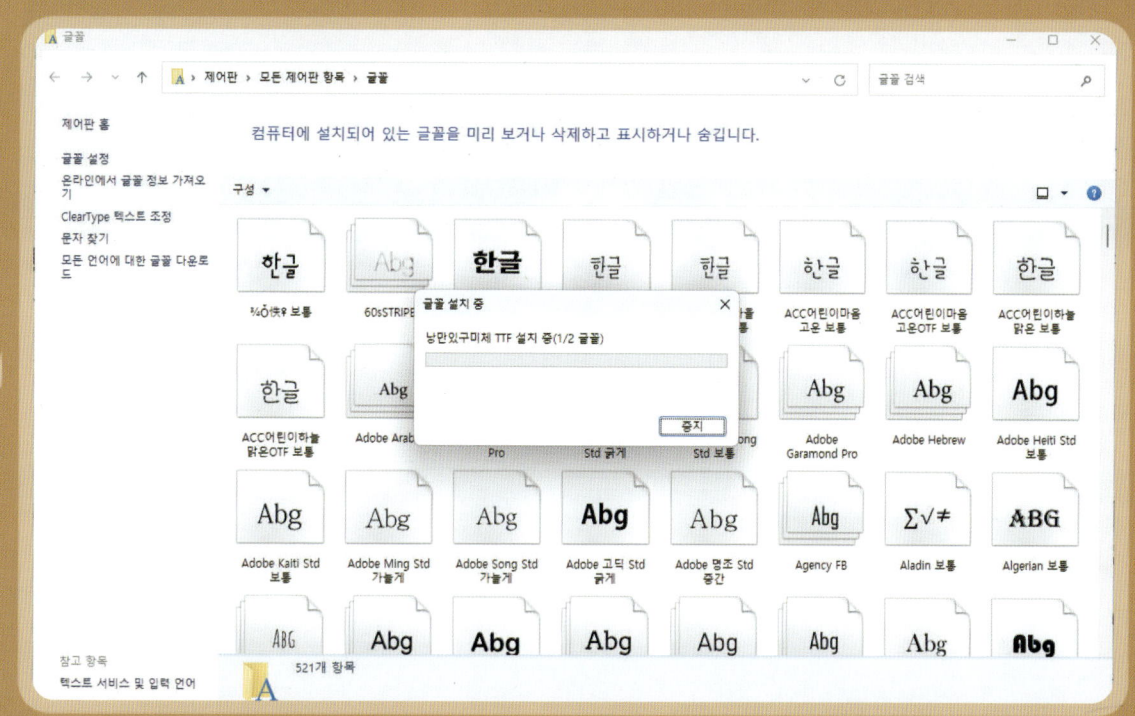

도착지 정보

하나의 종이에 여러 사람이 글자를 쓰면 서로 다른 글씨체를 통해 각자의 개성을 알 수 있습니다. 컴퓨터에서 입력한 글자의 모양은 '글꼴(Font)'이라 부르며, 기본값으로 설정됩니다. 웹 브라우저에서 개성이 드러나는 무료 글꼴을 찾아 설치 후 사용해 봅니다.

Step 01 웹사이트 접속하기

글꼴을 다운로드 할 수 있는 사이트로 접속합니다.

① 작업 표시줄에서 Microsoft Edge 웹 브라우저를 클릭하여 실행한 후 검색창에 '눈누 폰트'를 입력한 후 Enter 키를 누릅니다.

② 검색 결과 창이 나타나면 [눈누-요즘 인기 폰트]를 클릭하고 새 창으로 열린 사이트에서 [모든 폰트]를 클릭합니다.

이해 쏙! TIP!

'눈누' 사이트는 무료로 사용할 수 있는 한글 폰트를 모아놓은 웹사이트에요.

Step 02 글꼴 다운로드 받기

글꼴 사이트에서 글꼴을 다운로드 받습니다.

① '문구 적고 폰트 미리보기'를 클릭하여 '자기 이름'을 입력한 후 마우스 휠을 돌려 화면을 이동하여 내 이름에 어울리는 글꼴을 찾아 [클릭]합니다.

② 새 탭이 열리면 라이선스의 사용 범위를 확인한 후 [다운로드 페이지로 이동]을 클릭합니다.

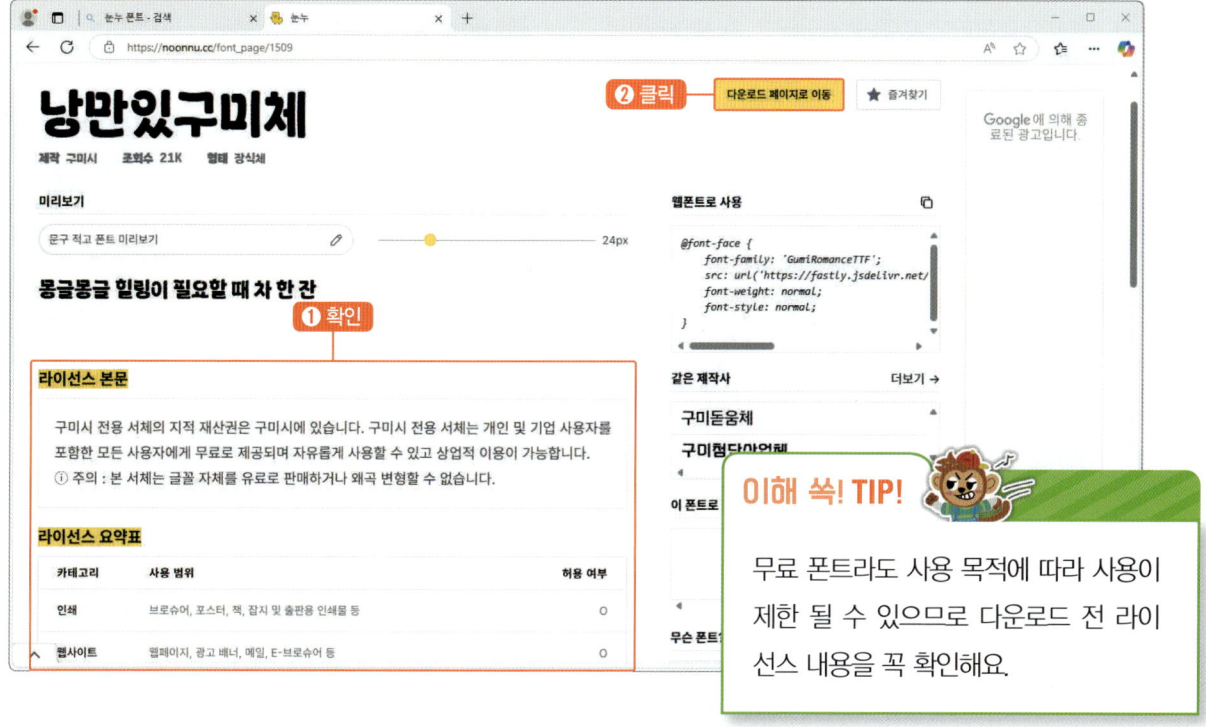

이해 쏙! TIP!

무료 폰트라도 사용 목적에 따라 사용이 제한 될 수 있으므로 다운로드 전 라이선스 내용을 꼭 확인해요.

③ '구미시(www.gumi.go.kr)' 탭이 열리면 화면 가장 아래로 이동한 후 [낭만있구미체 다운로드]를 클릭합니다. 다운로드 결과 창이 열리면 [폴더 열기]를 클릭합니다.

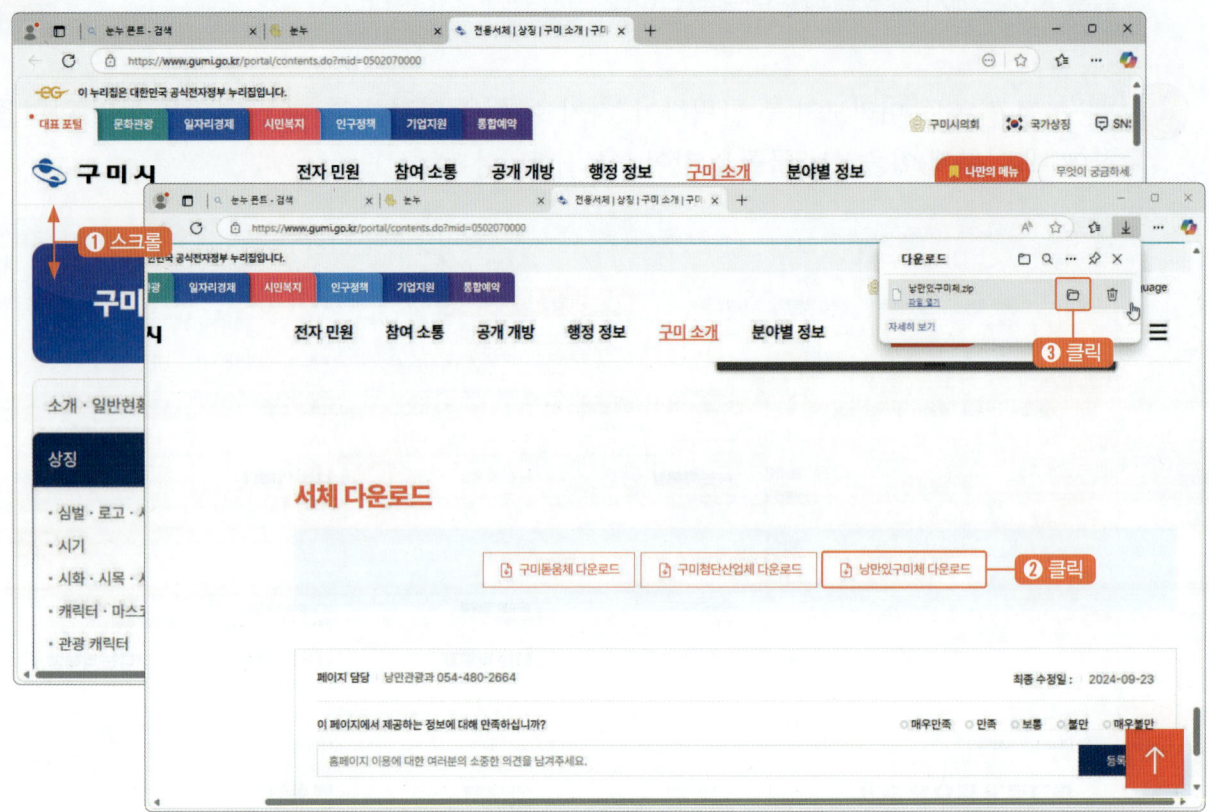

④ 폴더에서 다운로드한 폰트 파일을 선택한 후 마우스 오른쪽 버튼을 클릭하여 메뉴창에서 [알집]-["낭만있구미체"에 압축풀기]를 클릭합니다. 압축 해제가 완료되면 알집 창에서 [닫기]를 클릭합니다.

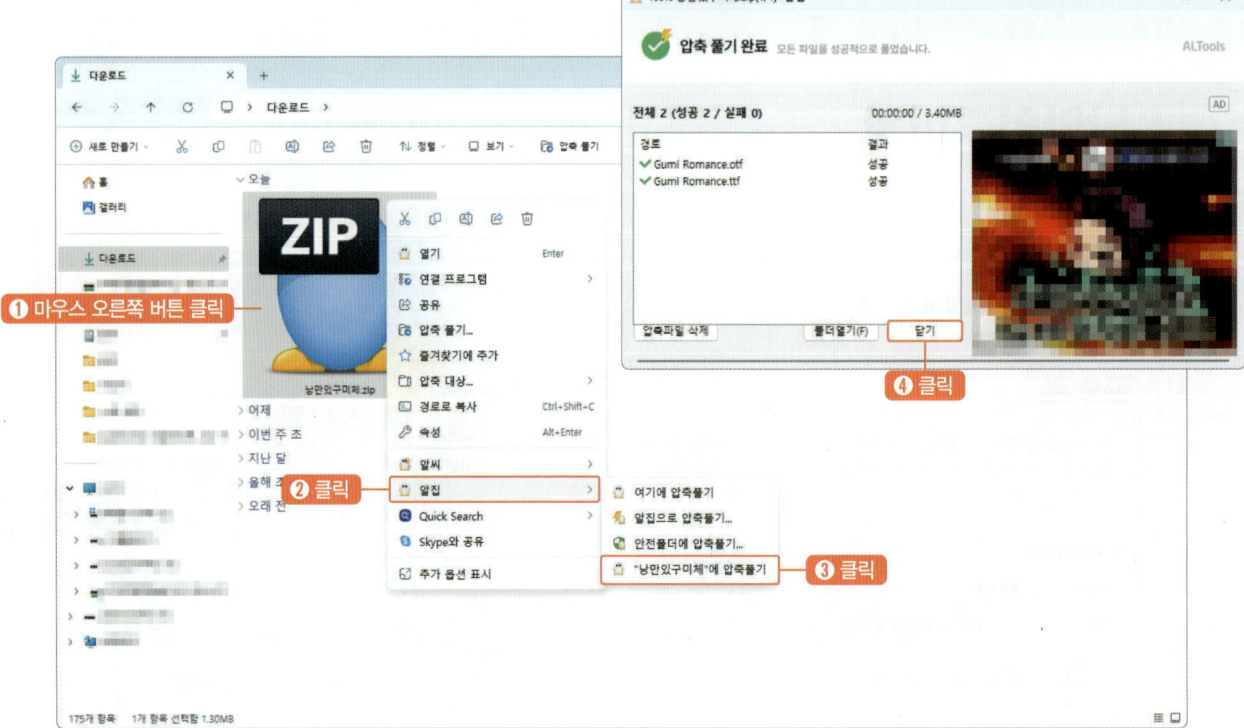

138 _ [컴속마불] 퀘스트 팡팡! 윈도우11 어드벤처

| Step 03 | **글꼴을 Windows에 추가하기** |

다운로드한 글꼴을 Windows에 추가하는 방법에 대해 알아봅니다.

① 압축이 해제된 '낭만있구미체' 폴더를 더블클릭으로 실행한 후 폴더 속 모든 파일을 드래그하여 선택하고 Ctrl + C 키를 눌러 복사합니다.

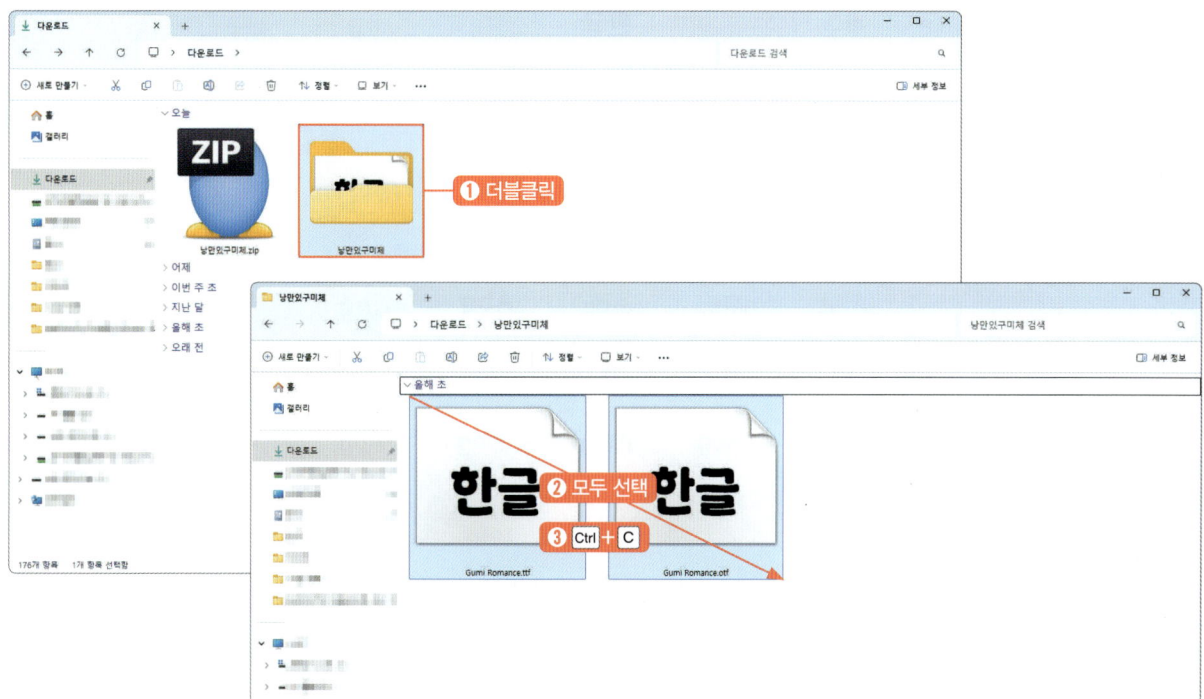

② 작업표시줄의 검색상자에서 '글꼴'을 입력한 후 [글꼴] 앱을 클릭합니다.

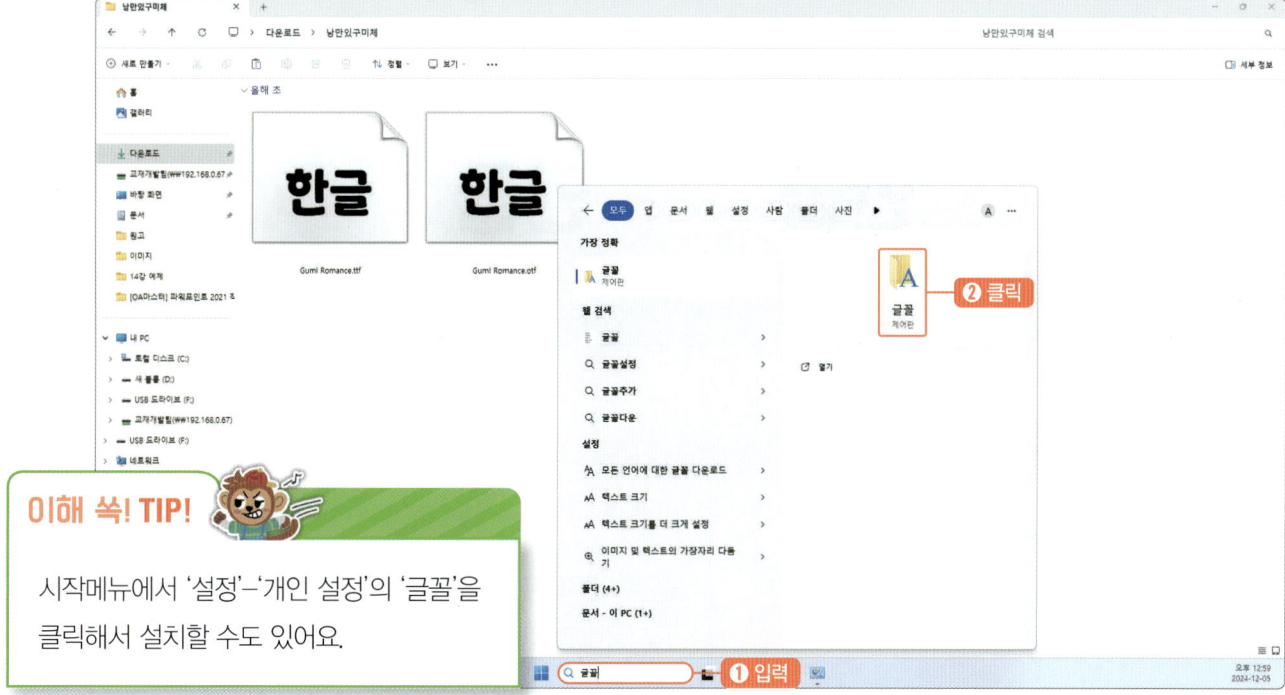

이해 쏙! TIP!

시작메뉴에서 '설정'-'개인 설정'의 '글꼴'을 클릭해서 설치할 수도 있어요.

③ '글꼴' 창에서 Ctrl + V 키를 눌러 글꼴을 추가합니다.

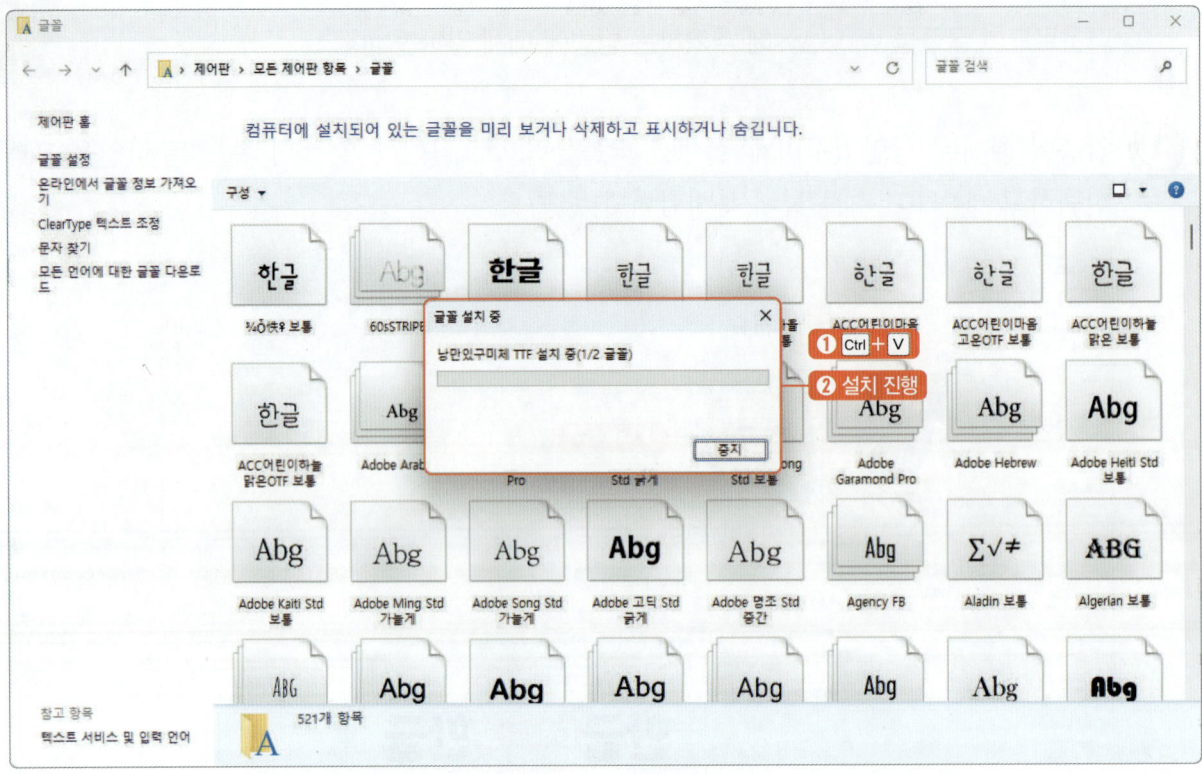

④ 추가된 글꼴을 확인하기 위해 '글꼴 검색'창을 클릭하고 '낭만있구미'를 입력하여 확인합니다.

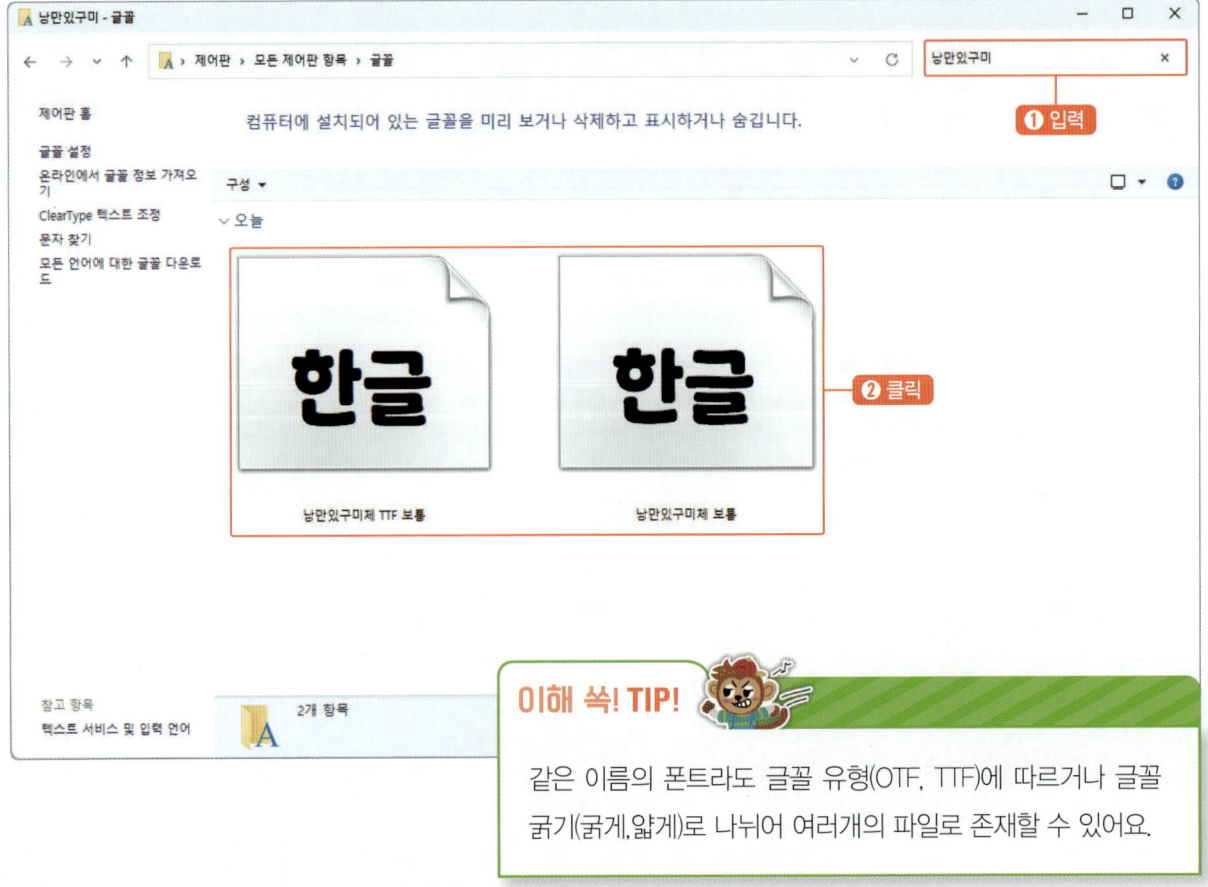

이해 쏙! TIP!

같은 이름의 폰트라도 글꼴 유형(OTF, TTF)에 따르거나 글꼴 굵기(굵게, 얇게)로 나뉘어 여러개의 파일로 존재할 수 있어요.

1 무료 글꼴 다운로드 사이트에서 다양한 글꼴을 설치해 보세요.

🔑 예제 파일 : 20강_실력 예제 폴더   🔑 완성 파일 : 없음

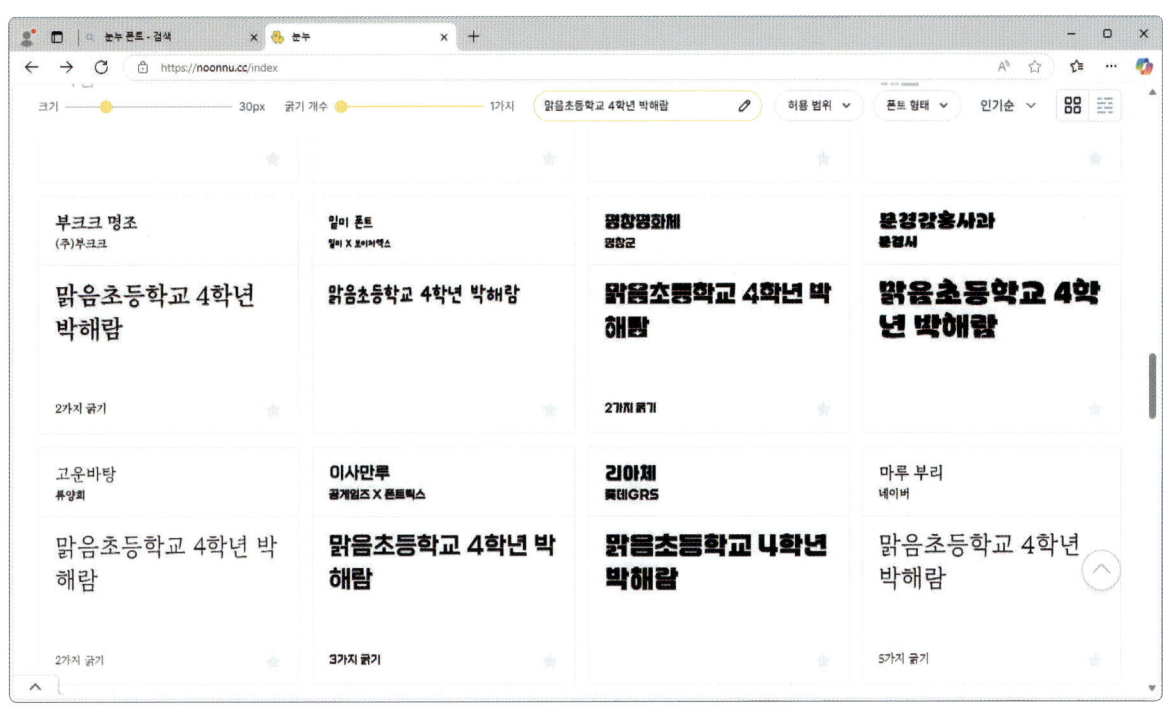

2 다운받은 글꼴을 설정하여 '학교종'의 글꼴을 변경해 보세요.

🔑 예제 파일 : 20강_실력 예제 폴더   🔑 완성 파일 : 20강_실력2(완성).txt

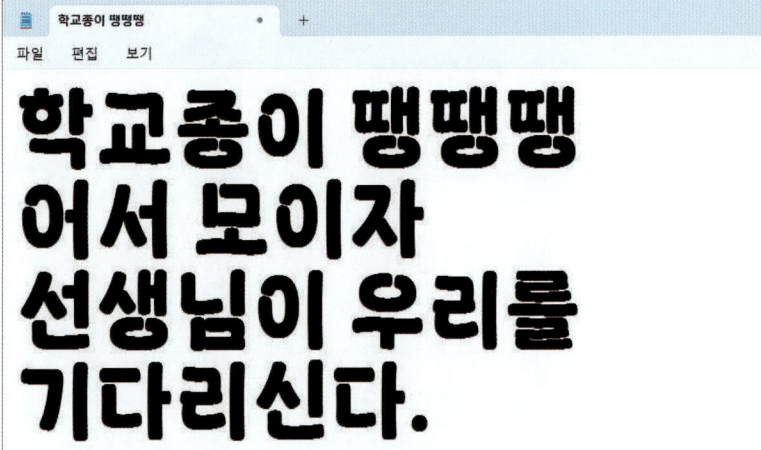

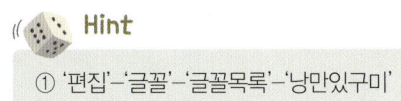

Hint
① '편집'-'글꼴'-'글꼴목록'-'낭만있구미'

AI로 이미지 변신

| 학습목표 |
- 웹 브라우저에서 이미지를 저장합니다.
- AI 기술로 배경을 제거한 이미지를 만듭니다.
- AI 기술로 배경을 추가한 이미지를 만듭니다.

오늘의 도착지점

🔑 예제 파일 : 21강_예제 폴더   🔑 완성 파일 : 21강_완성 폴더

도착지 정보

AI란 컴퓨터가 사람처럼 학습하고 생각할 수 있도록 만든 기술로, 다양한 분야에서 적용되고 있는 기술입니다. 사진 속 배경이 마음에 들지 않는 경우 AI가 이미지를 분석해서 배경을 삭제해 줄 수 있습니다. AI 기능을 사용하는 사이트에서 이미지 속 배경을 제거하고 새로운 배경을 추가해 봅니다.

Step 01 웹 브라우저에서 이미지 저장하기

웹 브라우저에서 원하는 이미지를 저장할 수 있습니다.

① Microsoft Edge 웹 브라우저에서 '고양이'를 검색하고 [이미지] 탭에서 원하는 이미지를 골라 클릭합니다.

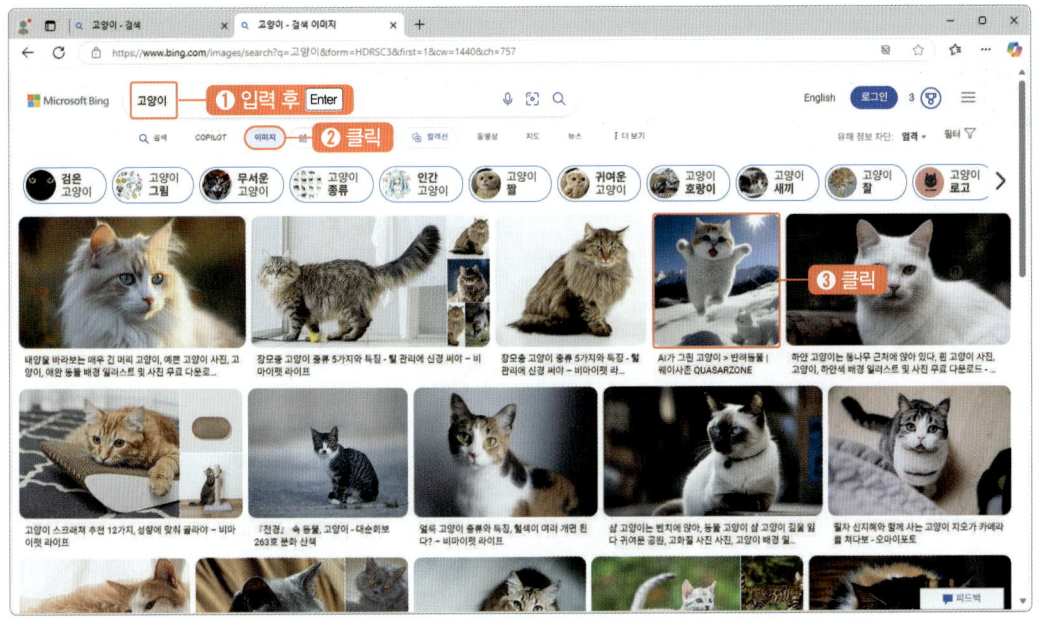

② 이미지 위에서 마우스 오른쪽 버튼을 클릭한 후 메뉴창에서 [다른 이름으로 사진 저장]을 클릭합니다. '다른 이름으로 저장' 창에서 파일 이름을 '고양이'로 지정한 후 [저장]을 클릭합니다.

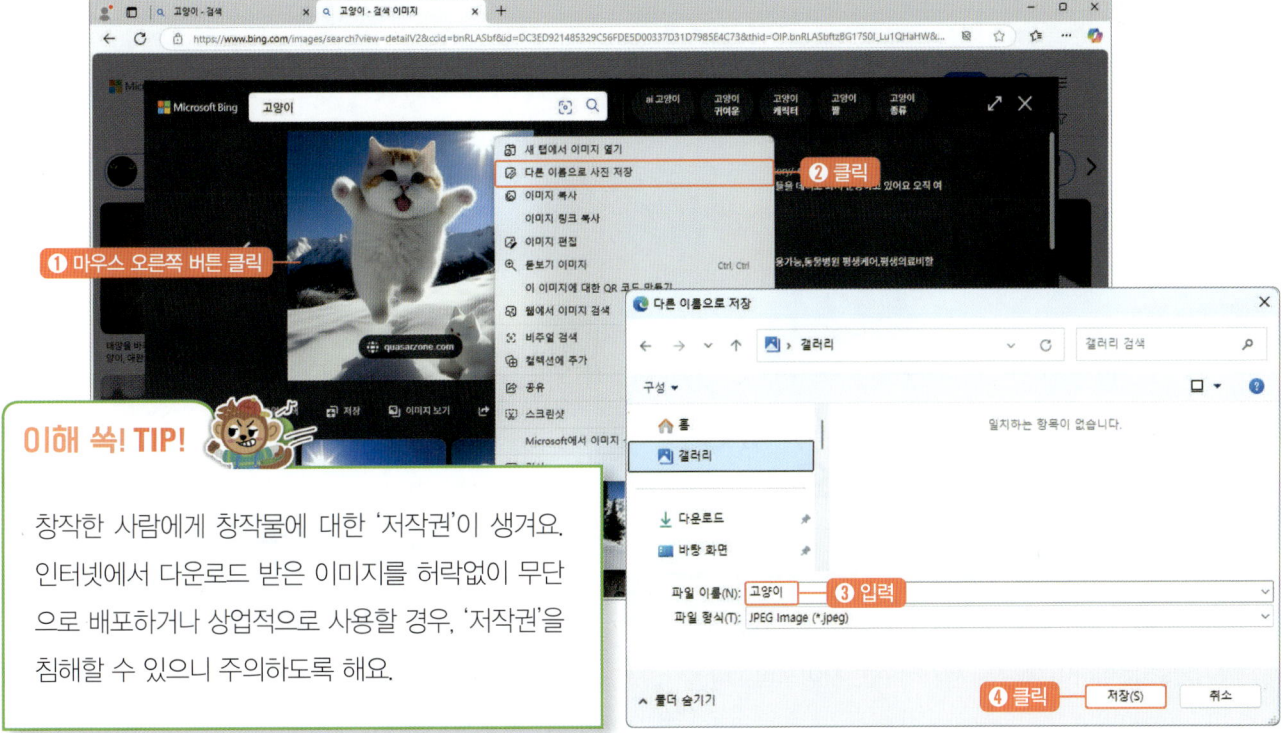

이해 쏙! TIP!

창작한 사람에게 창작물에 대한 '저작권'이 생겨요. 인터넷에서 다운로드 받은 이미지를 허락없이 무단으로 배포하거나 상업적으로 사용할 경우, '저작권'을 침해할 수 있으니 주의하도록 해요.

GAME 21 AI로 이미지 변신

Step 02 AI로 이미지 배경 제거하기

AI를 활용한 웹 사이트에서 이미지 배경을 제거해 봅니다.

① [새 탭]을 추가한 후 주소창에 '리무브bg'를 입력한 후 Enter 키를 누릅니다. 검색 결과 창이 열리면 'remove.bg(www.removebg/ko)' 사이트를 클릭합니다.

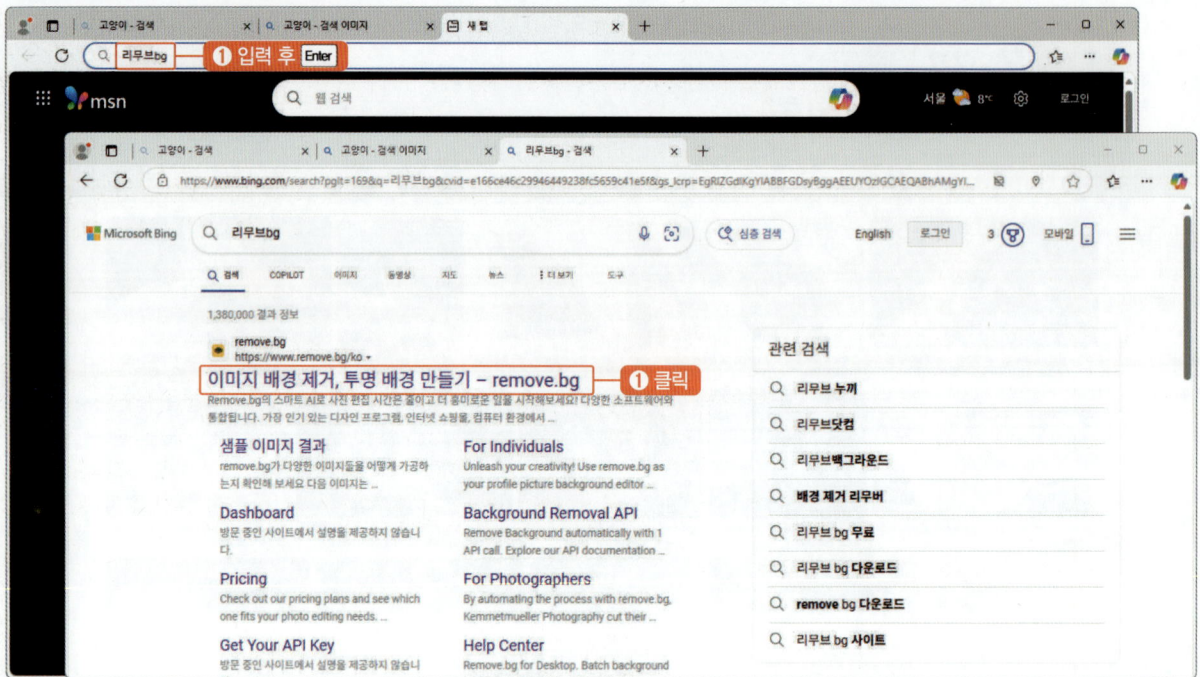

② remove.bg 사이트에 접속한 후 '쿠키 정책'창에서 [닫기]를 클릭합니다.

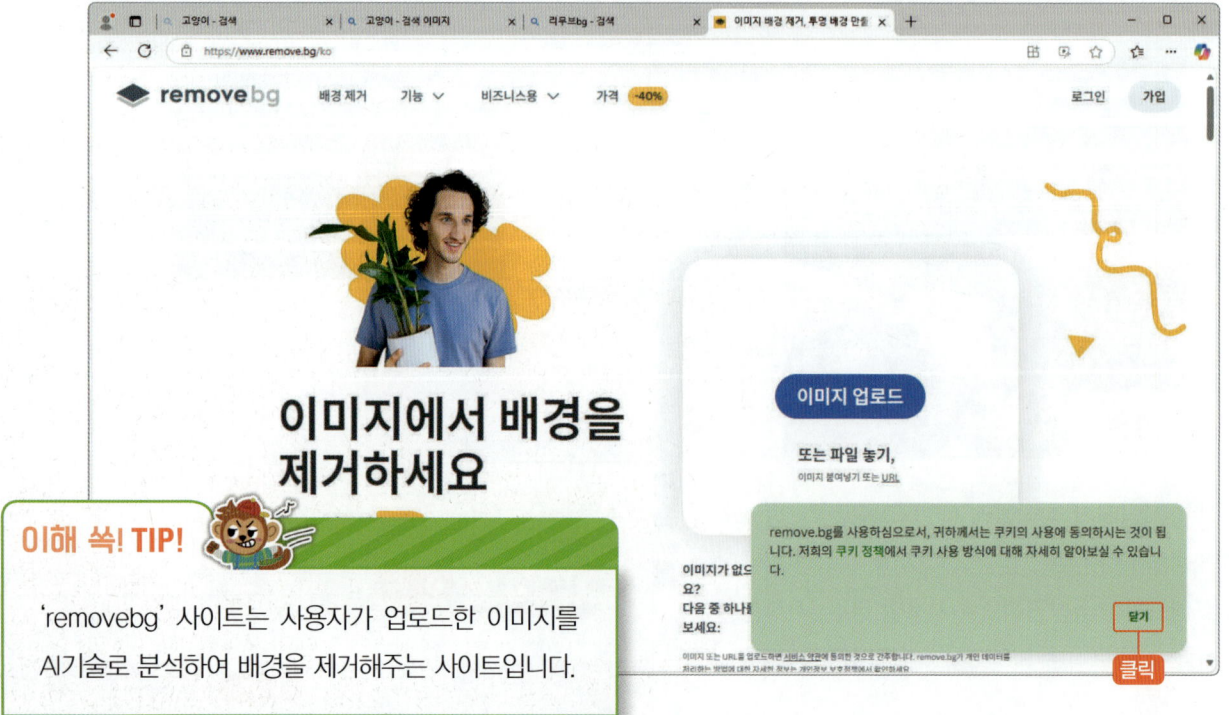

이해 쏙! TIP!

'removebg' 사이트는 사용자가 업로드한 이미지를 AI기술로 분석하여 배경을 제거해주는 사이트입니다.

③ 이어서 [이미지 업로드]를 클릭하여 '열기'창이 열리면 저장한 이미지를 선택한 후 [열기]를 클릭합니다.

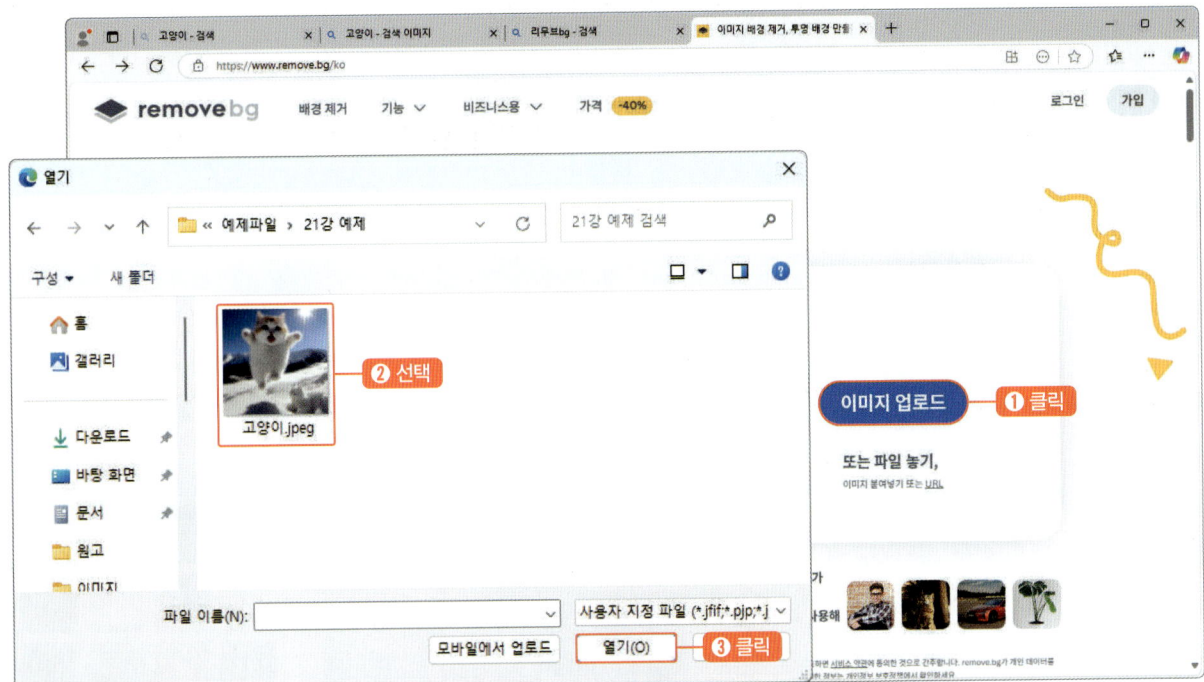

④ AI가 자동으로 배경을 인식하여 제거한 파일을 확인해 봅니다.

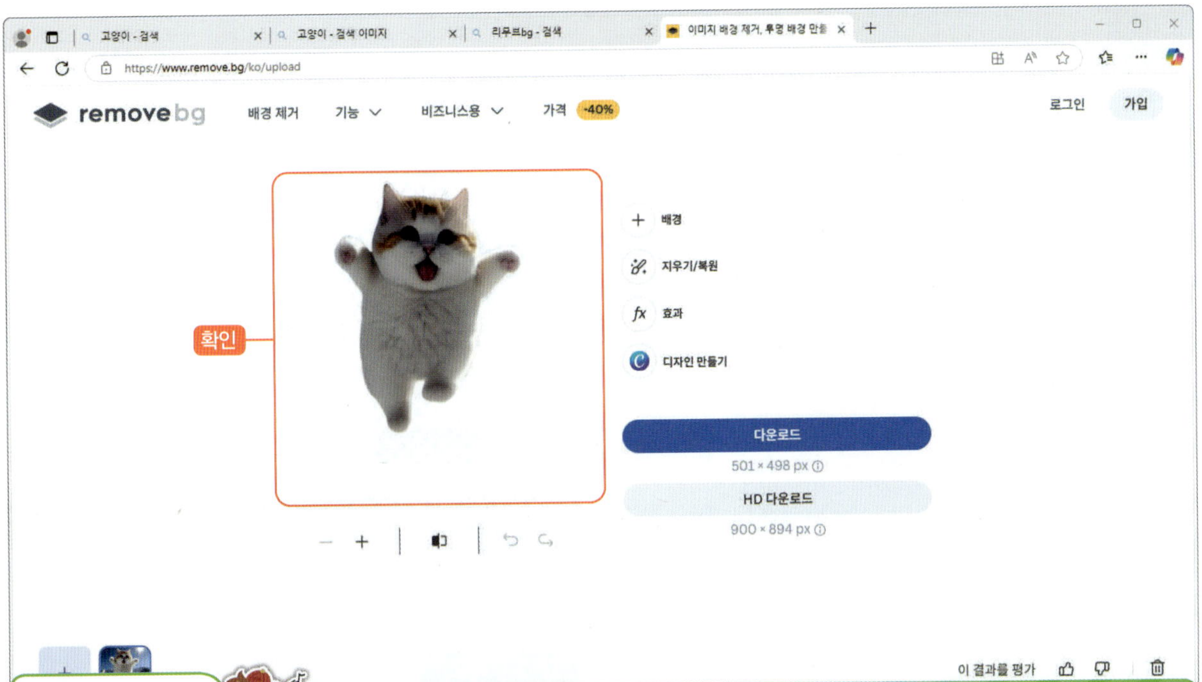

이해 쏙! TIP!

- 배경이 제거된 이미지는 'PNG'형식으로 저장돼요.
- 사진 속 주요 이미지와 배경이 색이나 밝기 등에서 차이가 날수록 배경이 쉽게 제거돼요.
- 배경이 제대로 지워지지않은 경우 [지우기/복원]을 눌러 이미지를 수정해요.

| Step 03 | **AI로 배경 추가하기** |

AI를 활용한 웹 사이트에서 이미지 배경을 추가해 봅니다.

① 이어서 [배경] 버튼을 클릭한 후 '사진' 탭에서 합성하고 싶은 배경을 선택하고 [완료]를 클릭합니다.

② [다운로드]를 클릭하여 이미지를 저장한 후 생성한 이미지를 확인해 봅니다.

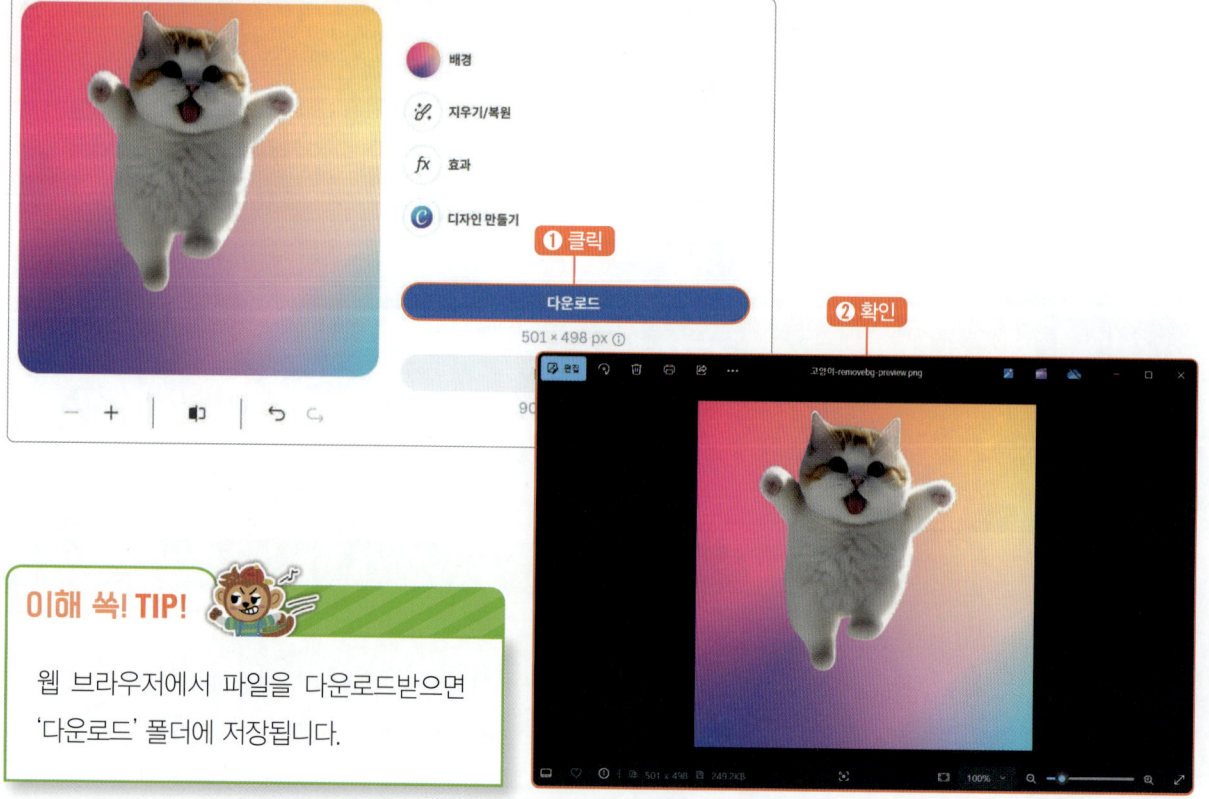

이해 쏙! TIP!

웹 브라우저에서 파일을 다운로드받으면 '다운로드' 폴더에 저장됩니다.

1 웹 브라우저에서 '강아지'를 검색하고 이미지를 저장해 보세요.

🗝 예제 파일 : 21강_실력 예제 폴더   🗝 완성 파일 : 없음

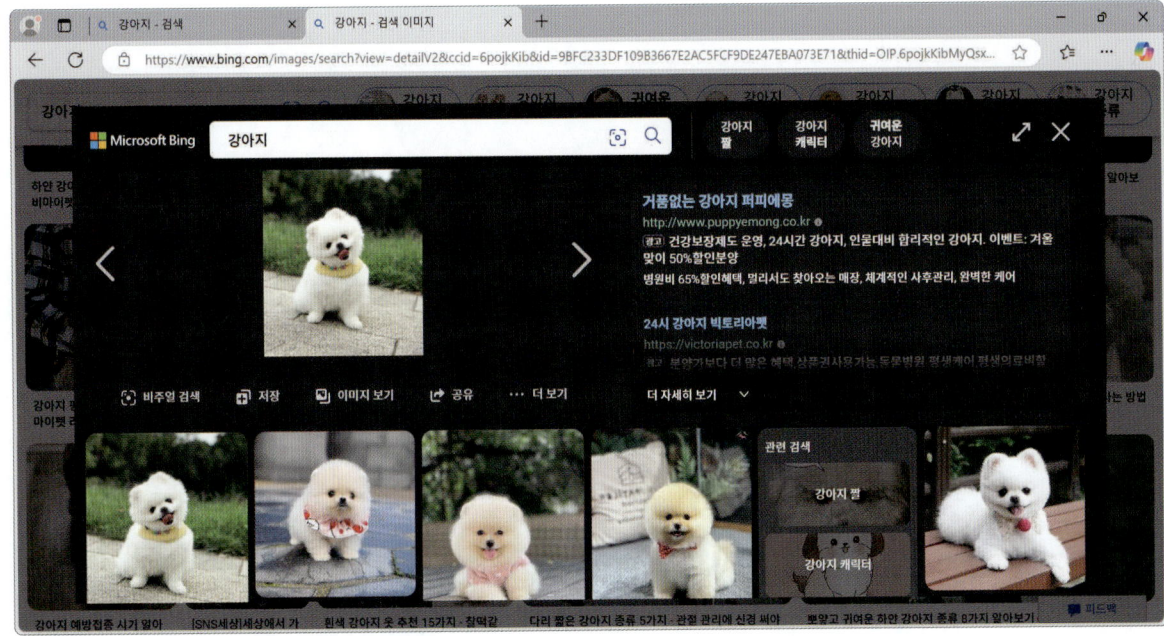

2 'removebg' 사이트에 접속하여 배경을 제거, 변경하고 저장해 보세요.

🗝 예제 파일 : 21강_실력 예제 폴더   🗝 완성 파일 : 21강_실력2(완성).png

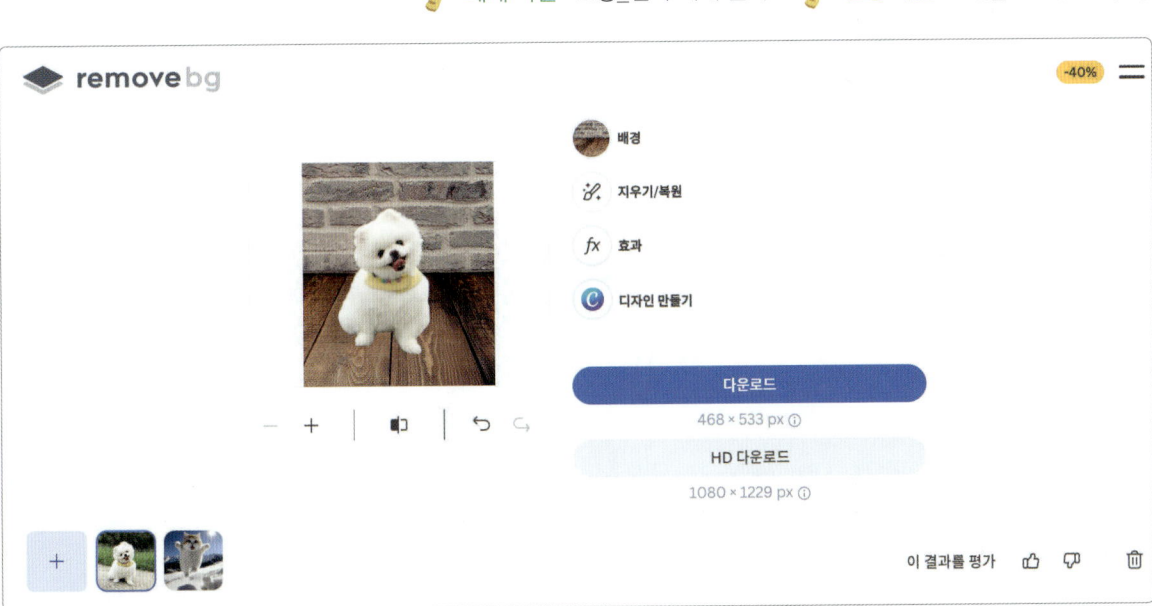

GAME 21 시로 이미지 변신 _ 147

 # AI와 화가 되기

| 학습목표 |
- 웹 브라우저에서 AI 색칠 사이트로 접속할 수 있습니다.
- AI 기술로 스케치에 색칠할 수 있습니다.

오늘의 도착지점

예제 파일 : 22강_예제 폴더   완성 파일 : 22강_완성 폴더

도착지 정보

그림을 그릴 때는 선을 그리는 스케치와 색을 칠하는 채색 단계로 나뉩니다. 그림에 어울리는 색상을 섬세하게 색칠하는 일은 어려운 일이기도 합니다. 60만장의 일러스트들을 학습한 AI 기술을 활용한다면 어떨까요? AI기반 자동 채색프로그램을 사용하여 스케치 그림을 자유롭게 색칠해 봅니다.

Step 01 웹 브라우저로 사이트 접속하기

검색 엔진을 활용하여 AI 색칠 사이트에 접속합니다.

① Microsoft Edge 웹 브라우저를 선택한 후 '페탈리카 페인트'를 검색합니다. 검색 결과 창이 나타나면 [Petalica Paint]를 클릭하여 사이트에 접속합니다.

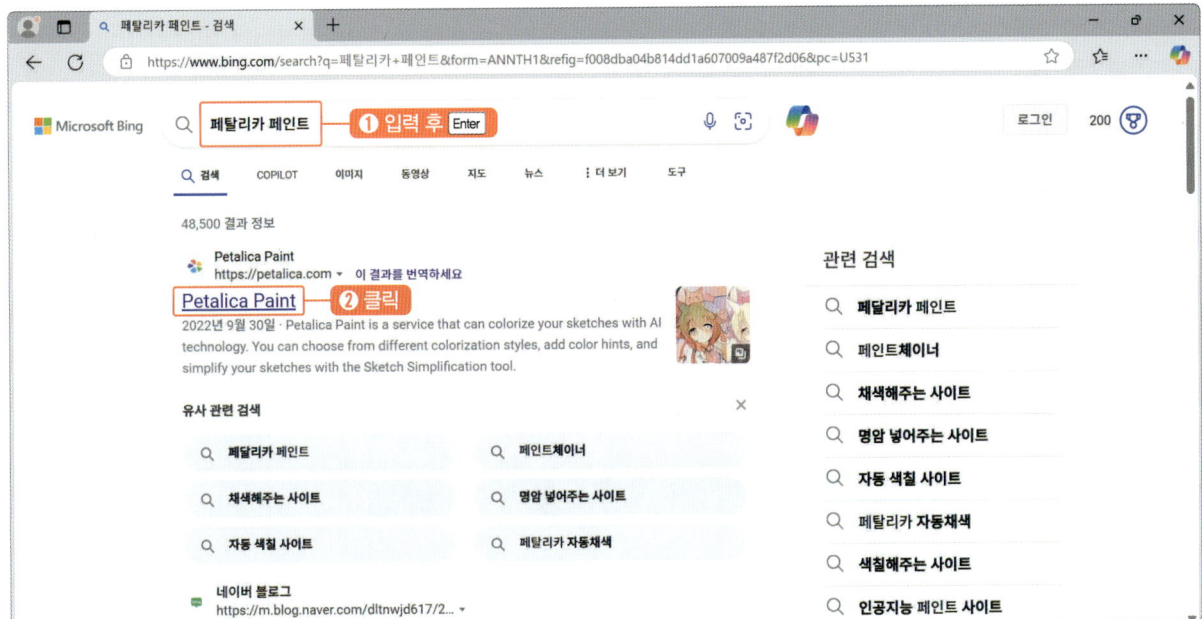

② '페탈리카 페인트' 사이트에 접속하면 'Information' 창에서 [Agree]를 클릭합니다.

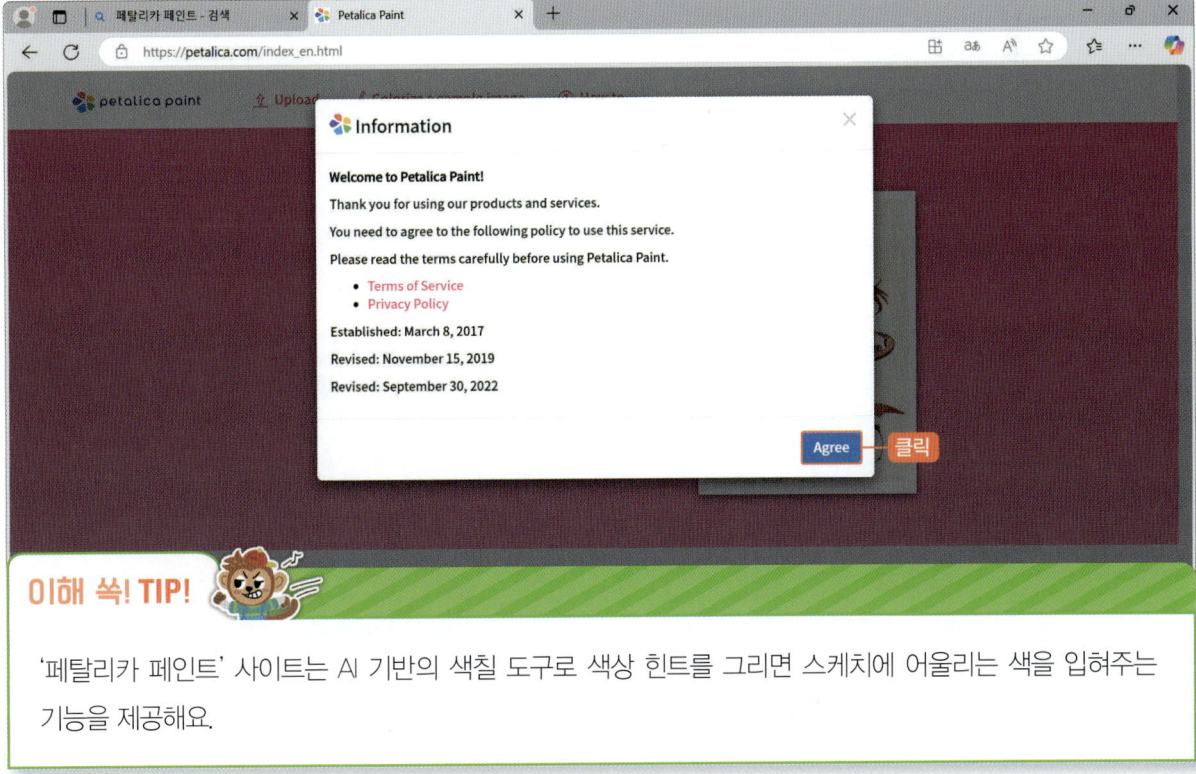

이해 쏙! TIP!

'페탈리카 페인트' 사이트는 AI 기반의 색칠 도구로 색상 힌트를 그리면 스케치에 어울리는 색을 입혀주는 기능을 제공해요.

Step 02 | AI로 스케치에 색칠하기

AI 기능으로 스케치에 색을 칠하는 기능을 사용해 봅니다.

① [샘플 이미지에 색상화]를 클릭한 후 마음에 드는 샘플 이미지를 골라 클릭합니다.

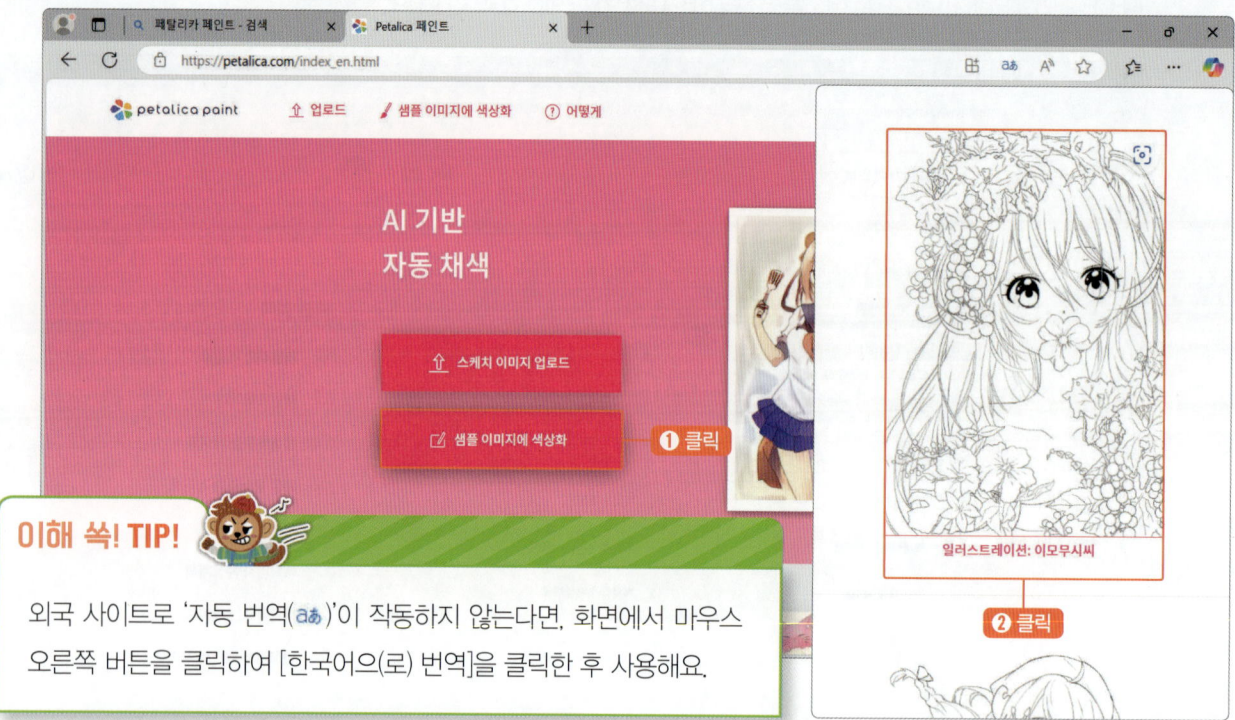

이해 쏙! TIP!

외국 사이트로 '자동 번역(aあ)'이 작동하지 않는다면, 화면에서 마우스 오른쪽 버튼을 클릭하여 [한국어으(로) 번역]을 클릭한 후 사용해요.

② 색칠 창이 나타나면 [브러시(✏)]를 클릭한 후 [색]을 클릭하여 '색 패널'에서 원하는 색상을 선택합니다.

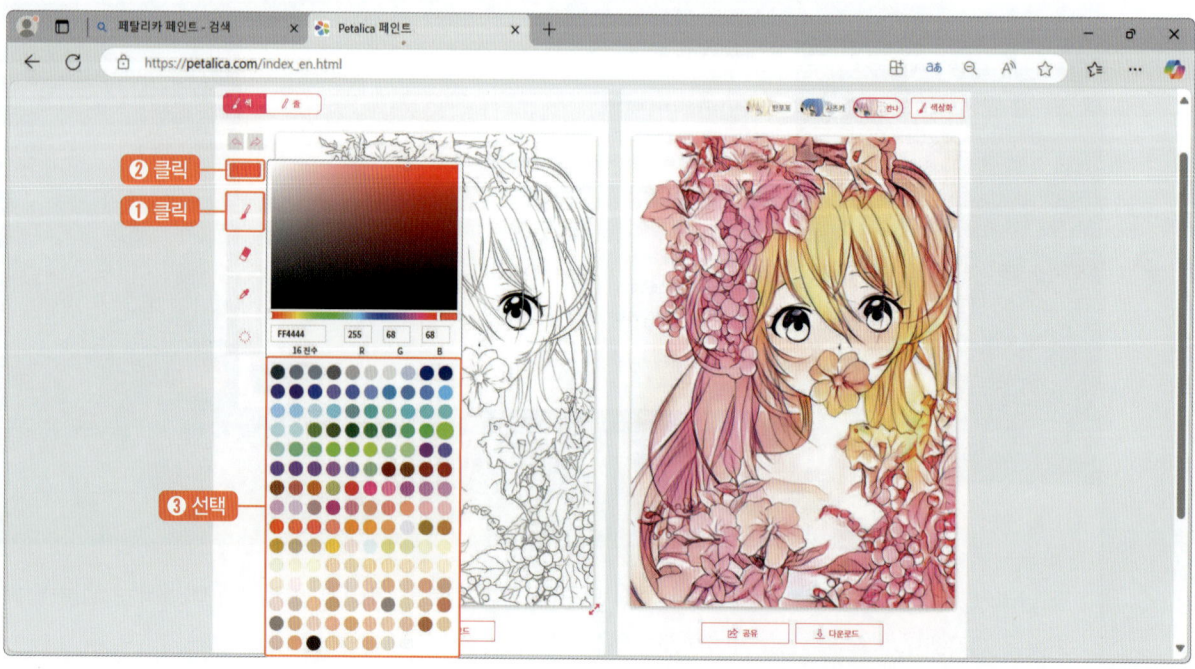

③ 마우스 포인트 모양이 '붓'으로 변경되면 원하는 위치에 간략하게 선을 그어 표시한 후 오른쪽 그림에서 변경된 내용을 확인합니다.

④ ③과 같은 방법으로 원하는 부분에 색을 표시하여 작품을 완성해 봅니다.

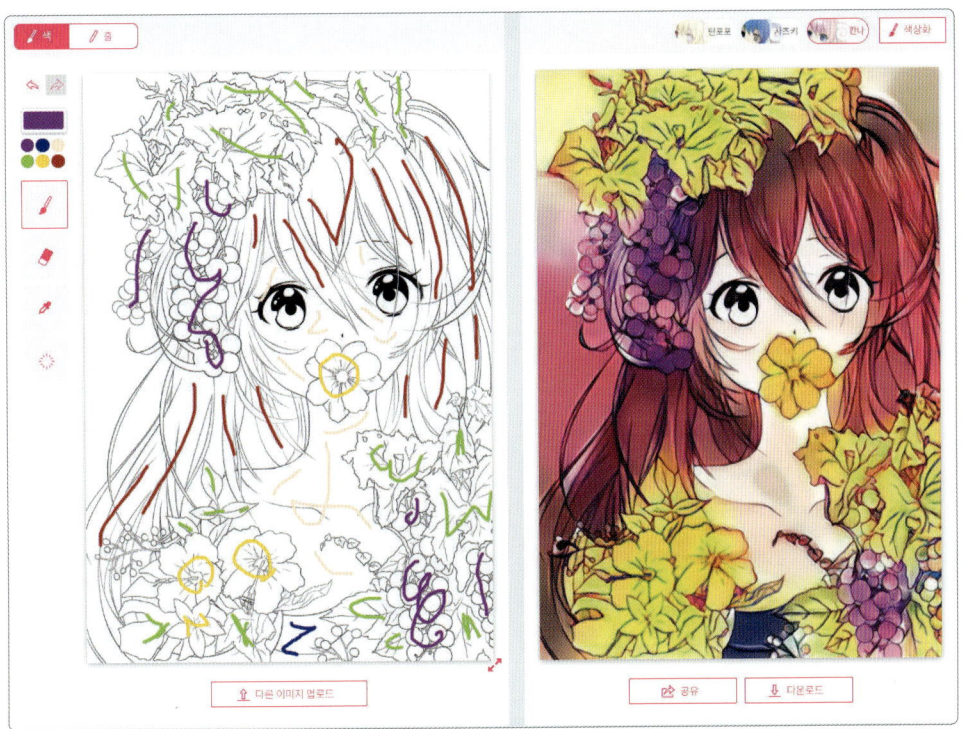

이해 쏙! TIP!

Ctrl 키를 누른 상태에서 마우스 휠을 굴리면 웹 브라우저 창을 확대해서 사용할 수 있어요.

⑤ 원하는 이미지에 색을 칠하기 위해 [다른 이미지 업로드]를 클릭한 후 '22강 예제' 폴더에서 '이미지1.jpg'를 선택하여 [열기]를 클릭합니다.

⑥ 업로드된 이미지를 자유롭게 색칠하여 작품을 완성해 봅니다.

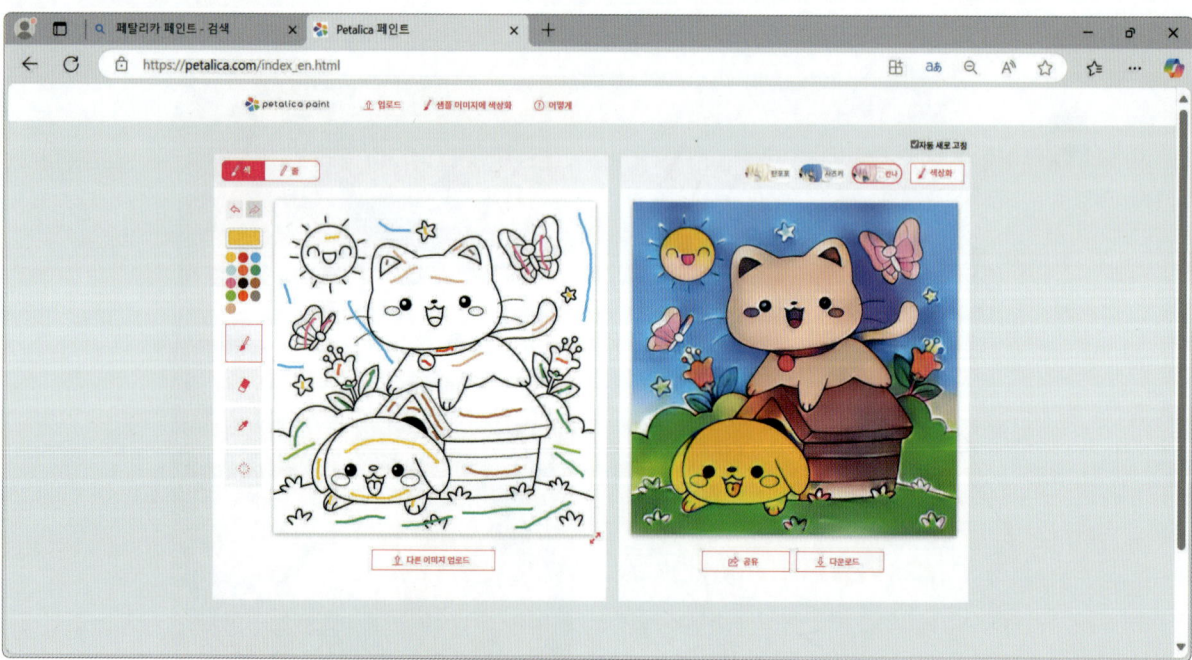

이해 쏙! TIP!

준비된 예제뿐만 아니라 그림판을 이용해서 나만의 그림을 그린 후 색칠해봐도 좋아요.

실력 UP! 한 칸 더 GO! GO!

1 웹 브라우저에서 마음에 드는 스케치를 저장해 보세요.

🔑 예제 파일 : 22강_실력 예제 폴더   🔑 완성 파일 : 없음

2 업로드한 이미지를 자유롭게 색칠해 보세요.

🔑 예제 파일 : 22강_실력 예제 폴더   🔑 완성 파일 : 22강_실력2(완성).png

GAME 22 AI와 화가 되기 _ **153**

GAME 23 AI 뤼튼과 놀아요

| 학습목표 |
- 생성형 AI '뤼튼'에 대해 알 수 있습니다.
- 생성형 AI와 대화할 수 있습니다.
- '뤼튼'의 추가기능을 살펴볼 수 있습니다.

오늘의 도착지점

🔑 예제 파일 : 없음   🔑 완성 파일 : 없음

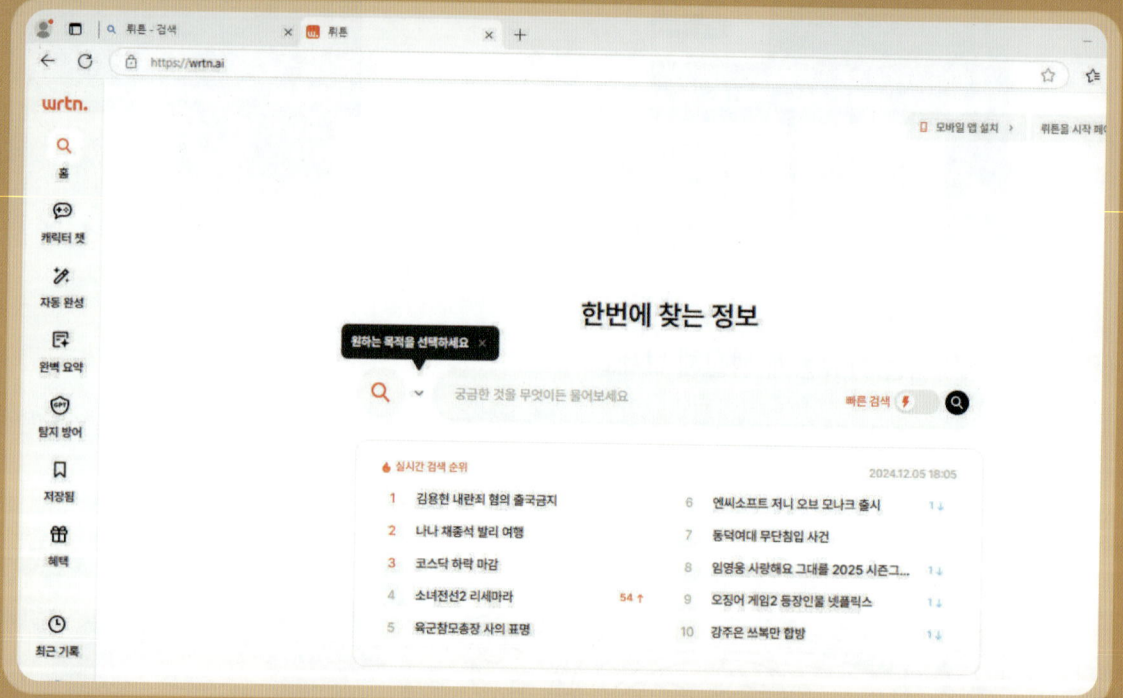

도착지 정보

생성형 AI는 여러 가지 데이터를 학습해 사용하던 기존의 AI와 달리 기존의 데이터를 정리, 활용하여 새로운 데이터를 만들어 내는 기술을 사용합니다. 정보를 찾기 위해 여러 단계의 검색을 거치지 않아도 되며, 원하는 이미지를 단숨에 만들어내기도 합니다. 무료 생성형 AI 사이트를 경험해 봅니다.

Step 01 생성형 AI '뤼튼' 알아보기

다양한 생성형 AI를 지원하는 '뤼튼'에 대해 알아봅니다.

① Microsoft Edge 웹 브라우저를 실행하고 검색창에 '뤼튼'을 입력한 후 Enter 키를 누릅니다.

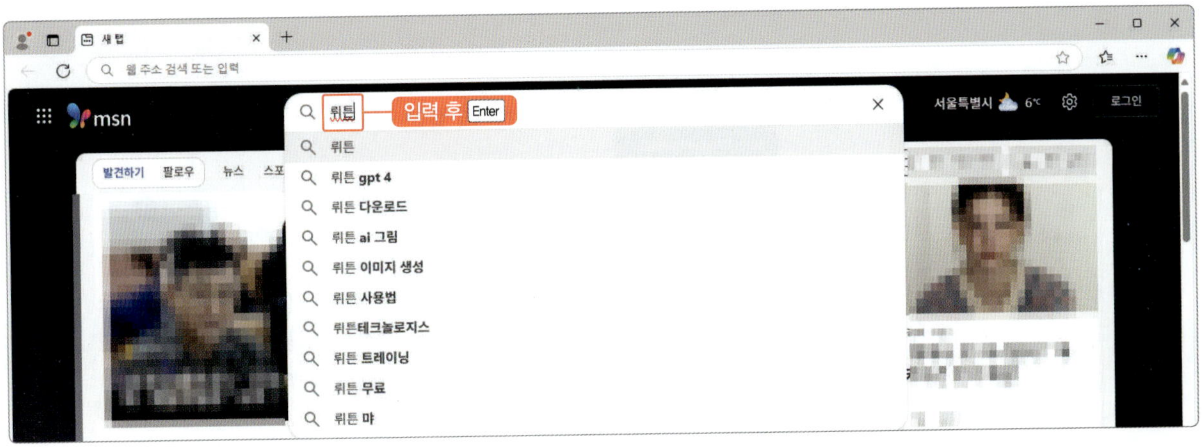

② 검색 결과 창이 나타나면 '뤼튼'을 클릭하여 사이트에 접속하고 [건너뛰기]를 클릭합니다.

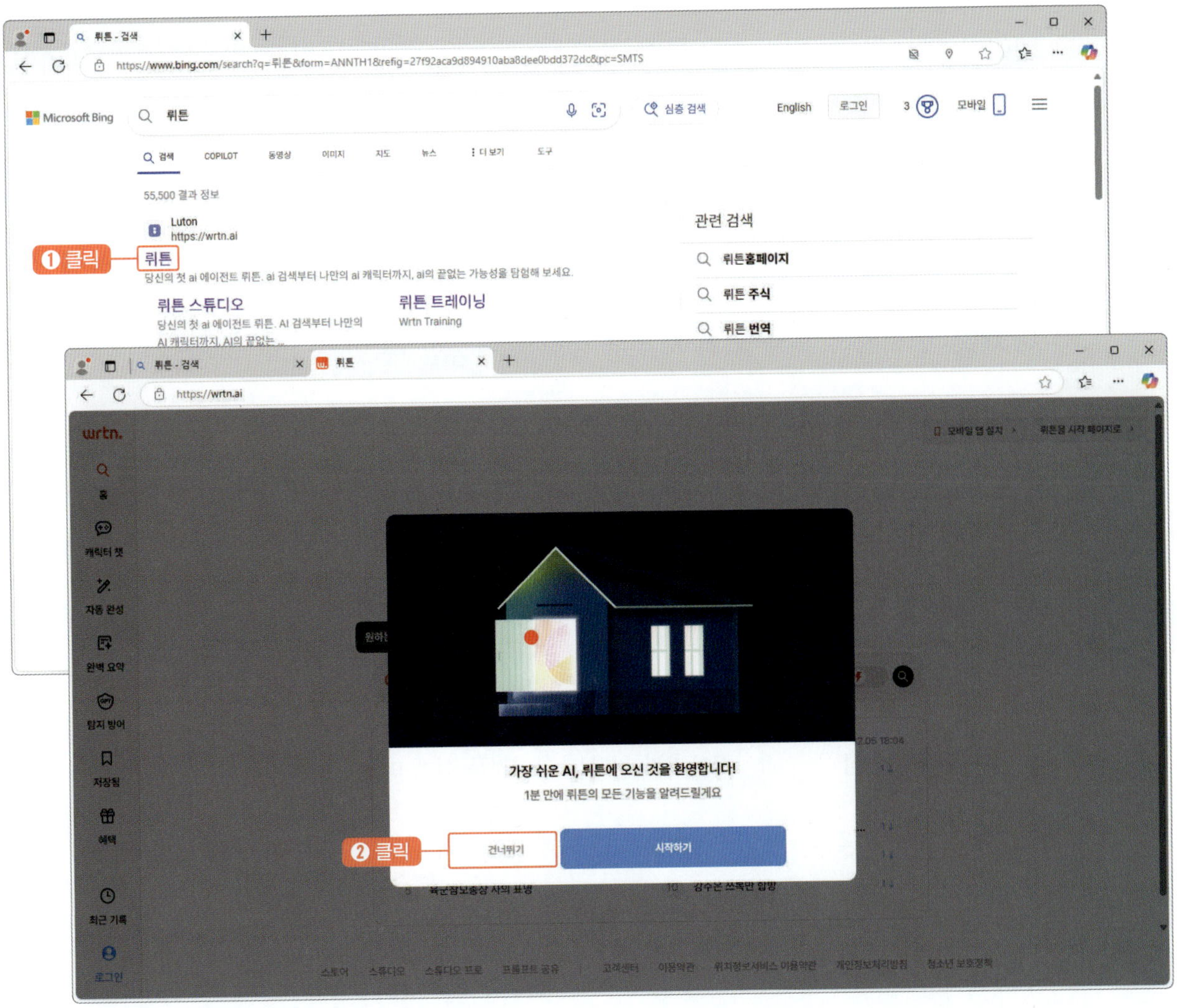

③ '뤼튼'에 대해 자세히 알아봅니다.

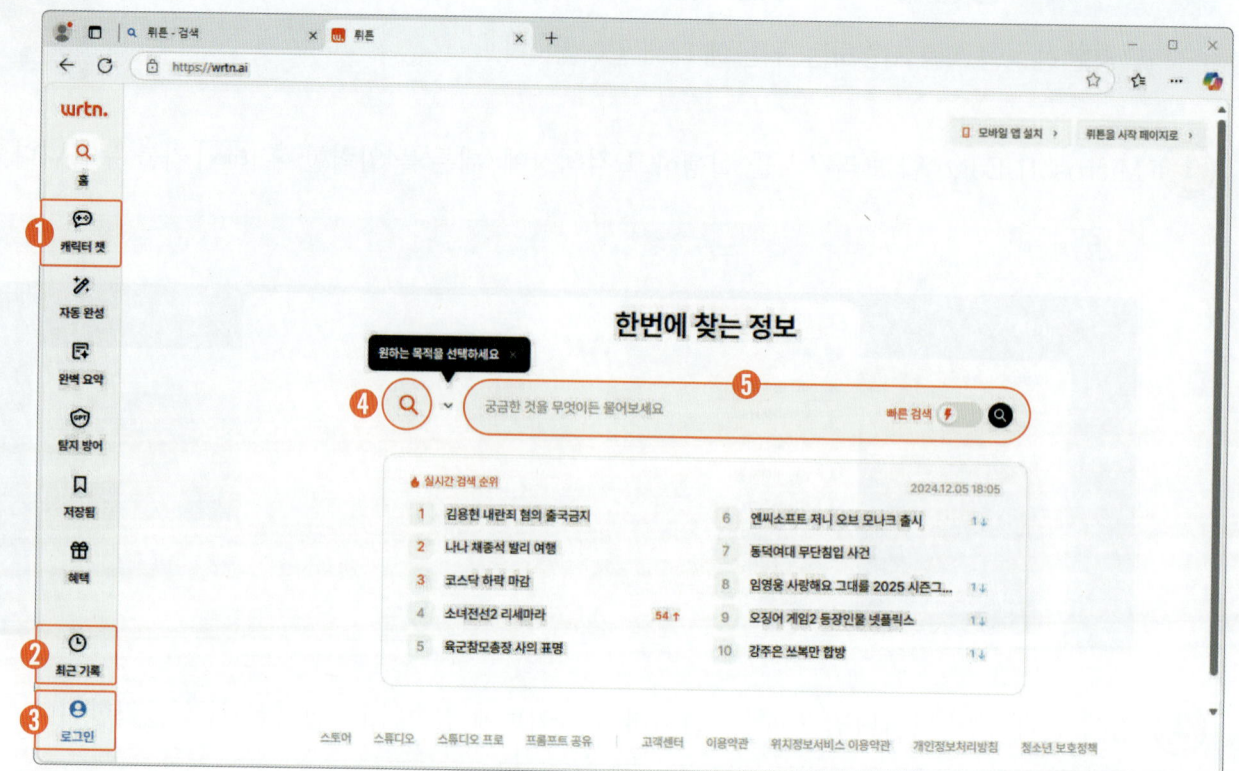

① **캐릭터 챗**: 대화 패턴을 학습하여 다양한 개성 있는 캐릭터와의 대화를 통해 재미있고 흥미로운 상호작용을 경험할 수 있습니다.

② **최근 기록**: 이전 대화 목록을 확인할 수 있습니다.

③ **로그인**: 회원가입하거나 계정과 비밀번호를 입력하여 로그인할 수 있습니다.

④ **돋보기**: 원하는 목적에 따라 AI 검색, 이미지 생성, 과제 및 업무 지원 기능을 선택할 수 있습니다.

⑤ **새 채팅**: 입력창을 통해 AI와 새로운 대화를 시작할 수 있습니다.

④ 뤼튼을 사용해 할 수 있는 일들을 알아봅니다.

자동 글 작성	블로그 글이나 메일, 발표자료에 맞추어 내용을 정리하고 작성해줍니다.
코딩 지원	프로그래밍 관련 질문에 대한 답변을 제공하고, 코드 작성을 도와줍니다.
면접 준비	면접 시 답변을 준비하는 데 도움을 줄 수 있습니다.
AI 이미지 생성	사용자가 원하는 이미지를 쉽게 만들 수 있습니다.
리포트 및 보고서 작성	자동화 기능을 통해 리포트의 내용을 요약, 정리해줍니다.
자기소개서 작성	회사에 취직하거나 대학을 준비할 때 작성하는 자기소개서의 내용을 작성, 보완해줍니다.

Step 02 AI와 대화하기

생성형 AI와 대화하며 활용해 봅니다.

① 홈화면에서 [돋보기]를 클릭하여 [AI 검색]을 선택한 후 입력창에 '다음주 날씨 어때?'를 입력하고 Enter 키를 누릅니다.

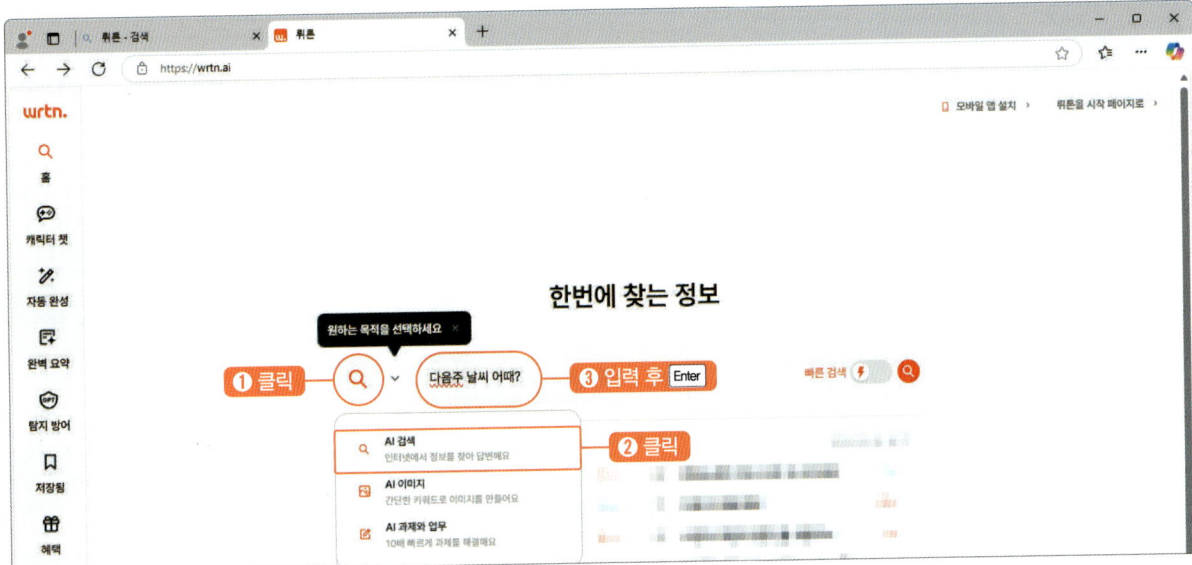

② 대화창이 열리면 스크롤을 내려 AI의 답변을 확인한 후 이어서 하단의 입력창에 '표로 정리해 줘.'를 입력하고 Enter 키를 눌러 답변을 확인합니다.

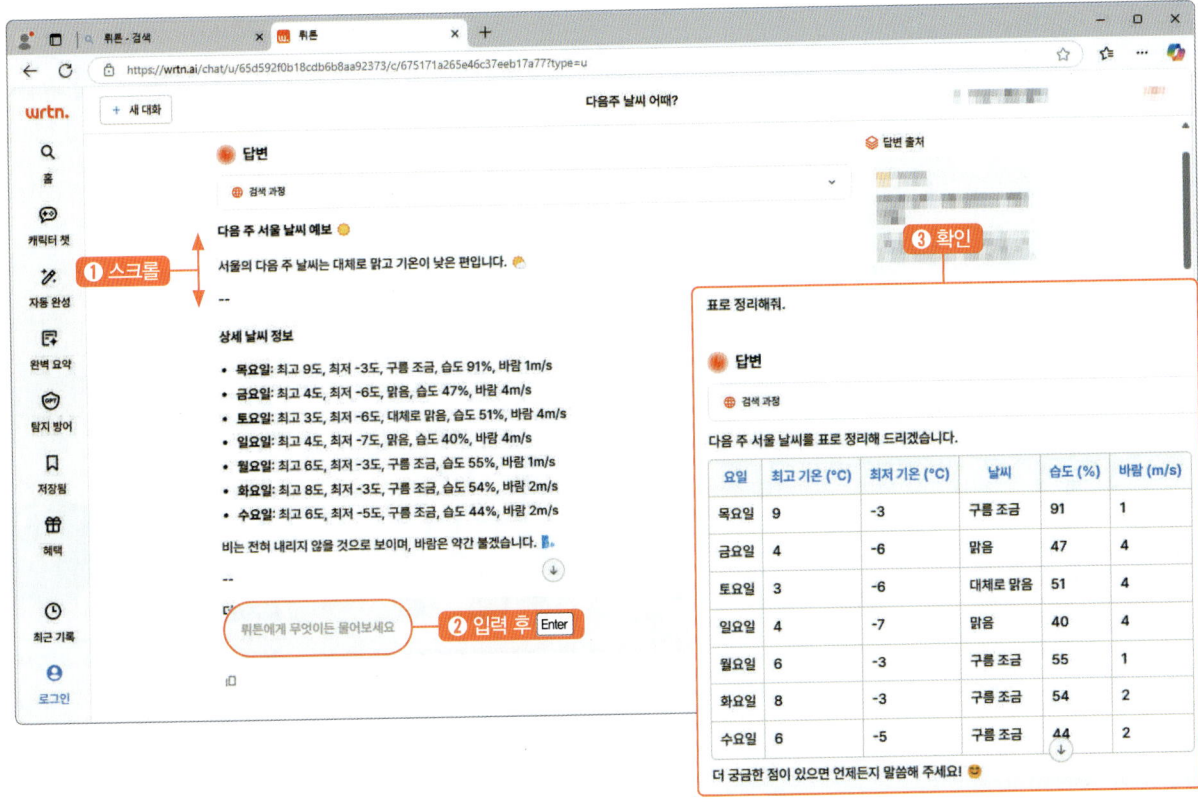

③ 다시 홈에서 입력창에 '초등학생이 좋아하는 선물 알려줘.'를 입력하고 Enter 키를 누른 후 답변을 확인합니다.

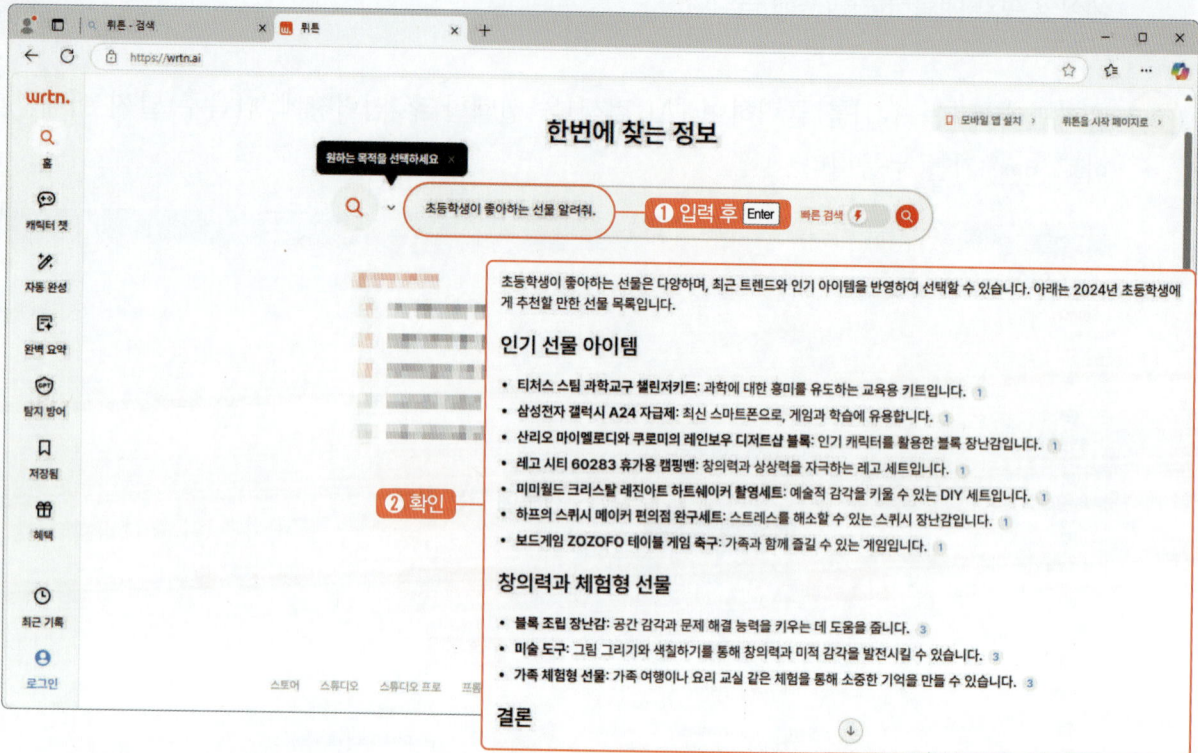

④ 답변 아래에 '뤼튼이 제안하는 추천 질문'에서 하나를 선택하여 질문을 이어가며 정보를 알아봅니다.

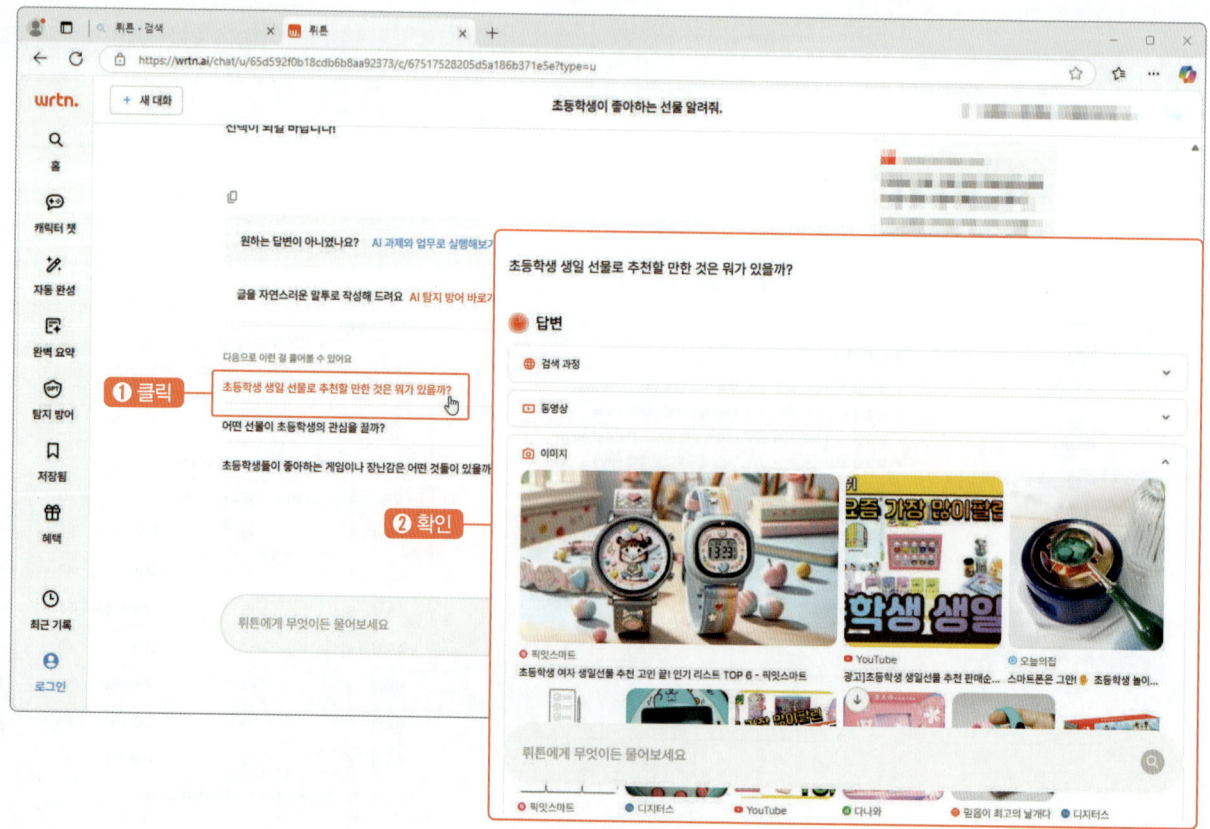

Step 03 추가 기능 살펴보기

최근 기록과 캐릭터 챗 기능을 살펴봅니다.

① [홈]에서 [최근 기록]을 클릭하고 앞서 대화한 목록들을 확인합니다.

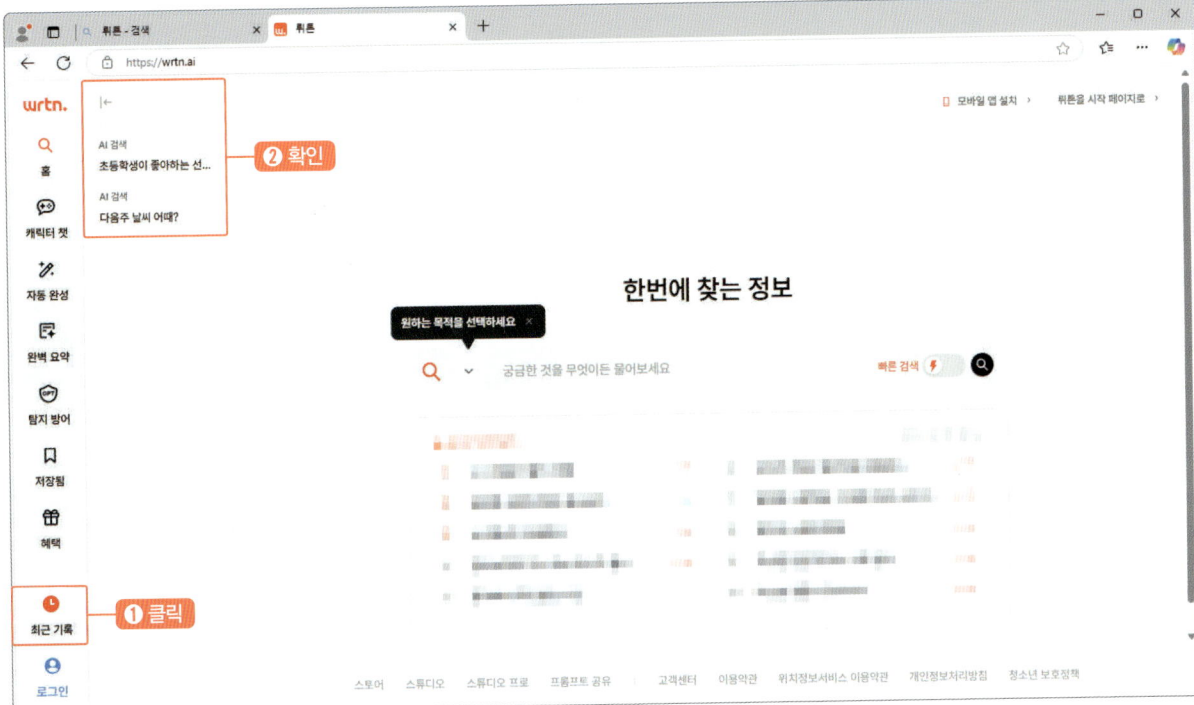

② [캐릭터 챗]을 클릭한 후 마우스 휠을 돌려 화면을 이동하고 '작고 하찮아서 귀여워 #동물'에서 '사춘기 고양이'를 클릭한 후 [대화하기]를 클릭하여 살펴봅니다.

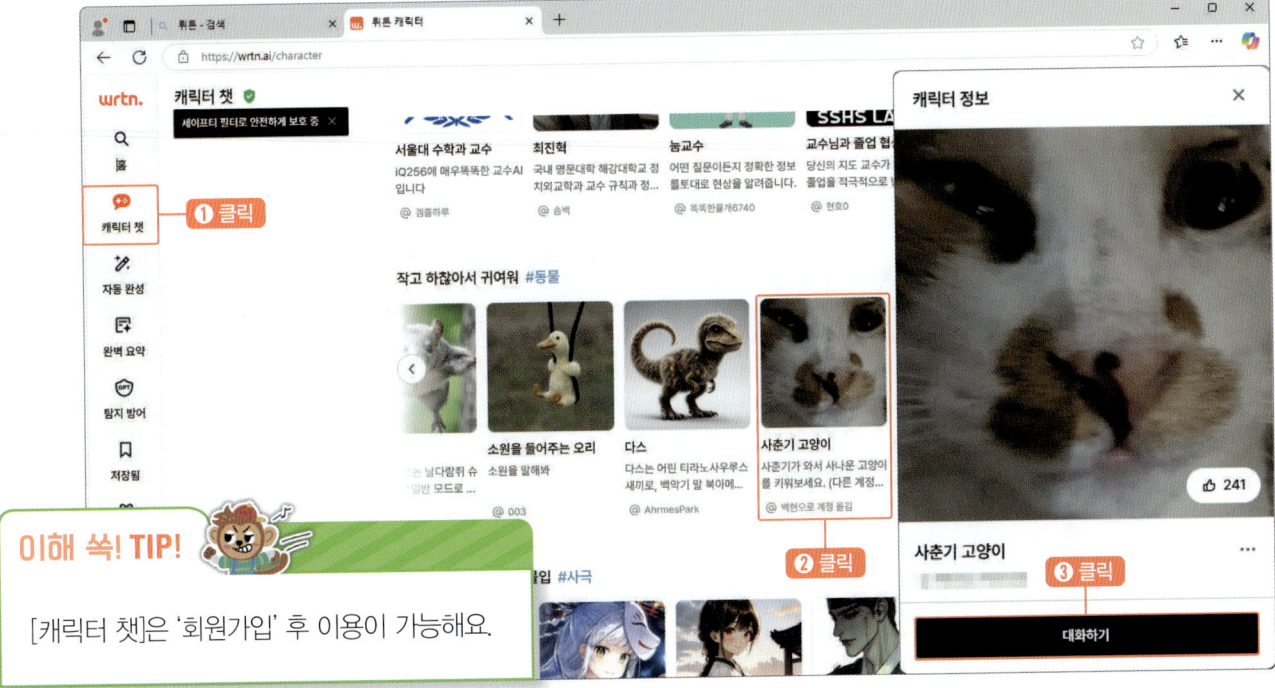

이해 쏙! TIP!
[캐릭터 챗]은 '회원가입' 후 이용이 가능해요.

GAME 23 AI 뤼튼과 놀아요 _ **159**

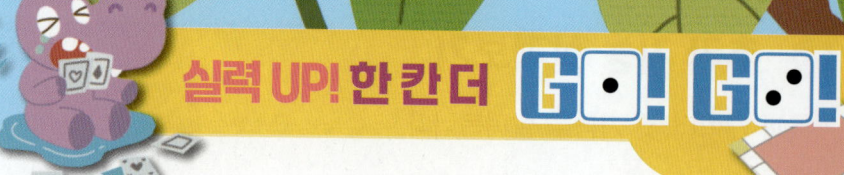

1 '뤼튼'에서 '일주일 건강식단 계획'을 표로 만들어 보세요.   예제 파일 : 없음   완성 파일 : 없음

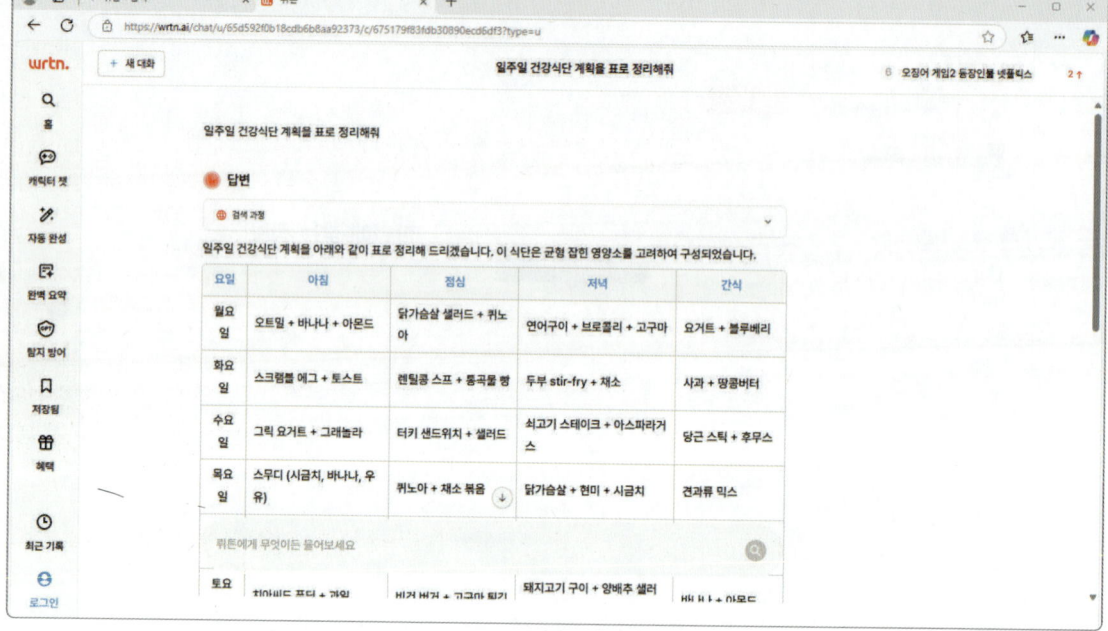

2 '뤼튼'에서 '제주도 3박 4일 여행 일정'을 표로 만들어 보세요.

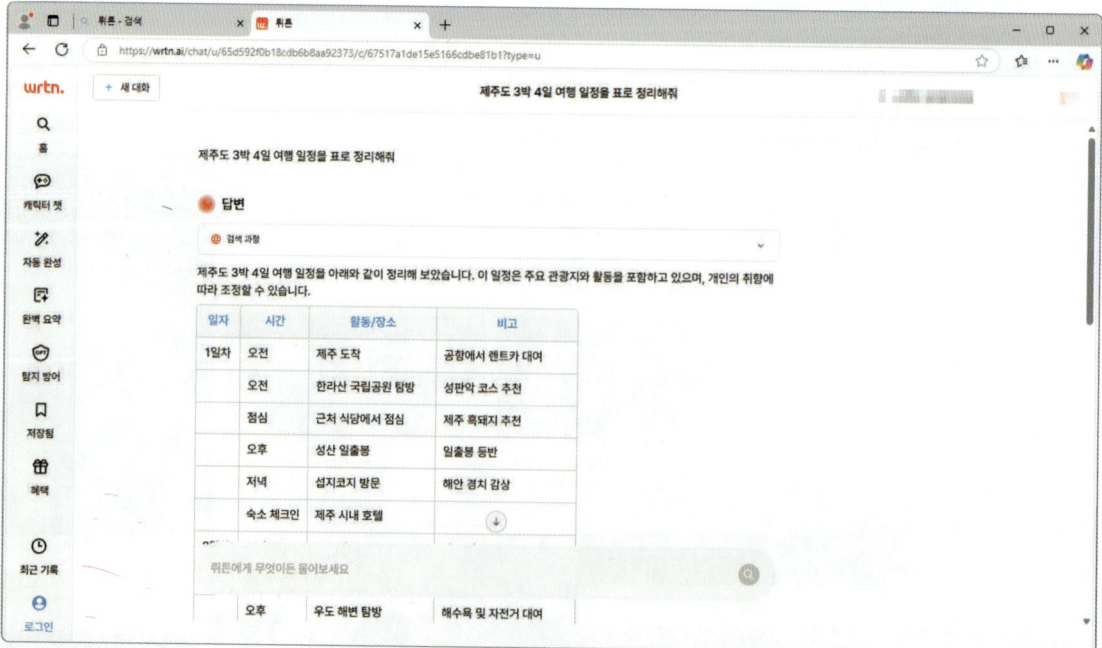

GAME 24 · AI로 PD 되기

| 학습목표 |
- AI 기반 동영상 편집 사이트를 접속합니다.
- 편집 프로그램에 동영상을 추가할 수 있습니다.
- AI 기술로 음성을 자막화할 수 있습니다.

오늘의 도착지점

예제 파일 : 24강_예제 폴더   완성 파일 : 24강_완성.mp4

도착지 정보

방송 프로그램의 기획, 연출 등을 책임지는 사람을 'PD'라고 부릅니다. PD는 영상들을 내용에 맞추어 연결하거나 동영상 위로 다른 효과를 넣고, 내용에 맞는 자막을 만들기도 합니다. AI의 도움을 받아 영상을 편집하는 PD가 되어 봅니다.

GAME 24 AI로 PD 되기 _ **161**

Step 01 | AI 동영상 편집 프로그램 사용하기

AI 기반의 동영상 프로그램을 온라인 버전으로 사용해 봅니다.

① Microsoft Edge 웹 브라우저를 실행한 후 '캡컷'을 검색하고 사이트에 접속합니다.

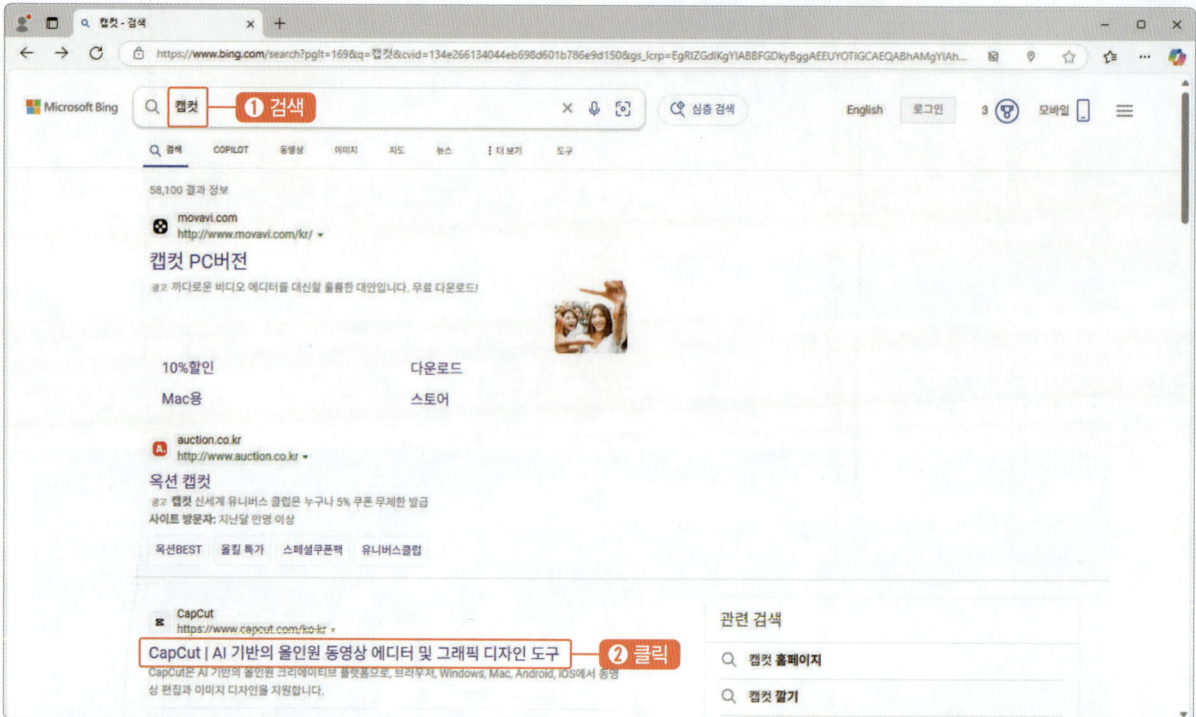

② 'CapCut' 사이트에서 [CapCut 온라인 사용해 보기]를 클릭합니다.

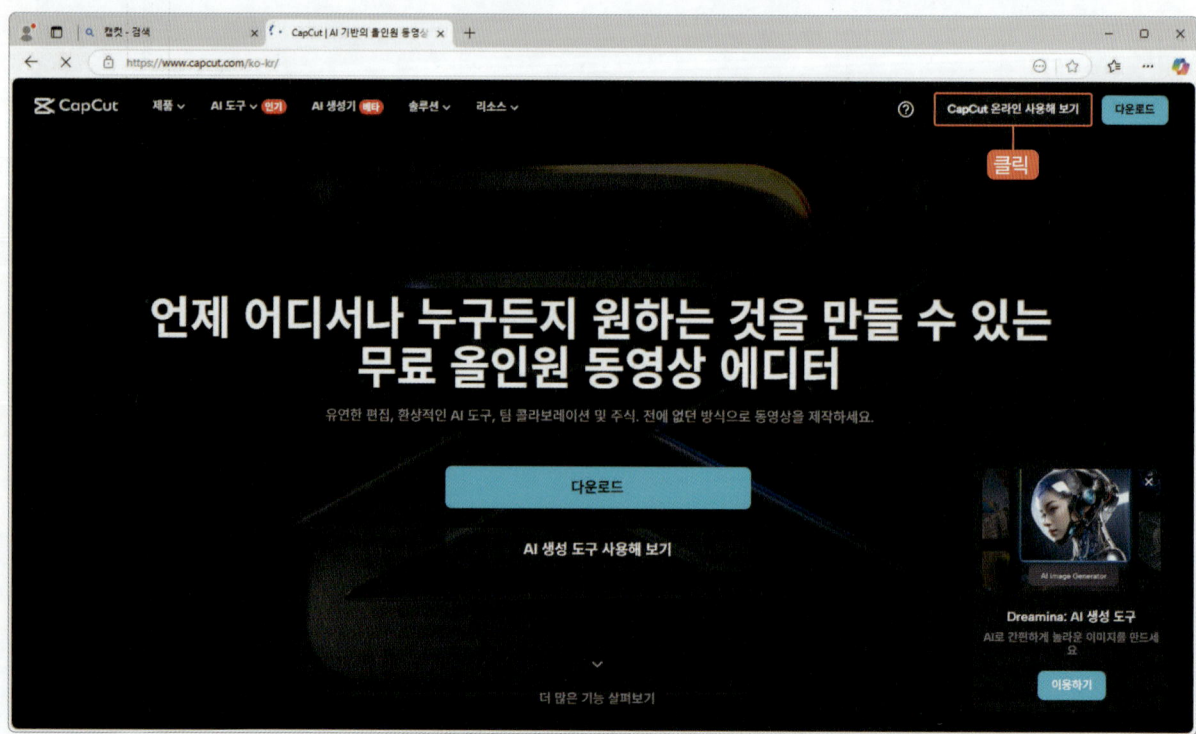

Step 02 동영상 추가하기

편집할 동영상을 추가하고 텍스트 효과를 추가합니다.

① 작업 창에서 [업로드]를 클릭한 후 [파일 업로드]를 클릭하고 '열기' 창에서 '24강 예제' 폴더의 파일을 모두 드래그하여 선택한 후 [열기]를 클릭합니다.

② 가져오기를 한 자료들 중에서 '뉴스 인트로.mp4' 파일을 드래그하여 패널에 추가합니다.

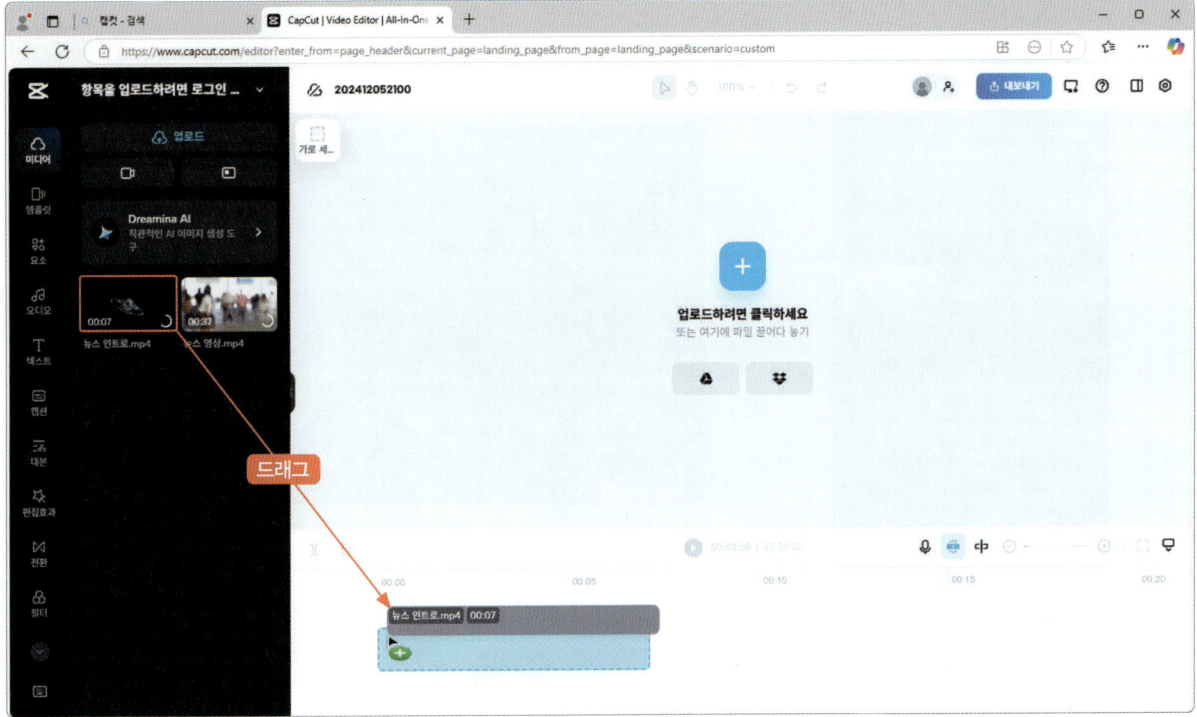

GAME 24 AI로 PD 되기 _ 163

③ 왼쪽 메뉴바에서 [텍스트]를 클릭한 후 마음에 드는 요소를 선택하고 자동 삽입된 텍스트 중 '내용 1'에 '오늘의', '내용 2'에 '해람뉴스'를 입력한 후 크기와 위치를 조절합니다.

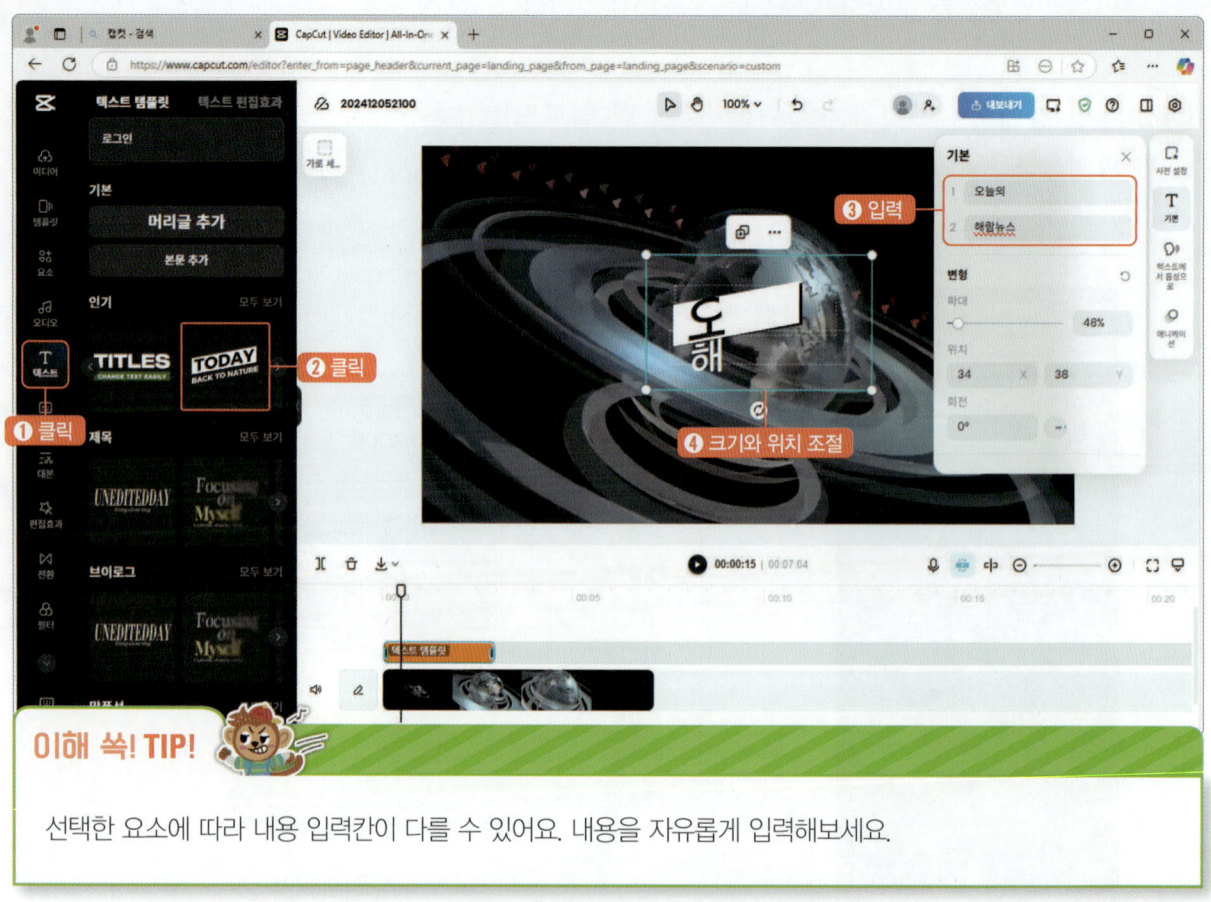

이해 쏙! TIP!
선택한 요소에 따라 내용 입력칸이 다를 수 있어요. 내용을 자유롭게 입력해보세요.

④ [미디어] 메뉴로 이동한 후 '뉴스 영상.mp4'를 삽입된 영상 뒤쪽으로 드래그하여 추가합니다.

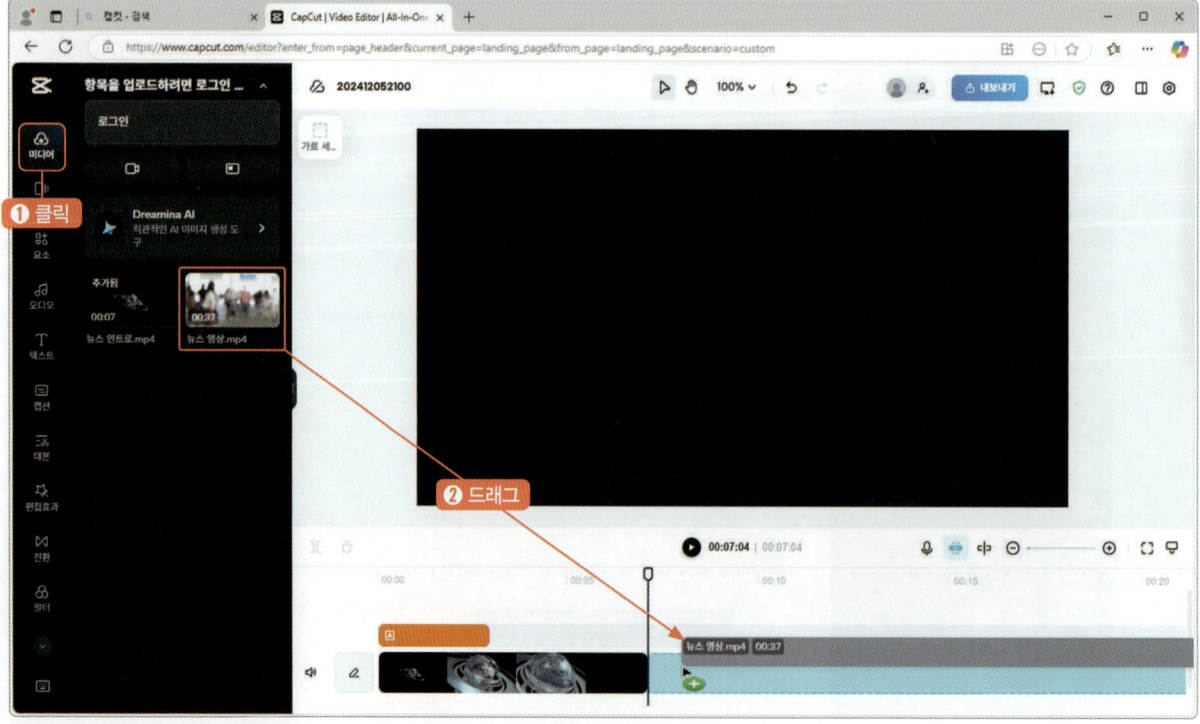

Step 03 AI기능으로 자막 넣기

AI기능으로 음성을 인식하여 자막을 생성해 봅니다.

① 왼쪽 메뉴바에서 [대본]을 클릭한 후 '동영상에서 사용되는 언어'를 [한국어]로 선택하고 [텍스트 변환]을 클릭합니다.

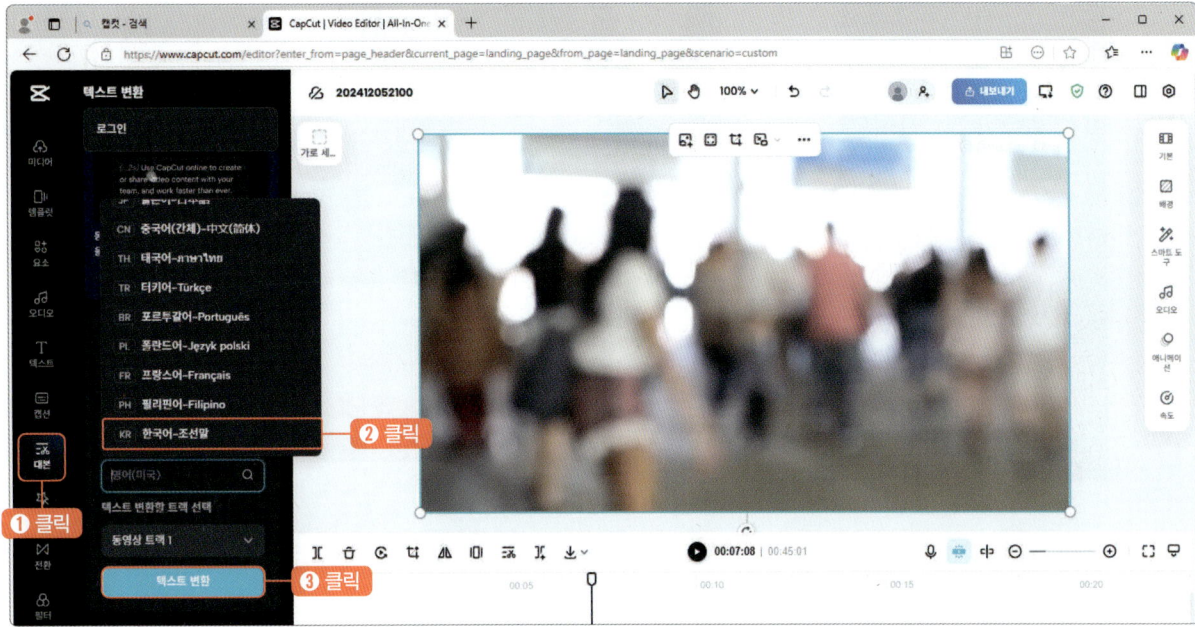

② 변환이 완료되면 [재생(▶)] 버튼을 클릭하여 소리와 맞는지 확인합니다. 그 후 [자동캡션(CC)]을 클릭해 자막을 생성합니다.

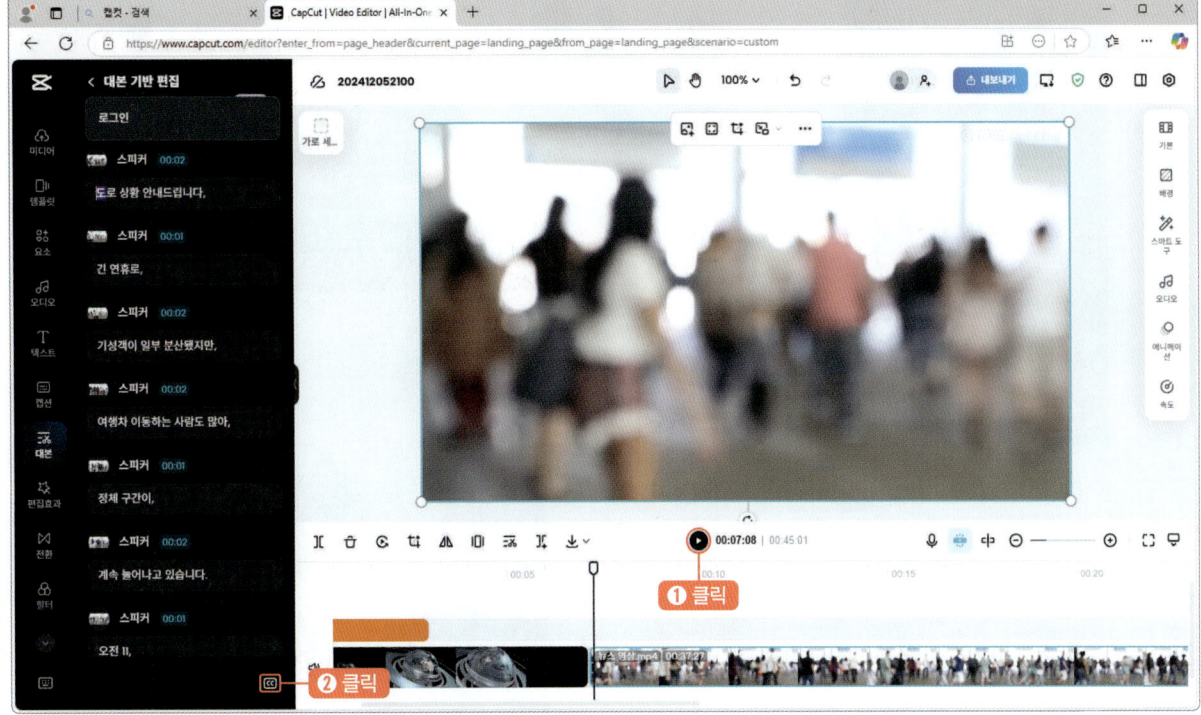

③ 패널에서 자막이 생긴 것을 확인한 후 첫 번째 자막을 클릭하여 미리보기창에서 크기와 위치를 조절합니다.

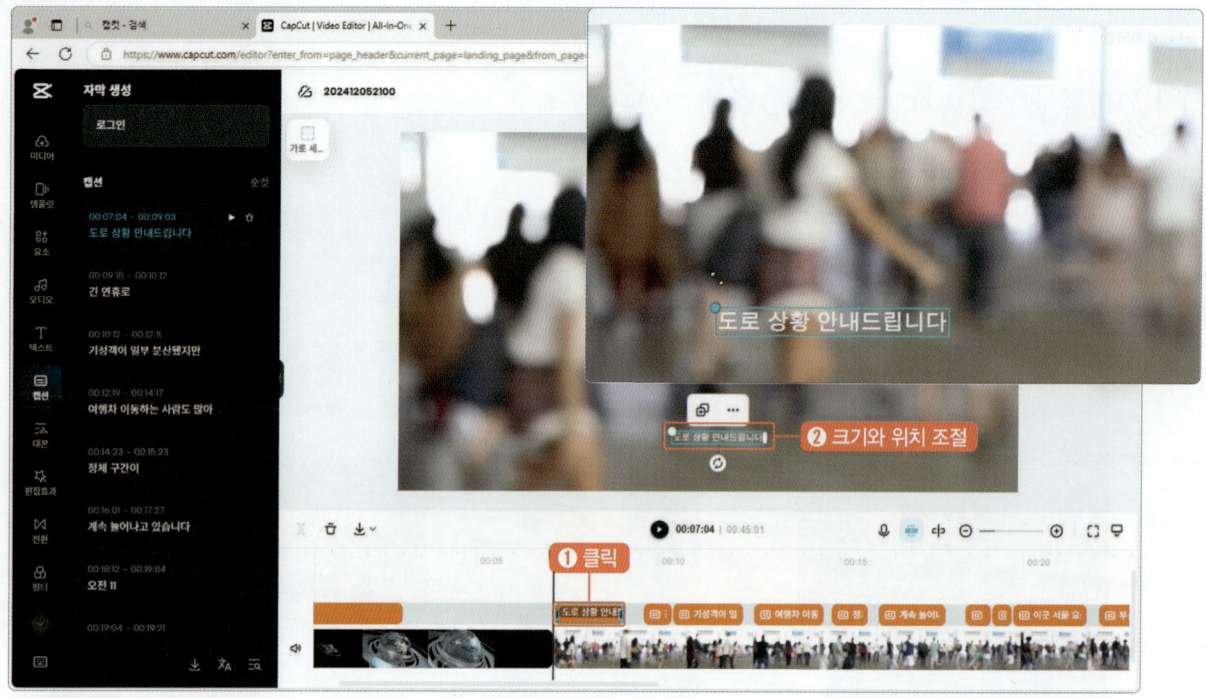

④ 이어서 오른쪽 [사전 설정]을 클릭하여 여러 가지 모양을 설정하고 재생하여 확인합니다.

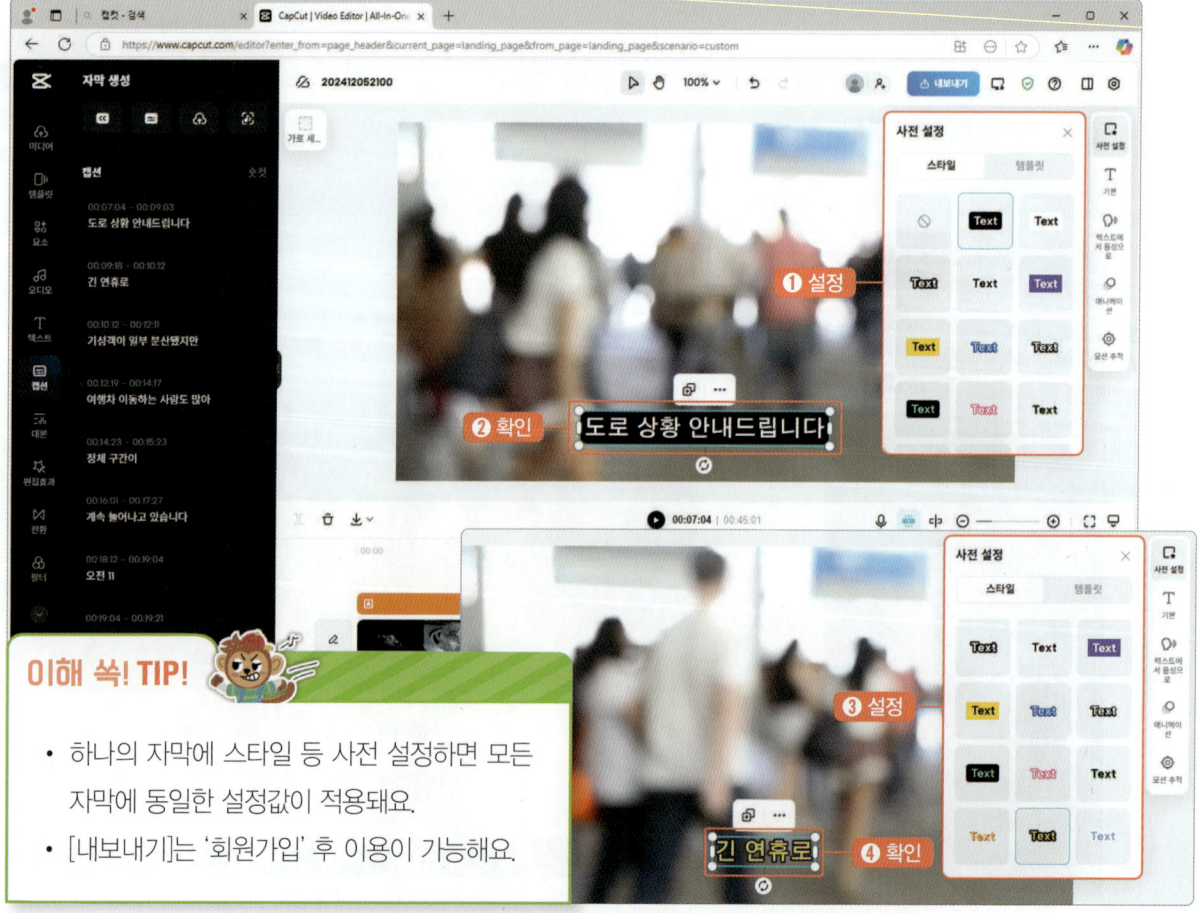

이해 쏙! TIP!
- 하나의 자막에 스타일 등 사전 설정하면 모든 자막에 동일한 설정값이 적용돼요.
- [내보내기]는 '회원가입' 후 이용이 가능해요.

1 '캡컷 온라인'을 사용하여 고양이 영상을 꾸며 보세요.

🔑 예제 파일 : 24강_실력 예제 폴더   🔑 완성 파일 : 없음

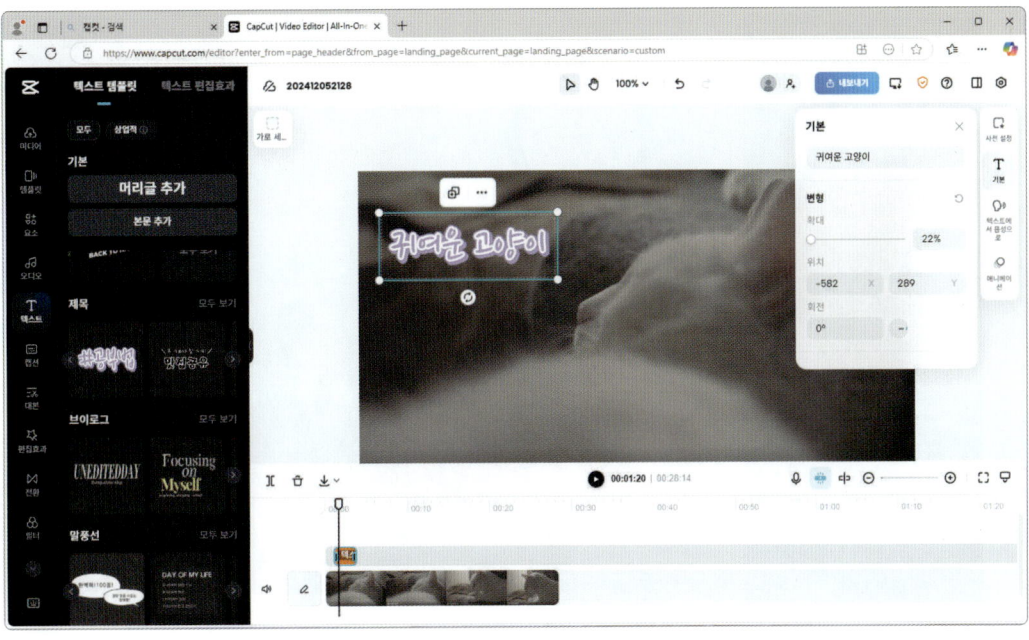

2 이어서 '캡션'을 추가하고 영상을 꾸며 보세요.

🔑 예제 파일 : 24강_실력 예제 폴더   🔑 완성 파일 : 24강_실력2(완성).mp4

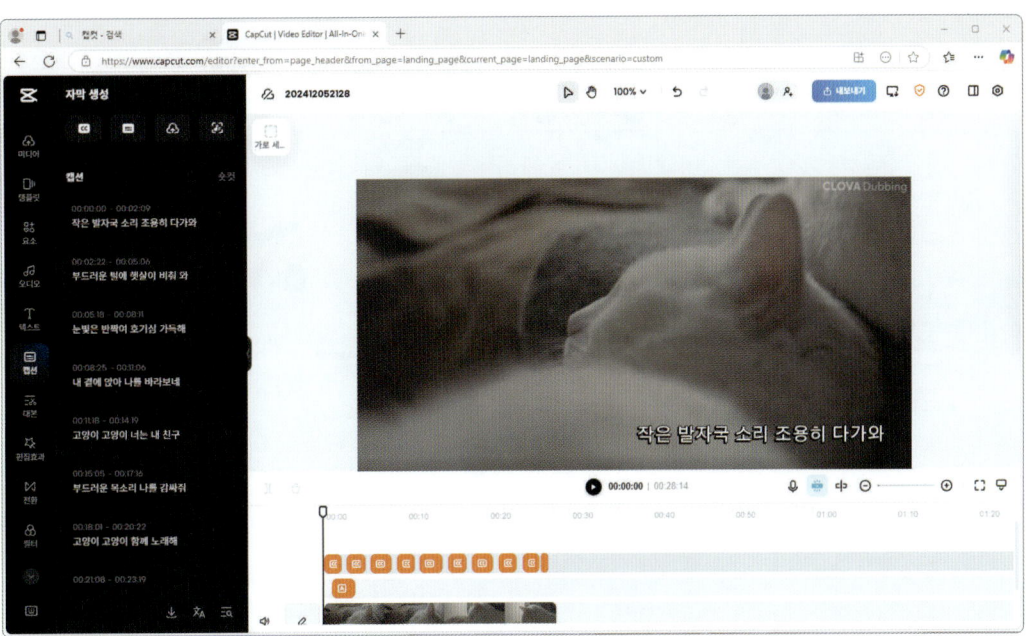

보너스 게임! 레벨업 끝판왕 퀘스트

● 첫 번째 윈도우

▶ 그림과 같이 바탕화면을 지정하고 아이콘을 설정해 보세요.

▶ 폴더를 생성한 후 파일을 이동, 복사해 보세요.

보너스 게임! 레벨업 끝판왕 퀘스트

● 두 번째 윈도우

▶ 그림판을 실행한 후 그림을 그리고 자유롭게 꾸며 보세요.

▶ 메모장을 실행하고 반복되는 내용은 단축키로 붙여넣어 문서를 완성해 보세요.

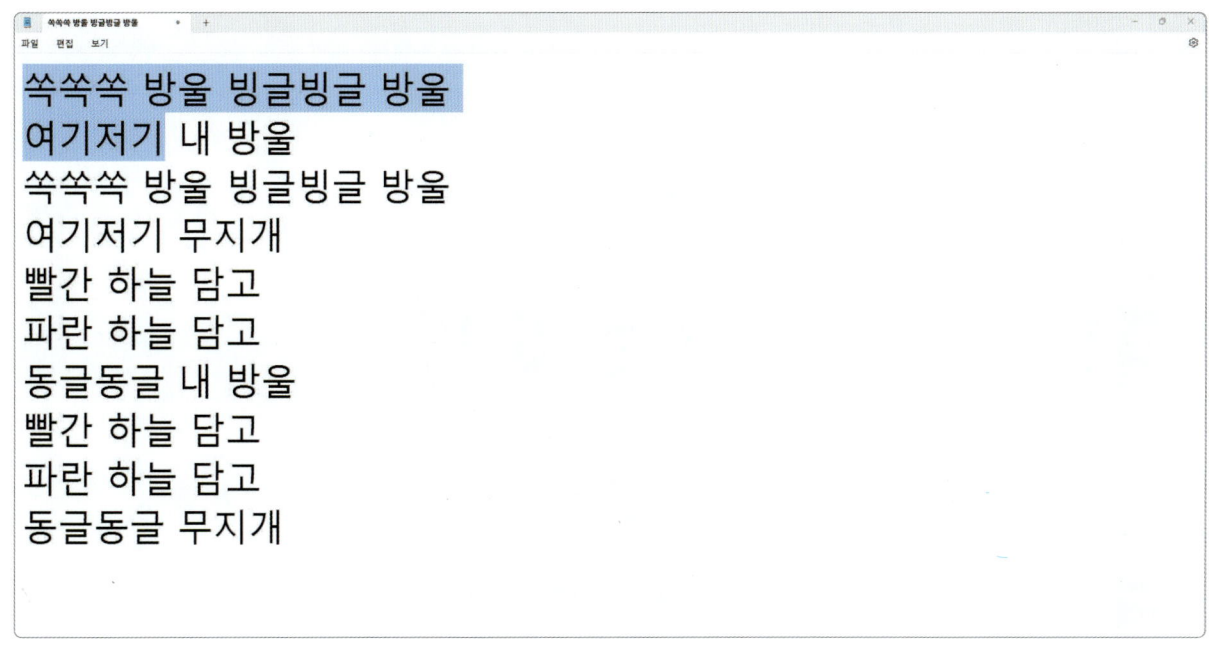

보너스 게임! 레벨업 끝판왕 퀘스트

● 세 번째 윈도우

▶ 캡처도구를 사용하여 이미지의 일부를 캡처하고 스케치기능을 사용해 보세요.

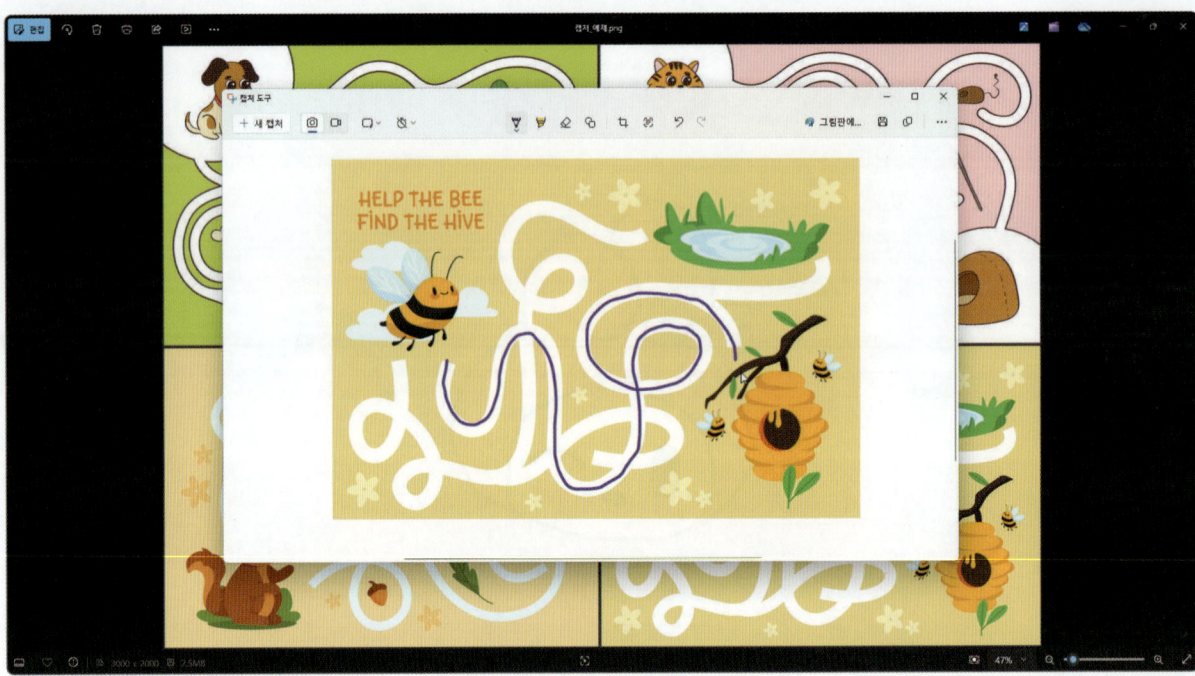

▶ 웹 브라우저에서 원하는 이미지를 검색한 후 이미지 편집 기능을 사용해 보세요.

보너스 게임! 레벨업 끝판왕 퀘스트

● 네 번째 윈도우

▶ 눈누 사이트에서 글꼴을 다운로드 받아 설치한 후 메모장에 적용해 보세요.

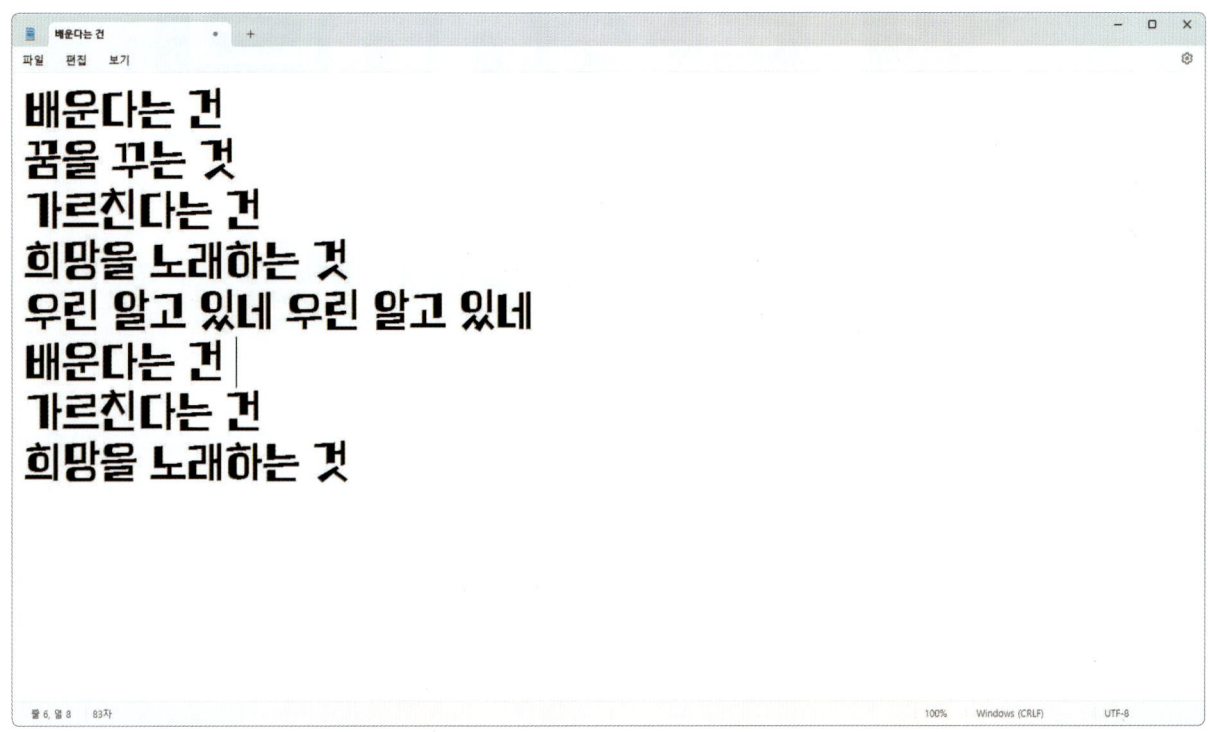

▶ 프로그램을 사용하여 움직이는 사진을 완성해 보세요.

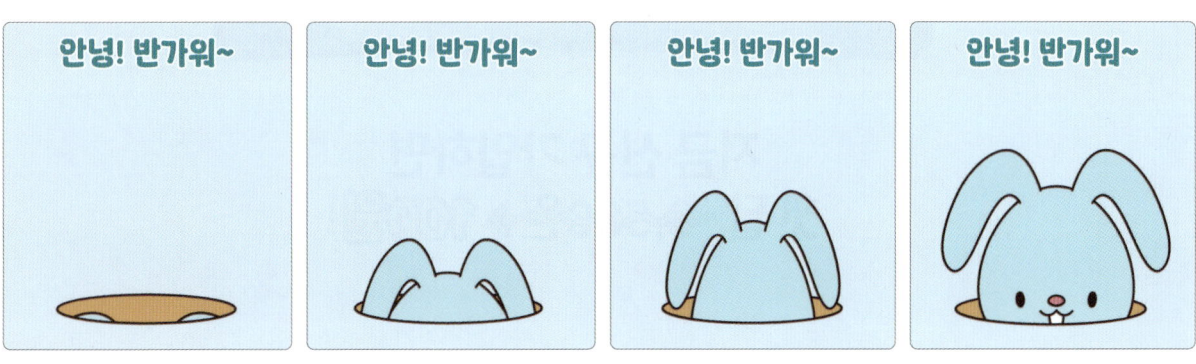

초등 전과목
디지털학습 플랫폼

디지털 초ㅋ

첫 달 100원
무제한 스터디밍

지금 신규 가입하면
첫 달 ~~9,500원~~ → 100원!

초등 전과목
교과 학습

AI 문해력
강화 솔루션

AI 수학 실력
향상 프로그램

웹툰으로 만나는
학습 만화

초중고 교과서 발행 부수 1위 기업 **MiraeN**